BERGSTEIGEN

Pepi Stückl/Georg Sojer

Bergsteigen

Lehrbuch und Ratgeber für alle Formen des Bergsteigens

Bergwandern
Hochtouren
Klettern in Fels und Eis
Skitouren
Sicherungstechnik
Kameradenhilfe

BRUCKMANN

1. Geschichte

Die Geschichte der Sportart Bergsteigen ist eigentlich noch recht jung. Das Gebirge, die Berge waren zwar schon seit Urzeiten besiedelt, doch hatten die Bewohner der Gebirgstäler eher Angst vor den Höhen, auf denen sie Dämonen, Geister, wilde Tiere oder auch Götter wähnten. Außerdem war der Lebenskampf in den kargen Tälern schon hart genug, als dass man noch aus Lust und Freude auf die Berge stieg.

Die ersten Menschen, die aus den Tälern auf die Berge stiegen, waren Hirten, Jäger oder Händler, deren Ziel nicht die Gipfel, sondern die Übergänge von Tal zu Tal waren, wie der 1991 auf dem Hauslabjoch/Ötztaler Alpen in 3100 m Höhe gefundene »Similaun-Mann«, der ca. 5000 v. Chr. gelebt hat und der beim Passübergang vom Schnalstal ins Ötztal ums Leben kam.

Als die »Geburtsstunde des Bergsteigens« gilt der 26. April 1336. An diesem Tag bestieg der italienische Dichter Francesco Petrarca den Mont Ventoux in der Provence, um seine Heimat von oben zu betrachten und einen Bericht darüber zu verfassen. Wesentlich später erst bringt *naturwissenschaftlicher Forscherdrang* den Genfer Gelehrten Saussure dazu, einen Geldpreis für jene auszusetzen, die als erste den Gipfel des Mont Blanc erreichen. So stehen im Jahr 1786 Dr. Gabriel Paccard und sein Führer Jacques Balmat auf dem höchsten Gipfel Europas und unternehmen dort wissenschaftliche Messungen.

Gut 50 Jahre später erscheinen die ersten »Bergsteiger im sportlichen Sinn« in den Alpen: die Engländer. Ziel ist es nun, die höchsten und markantesten Gipfel zu besteigen, zumeist in Begleitung einheimischer Bergführer. So wird 1865 das Matterhorn erstiegen.

Während so der *Beruf des Bergführers* entsteht, finden sich schon bald darauf die so genannten Führerlosen, die tatendurstig und ehrgeizig an der Erschließung und »Eroberung« neuer Ziele mitwirken. Das Bergsteigen ist jetzt Selbstzweck geworden.

Man kann die weitere Entwicklung in zwei Phasen einteilen: War es anfangs wichtig, die Gipfel der bedeutendsten Erhebungen als Erster zu betreten, folgte in der zweiten Phase die Erschließung der großen Wände und Grate. Große Namen, wie beispielsweise Purtscheller, Zsigmondy (Überschreitung der Meije 1885) oder Alleingänger wie Eugen Guido Lammer (Venediger-Nordwestwand 1891) sowie der Münchner Georg Winkler (Winklerturm 1887 mit 16 Jahren!) prägten diese Zeit.

Im Jahr 1869 wurde der *Deutsche Alpenverein* gegründet, andere Bergsteigervereinigungen folgten. Erst nach Gründung dieser Vereine setzte die systematische Erschließung ein: Bau von Wegen und Steigen in die Gebirgstäler, Errichtung von Hütten, Entwicklung der alpinen Kartographie, Pflege der alpinen Literatur und Herausgabe alpiner Mitteilungen.

Mit Beginn des 20. Jahrhunderts ist eine deutliche Steigerung der bergsteigerischen Schwierigkeiten erkennbar, die Folge von verbesserter Ausrüstung, Fortschritt der Klettertechnik, Einführung von Mauerhaken und Karabinern. Dadurch war es nun möglich geworden, den Seilpartner richtig zu sichern. Herzog, Dülfer, Fiechtl, Sixt stehen hier für die Entwicklung der modernen Felstechnik, der sog. Münchner Schule.

Nach dem Ersten Weltkrieg übertragen junge Bergsteiger nach und nach die Technik der Ostalpen auf die Westalpen. Fritz Rigele verwendet erstmals (1927) den Eishaken in der Wiesbachhorn-Nordwestwand, die Erschließung schwierigster Eisanstiege wurde dadurch möglich. Vorläufiger Höhepunkt dieser Entwicklungsphase waren die Durchsteigungen der drei großen Nordwände von Matterhorn, Grandes Jorasses und Eiger, eng verknüpft mit Namen wie Gebrüder Schmid, Cassin, Peters, Eidenschink, Rebitsch, Kasparek und Heckmair.

Parallel zu dieser Sturm- und Drangzeit für die Lösung der großen Probleme der Alpen vollzieht sich die Erschließung der Weltberge, der ganz großen Gipfel im Himalaya und Karakorum: Die Engländer Mallory und Irvine erreichen 1924 am Mount Everest eine Höhe von etwa 8600 m, sind jedoch nicht mehr zurückgekehrt und galten bis 1999 verschollen. Der Nanga Parbat, 8125 m, wird in den Jahren 1932 und 1934 unter Leitung von Willy Merkl von mehreren deutschen Expeditionen berannt, die letzte endet in einer Katastrophe, der Nanga Parbat wird zum deutschen Schicksalsberg erklärt.

Wieder unterbricht der Krieg diese Erschließertätigkeit, doch schon 1950 fällt der erste Achttausender: Die Franzosen Maurice Herzog und Louis Lachenal betreten die 8091 m hohe Annapurna I. Drei Jahre später, 1953, steht der Sherpa Tenzing Norgay mit dem Neuseeländer Edmund Hillary auf dem Mount Everest (nepal.: Sagarmatha), mit 8850 m der höchste Punkt unserer Erde. Drei Wochen später erreicht Hermann Buhl in einem grandiosen Alleingang den Gipfel des Nanga Parbat – ohne künstlichen Sauerstoff, ebenso wie schon 1952 Tichy und Jöchler bei der Ersteigung des Cho Oyu, 8153 m.

In den Alpen geht derweil die Erschließung schwierigster Routen weiter. Nachdem die natürlichen Möglichkeiten weitgehend ausgeschöpft scheinen, nagelt man sich begeistert mittels Haken und Trittschlingen durch die wildesten Wände. Gibt es keine Hakenritzen mehr, hilft der Bohrhaken weiter. Künstliches Klettern, das Höhersteigen mittels Trittleitern ist »in«. Als Markstein für diese Entwicklungsphase steht die Nordwand der Großen Zinne: die Bezwingung der »Direttissima« im Sommer 1958 durch die Deutschen Hasse/Brandler/Lehne/Löw. Einige Jahre später folgt ein weiteres spektakuläres Ereignis: die »Super-Direttissima« durch dieselbe Wand, wie mit dem Lineal gezogen, 17 Tage Schwerstarbeit, Bohrhaken, Biwak in Hängematten, das Ganze an Weihnachten bei 15 Grad Minus! Doch diese »Eisenzeit« währt nicht lange.

Sherpabub, Nepal

Im sächsischen Elbsandsteingebirge und an den Küstenklippen Englands war eine bemerkenswerte Kletterkultur entstanden: Schwierigste Routen wurden absolut frei geklettert, künstliche Hilfsmittel durften lediglich zur Sicherung, in keinem Fall zur Fortbewegung verwendet werden. Spitzenkletterer wie Fritz Wiessner transferierten diese Idee nach Amerika. Ein Kurt Albert brachte das »Free Climbing« zurück nach Europa, kreierte die Ethik des Rotpunktkletterns, den Beginn einer beispiellosen Entwicklung des Freikletterns. So wurde mit der Erstbegehung der Pumprisse, 1977, durch Kiene/Karl an der Fleischbank (Wilder Kaiser) offiziell der VII. Grad eingeführt und die Alpenskala nach oben hin geöffnet. Im Jahr 1991 kletterte Wolfgang Güllich erstmals den vollen 11. Grad, die Amerikanerin Lynn Hill durchstieg 1994 die »Nose«-Route im Yosemite-Valley/Kalifornien (X-, 34 Seillängen, 1000 Hm) rotpunkt innerhalb 23 Stunden. Parallel dazu verlief die Leistungexplosion an den höchsten Bergen der Erde.

Die Südwand des Lhotse (8511 m), Himalaya

Anfang der 70er Jahre wird der Mount Everest von den Briten Scott/Houston über die Südwestwand bzw. den Südwestpfeiler erreicht. Wenig später ersteigt man die höchsten Gipfel nur noch »by fair means« – ohne künstlichen Sauerstoff (Lhotse 8511 m, 1977 durch Dacher, Everest 1978 durch Habeler/Messner und Engl).

Höhepunkte sind auch die (allerdings umstrittene) erste Durchsteigung der 4000 m hohen Lhotse-Südwand durch den Alleingänger Tomo Cesen im Auf- und Abstieg (1990, 3 Tage) sowie die Erst-Durchsteigung der 800 m hohen Südwand (»Eternal Flame«, IX-A2) des Nameless Tower (6158 m) im Karakorum durch Güllich/Albert.

Im Sommer 1997 fällt der erste »Bigwall« in großer Höhe: Das Team Alexander und Thomas Huber/Toni Gutsch/Conrad Anker bewältigt die 1000 m hohe Südwestwand (VII, A4) des Latok II (7108 m) im Karakorum.

Der Slowene Tomaz Humar klettert im Herbst 1999 solo durch die 4000 m hohe Südwand des Dhaulagiri (8167 m) und überwindet dabei höchste Schwierigkeiten.

2. Die Spielformen des Alpinimus

BERGWANDERN

Als Bergwandern wird die *Grundform des Bergsteigens* bezeichnet: das Gehen und Steigen bergauf und bergab, wobei die Beine die Hauptarbeit verrichten und nur gelegentlich an einzelnen Stellen (z. B. am letzten Gipfelaufschwung) die Hände gebraucht werden, um das Gleichgewicht zu wahren.

Der Bergwanderer benützt zumeist bezeichnete Wege oder Steige, doch führen oft – besonders in den Zentralalpen – Wanderrouten auch über wegloses Gelände (Grashänge, Schutt, Geröll). Dies erfordert dann bereits besondere Erfahrung, Trittsicherheit und Orientierungssinn.

Bergwandern ist technisch unschwierig, Hochgebirgswandern ist dabei die schwierigere Variante, was z. B. bei einer Hochgebirgsdurchquerung von Hütte zu Hütte schon eine Portion Kondition und Durchhaltevermögen erfordert. Eine Hochgebirgswanderung kann auch schon einmal über einen Gletscher führen. In diesem Fall sind natürlich eine besondere Ausrüstung und die dazugehörige Erfahrung notwendig.

WEITWANDERN

Herbstliche Wanderung im Steinernen Meer

Darunter versteht man das Verbinden zweier entfernter Ziele, immer verbunden mit der Bewältigung großer Strecken, z. B. München – Venedig, Lindau – Salzburg oder gar Wien – Nizza, und natürlich immer über die dazwischenliegenden Berge. So gibt es viele vorgeschlagene *Fernwanderwege*, z. B. in den Dolomiten. Jedoch kann sich im Prinzip jeder seine eigene Weitwanderung, sein eigenes »Alpentrekking« zusammenstellen. Gerade das Planen, das Ausarbeiten eines solchen Projekts macht schon unheimlichen Spaß und stellt eine echte Aufgabe dar. Es gibt viele Bergsteiger, die »ihren« Weitwanderweg in Etappen begehen, z. B. jedes Jahr eine Woche lang einen ausgewählten Teilabschnitt. Leute mit wenig Zeit finden ausgezeichnete Ziele in den Programmheften von Bergführern und Alpinschulen.

Weitwandern bzw. Fernwandern in außeralpinen Gebirgen, meistens mit weniger Komfort als in den Alpen und oft in großen Höhen, z. B. mit Übernachtung im Zelt, Selbstversorgung oder Versorgung durch eine Begleitmannschaft, wird als *Trekking* bezeichnet.

KLASSISCHES BERGSTEIGEN – HOCHTOUREN

Unter klassischem Bergsteigen versteht man die Weiterführung des Bergwanderns in zunehmend schwierigeres Gelände: steiles, wegloses

Am Midi-Plan-Grat, Mont-Blanc-Gebiet

Gelände, Steilschrofen, leichte Kletterei, steilere Schneefelder, das Bewegen im Absturzgelände. Das Ziel ist hier in der Regel das Erreichen des Gipfels. Bei Hochtouren kommt in entsprechenden Höhenlagen das Begehen von Gletschern dazu, was natürlich bei der Wahl der Ausrüstung besonders berücksichtigt werden muss.

KLETTERSTEIGE

Als Klettersteige werden Felsanstiege und Steige bezeichnet, die durch absturzgefährdetes, oft sehr ausgesetztes Gelände führen und mittels Drahtseilen abgesichert sind. Je nach Schwierigkeit der Steiganlage erleichtern Eisenklammern und -stifte oder auch Leitern die Kletterei (deshalb auch ital. »Via Ferrata« = Eisenweg).

Das Begehen von Klettersteigen hat sich heute zu einer eigenen Spielart des Alpinismus entwickelt, die viele Freunde hat. Die Gegner argumentieren mit Verschandelung und Übererschließung der Natur, was sicher an einzelnen Punkten zutreffen mag. Am schönsten sind immer noch jene Anstiege, die den von der Natur vorgegebenen Möglichkeiten wie Bänder, Rinnen, Rampen folgen und nur dort, wo der Fels unüberwindlich wird, künstliche Fortbewegungsanlagen zur Überbrückung anbieten.

Klettersteige durch glatte Wände zu legen, bei deren »Begehung« man sich allein mit roher Kraft am Seil hochzieht, zeugt nur von Gewalt gegen die Natur, Einfallslosigkeit und Stupidität.

»Eisenweg« in den Brenta-Dolomiten

Es gibt bei Klettersteigen leider noch keine einheitliche Schwierigkeitsbewertung, was für den Gelegenheitsgeher das Einschätzen der Schwierigkeit nicht leicht macht. Das kann gefährlich werden, wenn er in ein für ihn zu schwieriges Gelände gerät.

Wichtige Kriterien zur Beurteilung eines Klettersteigs sind: Länge (Kondition), Ausgesetztheit (Psyche), Steilheit (Kraft), Gipfelhöhe, Rückzugs- bzw. Abstiegsmöglichkeit, Art der Sicherungen (durchlaufende Seilsicherungen oder dazwischen frei zu kletternde Passagen im Steilgelände).

FELSKLETTERN

Obwohl beim Klettern die Beine die Hauptaufgabe haben, den Hub des Körpergewichts auszuführen, dienen bei zunehmender Steilheit auch die Hände zur Fortbewegung.

Unter Felsklettern versteht man grundsätzlich das *Freiklettern*, also das Klettern an natürlichen Haltepunkten. Je weniger Haltepunkte, je kleiner und spärlicher diese sind, je steiler der Fels wird – desto mehr steigen die Schwierigkeiten der Kletterei.

Klettern im Plattenkalk des Gosaukamms, Dachsteingebiet

Um verschiedene Kletterrouten oder Kletterstellen miteinander vergleichen zu können, eine Route in ihrer Schwierigkeit einschätzen zu können, gibt es die *UIAA-Schwierigkeitsskala*.

Man muss unterscheiden zwischen dem Klettern in alpinem Gelände und im Klettergarten. Im *Klettergarten* oder klettergartenähnlichen Gebiet findet man meist abgesicherte Routen und Abstiege vor, man kann im Notfall rasch Hilfe herbeiholen, bei Wetterumschwüngen ist man schnell wieder am Boden. Anders in abgelegenen *alpinen Routen*, in denen der Kletterer auf sich gestellt sich allein durchkämpfen muss.

Das Klettern an künstlichen Haltepunkten, die Fortbewegung im Fels mittels Haken, Klemmkeilen, Trittleitern u. ä. wird *artifizielles Klettern* genannt, entsprechend wird auch die Bewertung mit A1, A2 bis A5 bezeichnet.

Zur künstlichen Fortbewegung zählen auch *Seilquergänge*, mittels der man ungangbare Felspassagen überbrücken kann, um wieder kletterbares Gelände zu erreichen.

Kurze Passagen, an denen man sich am Haken festhält, werden mit A0 bezeichnet. Ausgesprochene A-Kletterei, wie sie in der »Direttissima«-Zeit der 60er Jahre gebräuchlich war, findet man heute in den Techno-Routen an den großen Wänden Amerikas, den so genannten Big Walls.

EISTOUREN – EISKLETTERN

Als *Eistouren* werden jene Hochtouren bezeichnet, die über steilere, technisch schwierige Gletscher und Eisflanken führen. Hier wird besonders viel Erfahrung, Beurteilungsvermögen und technisches Können gefordert.

Als *Eisklettern* bezeichnet man das Klettern in steilem Eis und Firn, das neben den Steigeisen auch zwei Eisgeräte sowie eine spezielle Sicherungstechnik erfordert.

EISFALLKLETTERN

Gefrorene Wasserfälle zu erklettern ist die extreme Spielform des Eiskletterns, die erst mit der Verbesserung bisheriger und der Entwicklung neuer Eisausrüstung und Eisgeräte möglich wurde (Ende der 70er Jahre). Selbstverständlich ist hier ausgefeilteste Technik gefragt. Eisfälle können nicht immer optimal abgesichert werden, ein evtl. Rückzug (auch der Abstieg) kann Probleme bringen. Sehr sorgfältig muss auf die Wetterlage, die Eisqualität und alpine Gefahren (Lawinen!) geachtet werden.

Extremes Eisklettern am Piz Cambrena, Berninagruppe

MIXED CLIMBING

Darunter versteht man die radikale Weiterentwicklung des Eisfallkletterns: extremstes Felsgelände mit überhängenden Eispassagen wird mit kompletter Eiskletterausrüstung (Steigeisen und Handgeräte) erklettert. Das Bewältigen reiner Felspassagen mit Eisausrüstung nennt sich *drytooling*.

SKITOUREN

Die Skitour ist eine besondere Spezialität des Bergsteigens, die sich zunehmender Beliebtheit erfreut, da sie nicht nur alles beinhaltet, was das Bergsteigen generell ausmacht (Bewegung in der Natur, körperliche Leistung, Erholung, Naturerlebnis, Erlebnis des eigenen Ich),

Skitour zur Pta. della Paletta, Gran Paradiso

sondern gleichzeitig das Erlebnis der Sportart *Skifahren*: das außergewöhnliche Bewegungserlebnis des Gleitens, des Abfahrens, der Geschwindigkeit.
Das Erlebnis Skitour kann man in drei Phasen einteilen:

1. die *Tourenvorbereitung*, die aufgrund der Lawinengefahr und der veränderlichen Schneesituation besonders gründlich sein muss;
2. der *Aufstieg*, der aufgrund der Ausrüstung (Tourenbindung und Steigfell) und richtig angepasster Aufstiegstechnik ein völlig anderes Erleben des Steigens als im Sommer bringt;
3. das *Abfahrtserlebnis* in Tiefschnee und ungebahntem Gelände, was ganz andere Anforderungen stellt als das Pistenfahren und deshalb auch eine ganz andere Befriedigung hinterlässt.

TIEFSCHNEEFAHREN »SKI-PLUS«

Unter Ski-Plus versteht man Tiefschneefahren mit wenig Aufstiegsmühe, d. h. man startet von hochgelegenen Ausgangspunkten (Seilbahnstationen, Passhöhen) und erreicht mit geringen Aufstiegen lange Abfahrtsstrecken, bewältigt also immer mehr Abfahrts- als Aufstiegs-Höhenmeter. Dieses Ski-Plus-Tiefschneefahren richtet sich insbesondere an gute Skifahrer und ist nicht ganz ungefährlich, da auch Unerfahrene relativ schnell und leicht in hochalpines Gelände geraten und damit voll dessen Gefahren (Lawinen, Orientierung) ausgesetzt sind. Für solche Unternehmungen sollte man als Ortsfremder einen Bergführer engagieren.

KOMBINIERTE BERGFAHRTEN

Unter »kombiniert« versteht man schwierige Anstiege oder Teilabschnitte einer Route, die sowohl Felskletterei als auch Eis bzw. vereiste Passagen aufweisen. Kombinierte Anstiege findet man in den Alpen ebenso wie Eistouren in Höhen über 3000 m. Sie sind in der Regel sehr anspruchsvoll, weil eine umfangreichere Ausrüstung mitgeführt werden muss und ein solider Erfahrungsschatz erforderlich ist.

WINTERBERGSTEIGEN

Darunter versteht man das Ersteigen von üblichen Sommer-Routen im Winter, also unter besonders erschwerten Bedingungen wie Schneeauflage, Vereisung, niedrige Temperaturen, kurze Tage, Lawinengefahr, extreme Abgeschiedenheit, erschwerte Zustiegs- und Abstiegswege, zusätzliche Gewichtsbelastung durch mehr Ausrüstung für technische Geräte und Bekleidung, Biwak, besondere psychische Belastung.

Winterbergsteigen fordert den Allround-Alpinisten und sollte besonders sorgfältig vorbereitet werden. Man kann es als eine der härtesten Disziplinen des Bergsteigens betrachten. Es kann dem Bergsteiger aber auch deshalb besonders viel an Erlebniswerten und Eindrücken liefern.

Kombinierte Gratkletterei

Winterbesteigungen wurden in der Vergangenheit oft nur »anerkannt«, wenn sie zwischen 21. Dezember und 21. März (also im kalendarischen Winter) durchgeführt wurden, was natürlich ein Unsinn ist. So kann eine sonnige Südwand im Februar sommerliche Verhältnisse aufweisen, die Durchsteigung einer Wand Anfang Dezember oder im April in einer tiefwinterlichen Situation stattfinden!

Durch die zunehmende Ausaperung von Eiswänden und die damit verbundene starke Steinschlaggefahr sind Durchsteigungen großer Westalpenwände (auch Normalwege auf hohe Berge) aus Sicherheitsgründen oft nicht mehr vertretbar und werden – zwar schwieriger, jedoch sicherer – im Winter durchgeführt.

EXPEDITIONSBERGSTEIGEN – TREKKING

Darunter versteht man Besteigungen hoher Berge in außeralpinen Hochgebirgen, oftmals in wirtschaftlich unterentwickelten Ländern, mit allen Erschwernissen, die andere Erdteile, Sprache, Kultur und Lebenseinstellung mit sich bringen und eine besondere Organisation erforderlich machen: Anreise, gesundheitliche Vorkehrungen, Materialtransport, Beschaffung notwendiger Permits und Besteigungsgenehmigungen, von

Trekking im Solo Khumbu (Nepal). Im Hintergrund der Cho Oyo

Verpflegung und Brennstoff, Organisieren von Fahrzeugen, Trägern u. v. a.

Trekking ist Bergsteigen in fernen Hochgebirgen, in der Regel das Durchwandern dieser Landschaften bergauf bergab fernab der Zivilisation, oft gekoppelt mit der Besteigung leicht zugänglicher Gipfel.

Bei Trekking- bzw. Expeditionsbergsteigern werden höhere Anforderungen an die *Gesundheit* und *Leistungsfähigkeit* gestellt und an vorbereitendes *Training*. Den Risiken der Höhe muss die besondere Aufmerksamkeit gelten. Nicht unterschätzt werden darf die *psychische Belastung*, der sich Höhenbergsteiger längere Zeit aussetzen.

Heute können Bergwanderer und Bergsteiger ohne eigenen Organisationsaufwand Auslandsbergfahrten buchen, es gibt eine umfangreiche Angebotspalette von der technisch leichten Trekkingroute bis zu den Achttausendern. Doch ist bei der Wahl des Veranstalters größte Vorsicht geboten. Zu viele schwarze Schafe wollen sich im Reisegeschäft eine schnelle Mark verdienen. Fordern Sie einen Erfahrungsnachweis, verlangen Sie den Internationalen Bergführer-Ausweis!

SPORTKLETTERN – FREIKLETTERN

Während beim *alpinen Klettern* das Erreichen des Ziels, des Gipfels, im Vordergrund steht, liegt beim *Sportklettern* das Hauptaugenmerk auf dem »Wie« der Begehung. Sportklettern heißt, sich ausschließlich an natürlichen Haltepunkten zu bewegen. Technische Mittel wie Haken, Klemmkeile, Friends dienen nur zur Absicherung. Sportklettern beinhaltet also mehr eine innere Einstellung zum Klettern selbst. Sportklettern ist auch an keinen Schwierigkeitsgrad gebunden, es kann also beispielsweise sowohl im V. wie auch im VIII. Grad stattfinden. Sportklettern kann man an niedrigen Felsblöcken (sog. *Bouldern*) bis hin zu den großen Wänden.

In den höheren Schwierigkeitsbereichen ab dem VII. Grad sind spezielle Trainingsmaßnahmen erforderlich, auch gibt es gewisse Technikformen, die sich speziell für akrobatische Kletterei der höchsten Schwierigkeiten entwickelt haben.

Eine logische Weiterentwicklung des Sportkletterns sind Kletterwettbewerbe bis hin zu Kletter-Weltcupveranstaltungen und Weltmeisterschaften. Diese Wettbewerbe finden »naturschonend« an künstlichen Kletterwänden in der Halle statt.

BERGRADFAHREN (MOUNTAINBIKING)

Das Bergrad/Mountainbike (MTB) wurde Mitte der 80er Jahre im Alpenraum populär. Kennzeichen sind ein verstärkter Rahmen mit besonderer Geometrie, äußerst griffige Bremsen, stabile Felgen und Reifen sowie niedrige Übersetzung mit 18 bis 27 Gängen. Damit ist es – Technik und Kondition vorausgesetzt – möglich geworden, ruppige, lange und steile Bergwege zu befahren. Ermüdende Hüttenhatscher sind so zum Genuss geworden, besonders abwärts! Bergradfahren ist am schönsten auf Forststraßen und -wegen, die für Kfz-Benutzung ausgebaut und für den allgemeinen Autoverkehr gesperrt sind.

Bergräder gehören nicht auf schmale Gebirgssteige und Almwiesen, auf denen das Radfahren auch gar keinen Spaß macht. Die Rücksichtnahme auf Fußgänger ist Vorschrift. Doch auch der Bergwanderer sollte soviel Sportsgeist aufbringen, die Bergradler nicht zu behindern: Platz ist für alle da – mit etwas gutem Willen geht's prima miteinander.

Alles in allem ist Bergradfahren, richtig betrieben, eine besonders gesunde und naturfreundliche Sportart.

Sportklettern

GLEITSCHIRMFLIEGEN (PARAGLIDING)

Eine anspruchsvolle Sportart, die sich aus dem Fallschirmspringen (»Matratzenschirme«) und dem Drachenfliegen entwickelt hat. Ein Vorteil des Gleitschirms gegenüber dem Drachen besteht in der kleinen Verpackungseinheit, dem schnellen Aufbau und vor allem dem Gewicht. Dies ermöglicht es dem Bergsteiger, den Schirm im Rucksack auf einen Berg zu tragen und den »Abstieg« per Gleitflug zu absolvieren.

Was hier so einfach klingt, ist jedoch nur selten möglich: Start und Landung sind nur mit Zustimmung der Grundeigentümer erlaubt. Außerdem muss das Startgelände so beschaffen sein, dass ein Startabbruch vorgenommen werden kann. Dazwischen sollte – für Notfälle –

Alpines Gleitschirmfliegen

eine Zwischenlandemöglichkeit bestehen. Seilbahnseile und Stromleitungen müssen vorher ausgekundschaftet werden. Dann sind das Wetter und die momentanen Windverhältnisse am Gipfel ausschlaggebend, ob ein Start erfolgen kann, was im Voraus im Tal nie sicher zu beurteilen ist.

Zum alpinen Gleitschirmfliegen sind also eine solide Ausbildung mit Prüfung und ein großer Erfahrungsschatz Grundbedingung.

So kann es aber doch ein erstrangiges Erlebnis für einen Bergsteiger sein, vom Gipfel eines hohen Berges herabzuschweben, z. B. die 3800 Höhenmeter vom Mont Blanc nach Chamonix! Der »höchste Flug« glückte Jean Marc Boivin vom Mount Everest.

Die anfänglich vermutete Naturschädlichkeit des Gleitschirmfliegens hat sich nicht bestätigt. In jenen Gebieten, in denen wirklich viel geflogen wird, hat sich das Wild an die Segler in den Lüften gewöhnt, ebenso wie an die wandernden Schatten der Wolken.

BERGSTEIGEN ALS SPITZENSPORT

Schon in den Gründerjahren des Alpinismus, Mitte des 19. Jahrhunderts, zeigte das Bergsteigen recht sportliche Züge. So entstand um die Ersteigung des Matterhorns 1865 ein regelrechter *Wettkampf* zwischen Whymper und Carrel, wer wohl als erster oben sein würde. An anderen Bergen und in vielen bedeutenden Wänden war die Konkurrenz ähnlich groß.

Dieselbe Entwicklung gab es im Himalaya, nur wurde hier der Wettstreit unter den Nationen ausgetragen, welches Land zuerst auf einem unerstiegenen Achttausender steht. Zuletzt verfolgte die ganze Welt den Wettlauf zwischen dem Südtiroler Messner und dem Polen Kukuczka, wer als erster alle 14 Achttausender verbuchen konnte.

Aufsehen erregten schon immer Solobegehungen von schwierigsten Routen. Solche *Alleingänge* erfordern nicht nur perfektes Können, sondern vor allem eine überdurchschnittliche Psyche. Geschichte machten unter anderem Hermann Buhl (Badile-Nordostwand, 1950), der Wiener Marchart (Matterhorn-Nordwand, 1962), Albert Precht mit der Solo-Erstbegehung der Route »Neue Dimension« (VIII-) am Bratschenkopf/Hochkönig (1988).

Eine sportliche Steigerung erfuhren solche Solobegehungen durch den Versuch, große Routen in Spitzenzeiten zu durchklettern, so z. B. Watzmann-Ostwand in 1 Std. 50 Min. oder Eiger-Nordwand durch Reinhard Patscheider in 4½ Stunden.

Besonders hohe Ansprüche an Können und Psyche stellen Solo-Erstbegehungen von kombinierten Routen, wie z. B. »Knockin' on Heaven's Door« an der Jungfrau (4158 m), Fels 6/A3, Eis 6, durch den Bergführer Robert Jasper oder die Solo-Erstbegehung einer neuen Route an der Nordwand der Westlichen Zinne (2973 m) im Winter 2000 durch den Bergführer Alexander Huber.

Schließlich gibt es die sog. *Enchaînements*, die Aneinanderreihung schwierigster Routen an einem Tag, innerhalb zwei Tagen u. ä. Zu nennen sind hier der Belgier Claudio Barbier: alle drei Nordwände der Drei Zinnen an einem Tag (1962); Jean Marc Boivin: Fou-Südwand und Dru-Westwand an einem Tag (1982) per Drachenflug von Berg zu Berg und ins Tal;

Hans Kammerlander und Hans-Peter Eisendle durchkletterten 1991 an einem Tag die Ortler-Nordwand und die Nordwand der Großen Zinne, wobei sie die 224 km zwischen beiden Bergen mit dem Fahrrad zurücklegten!

Im Karakorum gelangen Habeler und Messner die beiden Achttausender Hidden Peak und Gasherbrum II nacheinander, dem Schweizer Loretan mit Gefährten gar drei Achttausender hintereinander.

Nicht zu vergessen sei die Übertragung des Sportklettergedankens auf die ganz hohen Berge, z.B. die freie Begehung der Jugoslawenroute am Nameless Tower im Karakorum durch die Seilschaft Güllich/Albert, das war erstmals VIII+ in über 6000 m Höhe!

Auch im Winter, im Skitourenbereich, gibt es sportliche Höchstleistungen. So beging schon 1932 der Berchtesgadener Josef Aschauer die Große Reibn – rund um den Königssee, von Berchtesgaden bis Berchtesgaden – in 24½ Std.!

1982 durchlief der Münchner Bergführer Sigi Mayer die berühmte Haute Route von Chamonix bis Zermatt mit Langlaufski in 26 Stunden.

Furore machen auch die Steilwandfahrer. So befuhr Silvain Saudan Ende der 60er Jahre die Monte-Rosa-Ostwand, Heini Holzer fast alle berühmten Eiswände der Ostalpen, und Jean Afanassieff fuhr mit Ski vom Mount Everest ab.

Ende der 80er Jahre begannen die Snowboardfahrer, in die Szene einzugreifen.

BERGSTEIGEN ALS BREITENSPORT

Wie bei nahezu jeder Sportart, in der Höchstleistungen vollbracht werden, wird auch das Bergsteigen als Breitensport betrieben. Es ist geradezu prädestiniert dafür, bietet es doch vom Wandern übers Klettern bis hin zum Skifahren für jede Geschmacksrichtung, jede Altersstufe, jede Leistungsklasse ein breit gefächertes Betätigungsfeld. Bergsteigen ist nicht nur eine Sache der Kraft und der Kondition, der Kopf wird hier mindestens ebenso gefordert. Da das Bergsteigen weitgehend in der ursprünglichen Natur stattfindet, werden fast verloren gegangene Instinkte im Menschen wach; durch das intensive Erleben der Naturabläufe werden starke Empfindungen geweckt.

So gesehen kann das Bergsteigen für sich zwar reiner Sport sein, es wird dem Bergsteiger jedoch immer einiges mehr als reinen Sport bedeuten. So lautet ein Zitat eines der Bergsteiger-Pioniere: »Man sehe im Berg nicht nur das Klettergerüst – man suche seine Seele.«

Bergsteigen galt lange Zeit – bis Ende der 60er Jahre etwa – als »heldenhaftes Tun«. Für manche war das Bergsteigen eine Lebensform, oft wurden verunglückte Bergsteiger – gleich Märtyrern – als Vorbilder bewundert. Dem Zeitgeist entsprechend wurde das Leben um eines Gipfels wegen in die Waagschale geworfen. Mit dem Bekenntnis »Bergsteigen = Sport« hat sich diese Einstellung verändert, ein höheres Sicherheitsdenken war die Folge. Daraus hat sich – im Gegensatz zu weitgehend schlecht abgesicherten und risikoreicheren »alpinen« Anstiegen – das sog. *Plaisierklettern* entwickelt: die perfekte Absicherung der Route durch Bohrhaken, was höhere Risiken beim Klettern ausschließt.

In den letzten Jahrzehnten haben sich Bergsteigen und Bergwandern zu einer bevorzugten Freizeitgestaltung breiter Bevölkerungsschichten entwickelt. Man sucht in den Bergen Erholung und Ausgleich für das meist bewegungsarme berufliche Leben.

3. Physische und psychische Voraussetzungen

Bergsteiger kann jeder werden, der körperlich gesund ist und Freude an der Bewegung und an der Natur hat. Durch die große Vielfalt der bergsteigerischen Disziplinen vom Bergwandern übers Klettern bis hin zum extremen Winterbergsteigen ist für jeden die Möglichkeit gegeben, seinen Fähigkeiten entsprechend bergzusteigen. Was zählt, ist nicht die sportliche Spitzenleistung, sondern die Freude an der bergsteigerischen Tätigkeit. Dadurch ist selbst bei körperlicher Anstrengung ein hoher Erholungswert gesichert.

3.1 Physische Voraussetzungen

Die körperliche Leistungsfähigkeit des Bergsteigers ist von mehreren Faktoren abhängig:

1. Von der Konstitution

Unter Konstitution verstehen wir die körperlichen Persönlichkeitsmerkmale wie *Gesundheit, Körperbau und Beweglichkeit.*

2. Von der Kondition

Die Kondition ist die Summe der körperlichen Leistungsfaktoren wie *Kraft, Ausdauer, Beweglichkeit und Schnelligkeit*. Wir unterscheiden zwischen allgemeiner Kondition (sportartübergreifend) und spezieller Kondition (sportartspezifisch).

Die allgemeine Kondition ist die Grundlage für jede sportliche Aktivität und für ein weiteres aufbauendes Training.

Die *spezielle Kondition* ist die Ausprägung der einzelnen konditionellen Leistungsfaktoren nach ihrer Bedeutung für die – in unserem Fall – jeweilige Bergsportdisziplin.

Die konditionellen Anforderungen der verschiedenen Disziplinen veranschaulicht die nachfolgende Grafik.

Abb. 1 Die konditionellen Anforderungen der verschiedenen Disziplinen des Bergsteigens

3. Von den koordinativen Fähigkeiten

Hierunter versteht man das Zusammenspiel von Gehirn, Nerven und arbeitender Muskulatur innerhalb des Bewegungsablaufs. Je technisch schwieriger die Bergsportdisziplin, desto größer die Anforderungen an die Koordinationsfähigkeit!

Das Konditionstraining

Dabei werden nach bestimmten Methoden *Trainingsreize* gesetzt, die eine biologische Anpassung des Organismus (Muskulatur, Herz, Kreislauf usw.) bewirken.

Es besteht also die Möglichkeit, durch gezieltes Training die persönliche Leistungsfähigkeit zu verbessern und dadurch Leistungsreserven sowie die Voraussetzung für anspruchsvollere Unternehmungen zu schaffen. Man sollte sich jedoch immer vor Augen halten, dass selbst der gut trainierte Bergsteiger beim Gang an der Leistungsgrenze für den Notfall keine Reserven mehr hat!

Die Zielsetzung des Konditionstrainings ist die Verbesserung oder Erhaltung der bergsportlichen Leistungsfähigkeit.

Allgemeine Grundlagen des Konditionstrainings:

Die Verbesserung der Leistungsfähigkeit beruht auf dem Prinzip der biologischen Anpassung. Das heißt, dass durch Einwirkung von *Trainingsreizen* auf den Organismus Anpassungsvorgänge ausgelöst werden, die das Leistungsniveau heben.

Die Effektivität des Trainings ist abhängig von:

- der *Reizintensität* (= Stärke des Trainingsreizes, sie wird durch einen Maximalkrafttest ermittelt. Zu geringe Reize bringen keinen Trainingseffekt);
- der *Reizdauer* (= Dauer der Reizeinwirkung, Wiederholungen oder Haltezeit);
- dem *Reizumfang* (= Dauer und Anzahl der Reize in der Trainingseinheit);
- der *Reizdichte* (= zeitliches Verhältnis zwischen Belastungs- und Erholungsphasen in der Trainingseinheit);
- der Trainingshäufigkeit (= Anzahl der Trainingseinheiten in der Woche.
  Sie ergibt sich aus der Dauer der Erholungsphase zwischen den Trainingseinheiten).

Durch Veränderung dieser Belastungskomponenten ergeben sich verschiedene Trainingsmethoden.

Das Prinzip der biologischen Anpassung:

Durch Einwirkung des Trainingsreizes auf den Organismus kommt es zu einer vorübergehenden Abnahme der Leistungsfähigkeit. In der darauffolgenden Erholungsphase werden die Energiequellen erneuert und über das Ausgangsniveau hinausgehoben. Setzt man jeweils an diesem Punkt den neuen Trainingsreiz, führt dies zu einer kontinuierlichen Verbesserung der Leistungsfähigkeit. Man nennt diesen Vorgang *Superkompensation*.

Werden die neuen Trainingsreize zu früh gesetzt, also noch in der Erholungsphase unterhalb des Ausgangsniveaus, kommt es zu einer Verschlechterung des Trainingszustandes (= Übertraining), setzt man sie zu spät, bleibt der Trainingserfolg aus. Die Dauer der Erholungsphase zwischen den Trainingseinheiten ist daher von großer Bedeutung.

Es gelten für Anfänger bei:

- *Ausdauerbeanspruchungen*
  (z. B. Laufen) 24–36 Std.;
- *Kraftausdauerbeanspruchung*
  (z. B. Muskelaufbautraining) 48–72 Std.

Für Hochtrainierte gilt etwa die Hälfte der Zeiten.

TRAININGSMETHODEN

Da die verschiedenen Bergsportdisziplinen unterschiedliche Ansprüche an die konditionellen Fähigkeiten stellen, gliedern wir das Konditionstraining in:

1. Ausdauertraining (alle Bergsportdisziplinen)
2. Krafttraining (Klettern und Eisklettern)
3. Training der Beweglichkeit (sportliches Klettern)

Abb. 2 Das Prinzip der biologischen Anpassung – Superkompensation.

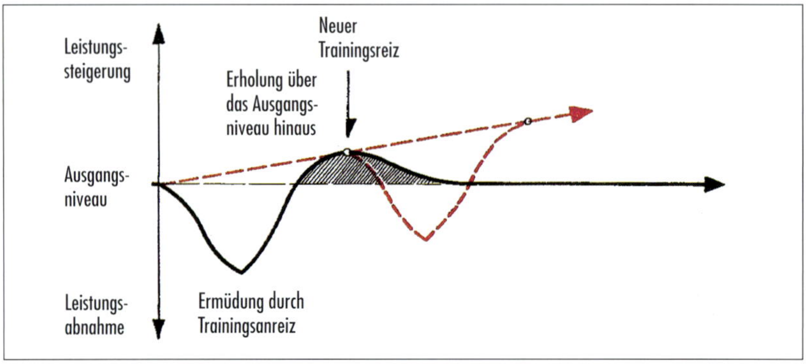

Zum Training der Ausdauer eignen sich Sportarten wie Jogging, Berglauf, Skilanglauf, Radfahren und Mountainbiking.

1. Ausdauertraining

Bergsteigen ist Ausdauersport. Es steht daher das Training der Ausdauer bei allen Bergsportdisziplinen im Vordergrund.

Durch Ausdauertraining verbessern sich der Stoffwechsel, die Blutversorgung und Sauerstoffaufnahme der Muskulatur, Herz-, Lungen- und Blutvolumen nehmen zu.

Das Maximalkrafttraining hat die Zielsetzung, die Kraftleistung des Muskels zu verbessern.

Methode des Ausdauertrainings:

Belastung	Pulsfrequenz	Dauer	Trainingshäufigkeit
Gleichmäßig	140–170	mind. 40 Min.	3 x Woche

2. Krafttraining

Hier unterscheiden wir zwischen Maximalkrafttraining und Kraftausdauertraining.

Dies erreicht man zum einen durch eine Vergrößerung des Muskelquerschnitts (Muskelaufbautraining) oder durch die Verbesserung des Zusammenspiels der Muskelfasern (intramuskuläres Koordinationstraining).

Methoden des Muskelaufbautrainings

Dynamische Standardmethode

Intensität:	60–80%
Dauer:	8–12 Wiederholungen pro Serie
Umfang:	3–5 Serien
Dichte:	3–5 Minuten Pause

Statische Methode

Intensität:	80–85%
Dauer:	10–20 sek. Haltezeit
Umfang:	6–10 Wiederholungen
Dichte:	2–6 Minuten Pause

Beispiel: Klimmzugtraining (Dynamische Standardmethode).

Der Trainierende (70 kg Körpergewicht) schafft mit 20 kg Zusatzgewicht gerade einen Klimmzug. Daraus ergibt sich: 100% = 90 kg, 80% = 72 kg.

Der Trainierende hat die Trainingseinheit also mit 2 kg Zusatzgewicht durchzuführen.

Das Intramuskuläre Koordinationstraining ist nur von Hochtrainierten nach mehrjähriger Trainingsgewöhnung durchführbar, da hier mit extrem hohen Belastungen gearbeitet wird (Verletzungsgefahr!). Es ist daher nur für den Spitzenkletterer von Bedeutung.

Das Kraftausdauertraining verbessert die Fähigkeit, Kraftleistung über möglichst lange Dauer zu erbringen.

Methode des Kraftausdauertrainings:

Intensität:	50–70%
Dauer:	10–30 Wiederholungen pro Serie
Umfang:	4–6 Serien
Dichte:	90–120 Sekunden Pause

WICHTIG

- Richtige Trainingsvorbereitung vermindert das Unfall- und Verletzungsrisiko
- Entsprechendes Ausdauertraining schafft Sicherheitsreserven

Klettern bis zum VI. Grad ist in der Regel ohne spezielles Krafttraining möglich. In diesem Schwierigkeitsbereich stehen eindeutig die koordinativen Fähigkeiten im Vordergrund; Klettern selbst ist das beste Training.

Steileisklettern stellt hohe Ansprüche an die Kraftausdauer von Oberkörper-, Arm- und Wadenmuskulatur. Ein Muskelaufbau- und Kraftausdauertraining ist daher empfehlenswert.

3. Training der Beweglichkeit

Bergsteigen stellt, abgesehen vom sportlichen Klettern, keine besonders hohen Ansprüche an die Beweglichkeit. Zur Erhaltung der allgemeinen Fitness ist jedoch ein Beweglichkeitstraining generell zu empfehlen.

Als Trainingsform hat sich *Stretching*, das ist langsames, einfühlsames Dehnen der Muskulatur, bewährt. Federnde Gymnastikübungen »à la Turnvater Jahn« sind überholt. Sie bewirken eher das Gegenteil und sind darüber hinaus verletzungsträchtig! Zum Beweglichkeitstraining durch Stretching sei hier auf die Fachliteratur im guten Buchhandel verwiesen.

TRAININGSGESTALTUNG

Um ein effektives und verletzungsfreies Konditionstraining zu gewährleisten, sind einige grundsätzliche Regeln zu beachten:

- Vor dem Training aufwärmen!

Dies gilt für jede Art von Training, ob Ausdauer-, Kraft- oder Beweglichkeitstraining.

Man beginnt mit einer Anregung des Herz-Kreislaufsystems durch lockere Ganzkörperbelastung wie z. B. Laufen (= Warmlaufen). Danach werden die Muskulatur sowie der Gelenkapparat durch Stretching und gymnastische Übungen auf die Belastung vorbereitet. Darauf folgend beginnt das eigentliche Training. Für das Aufwärmen sind etwa 15–20 Minuten zu veranschlagen.

- Beim Krafttraining folgt auf das Aufwärmen die Durchführung der Trainingsübungen mit geringen Belastungen, erst dann wird mit voller Last trainiert.
- Schmerzen in der Muskulatur oder in den Gelenken deuten auf eine Verletzung hin, das Training muss abgebrochen werden.

- Die Durchführung von Maximalkrafttests ist für Anfänger tabu, da der Muskel- und Gelenkapparat an diese Belastungen nicht gewöhnt ist. Die richtige Trainingsbelastung ist durch schrittweise Steigerung der Intensität zu ermitteln.
- Nach jedem Training abwärmen!

Am Trainingsende wird die Belastung nicht abrupt abgebrochen. Zur langsamen Erholung und zum Abbau der Stoffwechselschlacken ist ein lockeres Auslaufen oder leichte Belastung der beanspruchten Muskulatur nötig. Erst dadurch wird der volle Trainingserfolg gesichert.

3.2 Psychische Voraussetzungen

»Hinweis« im Dachsteingebiet

Neben den körperlichen sind die geistigen und seelischen Eignungen von größter Bedeutung. Für das Bewältigen einer schwierigen Route oder das Durchstehen einer heiklen Situation ist ein gesundes Selbstvertrauen wichtig. Voraussetzung dafür ist das Beherrschen der Materie und das Wissen um die eigenen Fähigkeiten.

Beispiel: Der Seilpartner stürzt in eine Gletscherspalte und verletzt sich dabei. Trotz der Aufregung, der Stresssituation gelingen die Spaltenbergung und die Versorgung des Verletzten, da die Bergetechnik beherrscht wird, gute Kenntnisse in Erster Hilfe vorhanden sind und das Wissen darüber das nötige Selbstvertrauen gibt, die Situation gut zu meistern. Ähnliche Fälle haben leider schon in Katastrophen geendet.

Ein Bergsteiger braucht ein gutes Maß an Einsicht (aus Uneinsichtigkeit resultiert mancher vermeidbare Unfall) sowie die Fähigkeit zur Selbstkritik. Mut zu haben, heißt weder Übermut noch Tollkühnheit, Mut resultiert einzig aus Vertrauen in das erworbene Können und Wissen.

Angst zu haben vor Neuem, Ungewohntem ist eine natürliche Sache. Angst ist ein Urreflex, der den Menschen vor Schaden bewahrt. Der Bergsteiger sollte sich grundsätzlich zu seiner Angst bekennen, sie vor dem Partner äußern und sie nie unterdrücken. Durch den Erwerb von Selbstvertrauen, durch Lernen und Training werden Ängste auf natürliche Weise abgebaut, jedoch nie durch Kraftakte oder flotte Sprüche. Es ist richtig, dass übermäßige Ängstlichkeit während der Tour zu gefährlichen Situationen führen kann. Deshalb sollte man jede Unternehmung auf die Fähigkeit und das Können des *schwächsten Teilnehmers* abstimmen.

Was die *Schwindelfreiheit* angeht, so verbessert sich diese mit wachsender Übung. So haben selbst »alte« Bergsteiger bei der ersten Klettertour im Frühjahr ein Kribbeln im Magen, das bei der zweiten oder dritten Tour verschwindet.

Nach den alpinen Unfallstatistiken des DAV ist seit Jahren Unfallursache Nr. 1 die *Selbstüberschätzung*. Das heißt, dass nicht ein unberechenbares, grausames Geschick das Unglück verursacht, sondern vorrangig der Mensch selbst. Darüber sollte man nachdenken!

Übrigens: Vorsicht ist keine Feigheit!

WICHTIG

- Ziel und Tempo richten sich nach dem Schwächsten der Gruppe
- Selbstüberschätzung ist die Hauptursache bei Bergunfällen

4. Ausrüstung

4.1 Allgemeine Ausrüstung

Bekleidung

Bergsteigerbekleidung soll den Körper vor Witterungseinflüssen (insbesondere Wind) schützen, keine Nässe von außen durchlassen, vom Körper abgegebene Feuchtigkeit jedoch nach außen abgeben und den Körper trocken halten. Dazu sollte sie leicht, bequem und hautfreundlich sein. Die Wahl der Bekleidung erfolgt nach den Kriterien:

- Jahreszeit
- Dauer und Art der Tour
- Höhenlage
- zu erwartendes Wetter

Nach dem Zwiebel- oder Schichtenprinzip kann man seinen Kleiderbestand optimal auf jeden Zweck und auf alle möglichen Ziele abstimmen, vom Gebrauch im Klettergarten bis hin zum Höhenbergsteigen.

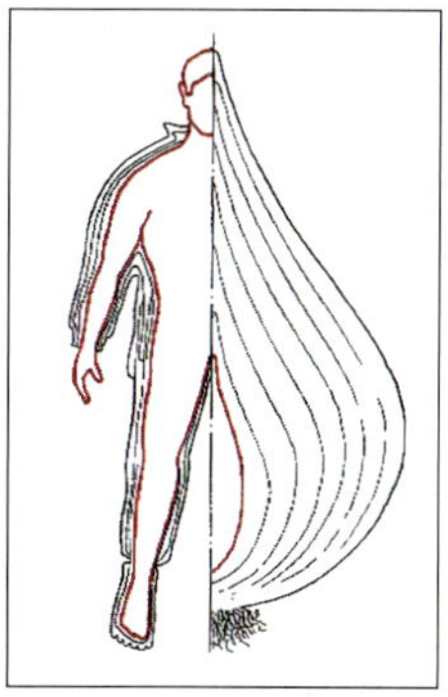

Abb. 3 Zwiebel- oder Schichtenprinzip der Bekleidung

MATERIALEIGENSCHAFTEN

Der Körper regelt bei sportlicher Tätigkeit seinen *Wärmehaushalt* durch *Schweißverdunstung*. Wird die Wärmeabgabe nach außen durch unzweckmäßige Bekleidung verhindert, gibt es einen Hitzestau. Ein Hitzschlag bzw. Hitzekollaps kann die Folge sein.

Nässe ist ein *guter Wärmeleiter*: Verbleibt Feuchtigkeit durch Schweiß in der Unterwäsche (wird also nicht nach außen abgegeben), so leitet der Körper laufend Wärme nach außen ab. Diese ständige Energieabgabe schwächt natürlich. Der Körper muss diese Energie laufend ersetzen, sonst kann *Erschöpfung* und *Unterkühlung* die Folge sein.

Baumwolle ist zwar besonders angenehm auf der Haut zu tragen, speichert jedoch Feuchtigkeit. So genannte *Sportunterwäsche* aus *Synthetikfasern*, z. B. Polypropylen oder Polyester, kann nur wenig Feuchtigkeit aufnehmen und transportiert diese nach außen ab, die Haut bleibt also trocken. Wichtig dabei ist, dass die nachfolgenden Schichten ebenfalls aus Kunstfasern bestehen, da sonst der Dampftransport nach außen gestört wird.

KLEIDUNGSSTÜCKE

Bergsteigerstrümpfe und -socken sollten ebenfalls die Feuchtigkeit nicht speichern, sondern möglichst nach außen abgeben, um die Füße trocken und damit warm zu halten (feuchte Füße = kalte Füße!). Ein Gemisch aus Wolle/Kunstfaser dürfte hier ideal sein. Ein innenliegendes Frottee- bzw. Plüschpolster sorgt für angenehmen Tragekomfort, gute Druckverteilung und Feuchtigkeitsaufnahme.

Eine **lange Berghose** hat gegenüber der Kniebundhose fast nur Vorteile: bessere Isolationsfähigkeit (Zirkulation), mehr Bewegungsfreiheit, Ersparnis von Gamaschen. Der

Schnitt sollte so bequem sein, dass eine lange Unterhose gut drunter passt. Am besten bewährt haben sich Hosen aus leichten, bielastischen Stoffen, die auch nach Nässe schnell wieder trocken sind.

Eine **Überhose** aus regendichtem Material mit seitlichem Reißverschluss schützt zusätzlich vor Wind und Nässe und ist ein wichtiges Ausrüstungsstück für Hochtouren. Heute werden Klettertouren (oft auch schon Skitouren) mit dünner leichter Trainingsbekleidung durchgeführt. In diesen Fällen muss eine Überhose mitgeführt werden, die vor Auskühlung schützt. Ist man im Sommer mit *kurzer Hose* unterwegs, gehört in jedem Fall eine lange Hose oder Überhose in den Rucksack.

Als **Pullover** oder **Jacke** ist die Fleecebekleidung nicht mehr wegzudenken. Sie ist leicht, angenehm zu tragen und trocknet schnell. Zu achten ist auf einen hohen Kragen und ausreichende Rückenlänge. Es gibt sie in dünnen, mittleren und dicken Ausführungen, wobei man mit zwei dünneren Teilen wesentlich besser variieren kann. Empfehlenswert sind Fleecejacken mit Windstopper-Membran, die absolut winddicht sind.

Der **Anorak** hat eine entscheidende Schutzfunktion gegen Wind, Kälte und Nässe. Je nach Anforderung gibt es die einlagige **dünne** Haut, die leicht und klein verpackbar ist und wind- und wasserdicht sein muss. Sie sollte auch im Sommer in keinem Rucksack fehlen. Daneben den gefütterten Touren-Anorak (»Outdoor-Jacke«), ebenfalls in wasserdichtem Material, mit mehr oder weniger vielen und intelligenten Taschenanordnungen. Stand der Technik ist ein strapazierfähiger leichter Oberstoff, der mit einer wasserdichten Membrane laminiert ist. Es gibt hier verschiedene Hersteller und Marken, wovon Kleidungsstücke mit der Membran »Gore Tex« die höchste Wassersäule aufweisen, d.h. am dichtesten sind. Man unterscheidet zwischen leichteren 2-Lagen und den stärkeren 3-Lagen-Laminaten, die für extreme Beanspruchung ausgelegt sind. Man achte auf ausreichende Rücken- und Ärmellänge, eine gutgeschnittene Kapuze mit anpassbarem Regenschild sowie mehrere dichte Taschen, eine davon für die Mitnahme von Landkarten geeignet. Der Schnitt muss so großzügig sein, dass extreme Bewegungen möglich sind, sowie eine zusätzliche Wärmeschicht darunter Platz findet.

Ein **Poncho** (Umhang) als Regenschutz ist nur für Wanderungen geeignet, da dieser zum Steigen oder Klettern nicht taugt.

Daunenbekleidung ist vor allem bei Hochtouren, Trekking und in der kalten Jahreszeit der beste, durch nichts übertroffene Wärmespender. Hochwertige Daune ist nicht nur warm und unglaublich leicht, sondern auch kleinst verpackbar.

Neben Wechselwäsche gehören eine **Mütze** und **Handschuhe** auch im Sommer zur Grundausstattung auf jeder Bergtour. In niedrigeren Lagen reicht oft eine dünne leichte Langlaufmütze.

Ein **Sonnenhut** oder eine **Schildmütze** ist nicht nur Schutz vor Sonneneinstrahlung, sondern für Brillenträger unverzichtbar bei Schlechtwetter, Regen und Schneetreiben.

Der beste Wärmeschutz für die Hände sind **Fäustlinge**. Gut bewährt haben sich Fleecefäustlinge mit winddichter Beschichtung, für den extremen Einsatz wasserdichte Goretex-Fäustlinge mit strapazierfähigem Cordura-Außenmaterial und Fleece-Innenhandschuh zum Herausnehmen. Unverzichtbar für den Bergsteiger sind dünne Fingerhandschuhe, die mit Winstopper-Membran ausgestattet sind: zum Gehen mit Stöcken oder Eispickel, als Schutz auf Firnfeldern und Gletschern.

Bergschuhe

Sie sollen die Füße vor Verletzungen und Kälte schützen und aufgrund der speziellen Sohlen sicheren Kontakt zum Untergrund schaffen. Daneben sollen sie stabil und leicht sein und weitgehend wasserdicht. Die Gelenke müssen durch *Dämpfungszonen* geschützt werden. Eine gewisse *Torsionssteifigkeit* ist insbesondere auch bei Leichtbergschuhen aus Sicherheitsgründen (z. B. harte Schneefelder) notwendig.

WICHTIG

Bergschuh-Eigenschaften
- Torsionssteif
- Neue Gummiprofilsohle
- Wasserdicht

Für alle Arten des Bergsteigens gibt es die entsprechenden Schuhe:

Bergwander- oder Trekkingschuhe: Gute Dämpfung, wichtig Torsionssteifigkeit, Wasserdichte erwünscht, bedingte Steigeisenfestigkeit.

Hochtourenschuhe: Das Hauptkriterium heißt hier »steigeisenfest«, d. h., sie sollen für Steigeisen mit Kipphebelbindung geeignet sein. Es gibt zwei Gruppen: den Kunststoff-Schalenschuh mit herausnehmbarem Innenschuh (pflegeleicht, für Steileis und extreme Unternehmungen, auch Expeditionen) und den Hochtourenstiefel der neuen Generation aus Leder. Dieser ist nicht mehr so hoch, hat einen umlaufenden Gummirand gegen Beschädigung, ist besonders leicht und sollte mit einer wasserdichten Membrane ausgestattet sein. Man kann damit auch im Fels noch ganz passabel klettern.

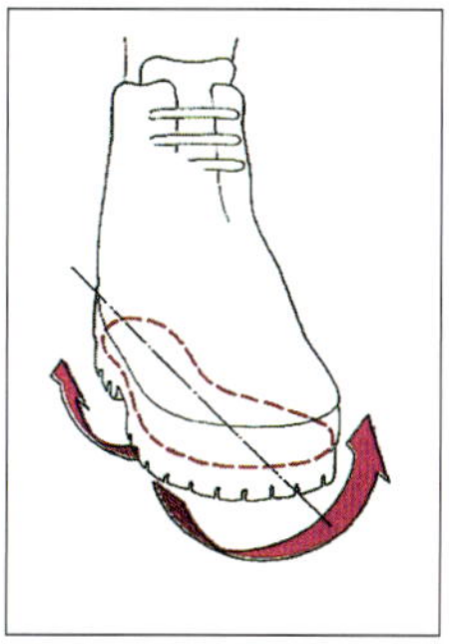

Abb. 4 Torsionssteifigkeit des Bergschuhs

Kletterschuhe: Hier unterscheiden wir Allround- und Reibungskletterschuhe (*Slicks*). Allroundkletterschuhe sind einigermaßen torsionssteif und weisen eine profilierte Sohle auf. Damit kann man noch gut Gras- und Schrofengelände sowie Schneefelder begehen und auch Zustieg und Abstieg meistern.

Reibungskletterschuhe haben eine profillose Sohle. Spezielle Gummimischungen sorgen für ausgezeichnete Reibungswerte.

»Bergschuh« eines Trägers mit eingeschränkter Funktion

Bergsteiger-Rucksack

Ein schlechter Rucksack kann die Freude am Bergsteigen verleiden und der Gesundheit schaden. Man unterscheidet zwischen *Körperkontakt-Rucksäcken* (zum Klettern, Ski- und Radfahren, bis max. 45 l) und *Rucksäcken mit Tragegestell*.

Bei Großrucksäcken ab etwa 45 l sollte dieses an die Rückenlänge anpassbar sein. Ganz entscheidend ist beim Rucksack die *Rückenbelüftung*, da man mit einem guten Belüftungssystem wesentlich weniger schwitzt und die Last angenehmer zu tragen ist.

Als Rucksackstoff verwendet man Polyester (besonders weicher Griff), Nylon und Ripstop-Nylon, das besonders reißfest ist.

WICHTIG

In den Rucksack gehört
- Reservehemd
- Mütze und Handschuhe
- Kälte- und Regenschutz
- Biwaksack
- LED-Stirnlampe
- Erste Hilfe-Set

Rucksäcke für höhere Anforderungen (Klettern-, Trekking-, Reiserucksäcke) sollten aus dem besonders strapazierfähigen Cordura gefertigt bzw. damit verstärkt sein.

Kein Rucksackstoff ist wasserdicht! Eine gewisse Regendichtigkeit ergibt sich ausschließlich aus der Qualität der Innenbeschichtung.

Bei Regen wird der Rucksackinhalt durch einen Regenüberzug geschützt, der bei längeren Touren mitgeführt werden sollte (oft eingebaut).

Man achte auf die Qualität der Polsterschäume an Trägern und Hüftgurt, auf Reißverschlüsse, Zurrgurte, abgefasste Nähte, unterlegte Tunnelzüge, evtl. Balgaußentaschen, Wertsachenfach, Windfang usw.

Bei Großrucksäcken sollte die Höhenverstellung des Tragesystems an der Aufhängung erfolgen und nicht am Beckengurt. Verstellsysteme mit tragenden Plastikteilen, Schrauben usw. sind anfällig gegen Bruch und Verlust.

Tradition und Fortschritt

Schlafsack

Es gibt Schlafsäcke mit Daunen- oder Kunstfaserfüllungen. Kunstfaserschlafsäcke sind unempfindlicher sowie besser für den Einsatz bei Feuchtigkeit geeignet. Kunstfaserfüllungen sind meist schwerer und voluminöser als Daune. Ein *Daunenschlafsack* ist, hochwertigste Daune vorausgesetzt, unübertroffen: kleinstes Packmaß bei geringstem Gewicht und größter Wärmeleistung. Daune hat jedoch den Nachteil, dass sie Feuchtigkeit aufnimmt und nur langsam trocknet.

Für den Alpinisten kommt in der Regel nur ein Daunenschlafsack in Frage. Je nach Einsatzgebiet (Kälte) wählt man nach den Kriterien Daunenqualität (Herkunft der Daune, Füllkraft = *Loft*), Daunenmischung (z. B. 70/30 heißt 70% Daune und 30% Federnanteil). Die beste (und teuerste) Qualität hat eine Daunenmischung von ca. 95/5 und einen *Loft* von 700 cuin (nach US-Standard).

Wert sollte man legen auf Schnitt- und Kammerntechnik, Stoffqualität und Ausstattungsdetails. Der beste Schlafsack wärmt schlecht, wenn die Bodenkälte nicht durch eine gute Isoliermatte abgeschirmt wird.

Aus hygienischen Gründen und als Beitrag zum Umweltschutz (weniger Wäsche) sind Schlafsäcke bei Übernachtungen auf AV-Hütten vorgeschrieben. Es gibt hier einfache Tuchhüllen, besser sind jedoch richtige Leichtschlafsäcke, damit erspart man sich die unhygienischen Decken.

Eine gute *Gebietskarte* ist das Orientierungsmittel Nr. 1! An zweiter Stelle folgt der *Höhenmesser*, und erst dann ist der *Kompass* zu nennen.

Orientierungsmittel

Eine brauchbare *Karte* muss den Maßstab 1:25 000 aufweisen. Als Ausnahme gilt die Schweizer Landeskarte im Maßstab 1:50 000, die aufgrund ihrer exakten Ausarbeitung noch als ausreichend bezeichnet werden kann.

Einen *Höhenmesser* braucht man zum Messen der aktuellen Höhe, also zum Feststellen des eigenen Standorts. Gleichzeitig kann man damit Luftdruckveränderungen feststellen, den Höhenmesser also auch als Barometer gebrauchen. Eine tolle Sache sind Armbanduhren mit multifunktioneller Anzeige: Höhe, Luftdruck, Temperatur, Wecker, Aufrechnung der Höhenmeter.

Mit einem guten *Kompass* kann man bei schlechter Sicht die Richtung festlegen, um ein bestimmtes Ziel zu erreichen. Ebenso dient er zum Bestimmen eines unbekannten Punktes im Gelände. Voraussetzung dafür sind eine erstklassige Karte sowie das entsprechende Know-how.

Bergsteigerzelt

Es dient als Stützpunkt für Unternehmungen, bei denen keine Hütten vorhanden sind. Bergsteigerzelte müssen wesentlich mehr aushalten als Campingzelte. Anforderungen: leichtgewichtig, wasserdicht, gute Hinterlüftung, sturmfest, auch bei Schlechtwetter schnell und leicht aufstellbar.

Am besten haben sich Kuppelzelte bewährt. Besonderes Augenmerk ist auf bestes Gestänge, durchgehende Gestängeführung, reißfeste Stoffqualität, spezielle Beschichtungen und abgedichtete Nähte zu legen. Für den extremen Einsatz gibt es Überzelte mit Schneelatz, der das Verankern des Zelts mit Heringen überflüssig macht.

Biwaksack (Wetterschutzsack)

Biwaksack (Wetterschutzsack)

Ein Biwaksack darf in keinem Bergsteigerrucksack fehlen. Er dient nicht nur als Schutz vor Wind und Nässe beim Biwakieren, sondern ist wichtiger Schutz für Verletzte vor Auskühlung, dient als Abtransportmittel im Schnee und als Markierung für die Rettung aus der Luft.

In Frage kommen nur *Zweimann-Biwaksäcke*, da die Einmann-Säcke nur als Schlafsacküberzug tauglich sind. Biwaksäcke sind aus stabilem Nylon gefertigt. Als leichtgewichtigen Notbehelf gibt es einen sog. Rettungssack aus Alufolie, in den man einen Verletzten legen kann. Dieser wird oft noch als »Blitzschutzsack« bezeichnet, was absolut irreführend ist, da er weder vor Blitzschlag noch vor dem Erdstrom schützen kann.

Kochen mit einfachsten Mitteln

Bergsteigerkocher

Für den üblichen Gebrauch eignen sich sehr gut die leichten, kompakten Gas-Kartuschenkocher. Die besonderen Vorteile sind geruchfreies und sauberes Handling. Sie verlieren bei Kälte aber rasch an Leistung. Für extremen Einsatz bei Kälte ist der Benzinkocher unübertroffen, insbesondere solche mit Brennstoff-Vorwärmung. Universell einsetzbar sind Kocher, die sowohl mit Gas als auch mit allen Flüssigbrennstoffen wie Benzin, Diesel oder Petroleum betrieben werden können.

Stirnlampe

Sie hilft dem Bergsteiger, bei frühem Aufbruch auf Hochtouren seinen Weg zu finden, aber auch dann, wenn er von der Dunkelheit überrascht wurde. Mit einer Lampe lässt sich am besten das alpine Notsignal absetzen.
Wichtige Kaufkriterien sind: Wasserdichtheit, Sperre gegen unbeabsichtigtes Einschalten, Batterie sollte am Körper getragen werden können (wichtig für längere Betriebsdauer bei niedrigen Temperaturen). Vorzuziehen sind Lampen mit LED-Technik; sie haben eine um ein Vielfaches längere Leuchtdauer, und man braucht nie mehr das Birnchen auszuwechseln.

4.2 Alpintechnische Ausrüstung – Kletterausrüstung

Die technische Alpin-Ausrüstung unterliegt großteils den Normvorschriften und trägt entsprechende Prüfsiegel (UIAA, DIN, CE), die jeweils die Mindestanforderungen (Festigkeit, Bruchlast, Maße usw.) an das Material und somit eine gewisse Sicherheit garantieren.

Bergseile

Das Seil spielt die zentrale Rolle in der Sicherungskette beim Begehen von Gletschern und beim Klettern in Fels und Eis.
Es muss dazu bestimmte Eigenschaften aufweisen:

- Ausreichende *Reißfestigkeit*, um auch dem größtmöglichen Sturz standzuhalten.
- *Fangstoßdehnung,* die die Sturzkräfte auf das körperlich verträgliche Maß reduziert, dabei aber die Sturzstrecke nicht unnötig verlängert.
- *Verschleißfestigkeit,* gute *Knotbarkeit* und weitestgehende Krangelfreiheit.
- Alle Seile sollten wasserabstoßend imprägniert sein.

SEILTYPEN UND IHRE ANWENDUNG

Einfachseil (Durchmesser 10–11 mm)

Einfachseile bieten ausreichende Festigkeit bei Verwendung im Einzelstrang. Man unterscheidet zwischen Normsturzseil und Multisturzseil.

Normsturzseile erfüllen mit 5–7 Normstürzen die Anforderungen der UIAA/DIN-Norm. Sie sind leicht (geringerer Durchmesser) und stellen einen Kompromiss zwischen Gewicht, Lebensdauer und Sicherheitsreserven dar. Normsturzseile eigenen sich besonders zum Sportklettern und für Gletscherbegehungen.*Multisturzseile* sind aufwendiger konstruiert, haben dadurch eine höhere Sturzzahl und damit auch eine längere Lebensdauer und Verschleißfestigkeit. Sie sind für Klettertouren in Fels und Eis in jedem Schwierigkeitsgrad geeignet.

Spezielle *Sportkletterseile* haben einen verstärkten Mantel, der trotz der ständigen starken Walkbeanspruchung (Stürze, Toprope und Ablassen) eine wesentlich höhere Abriebfestigkeit und Gebrauchsdauer garantiert.

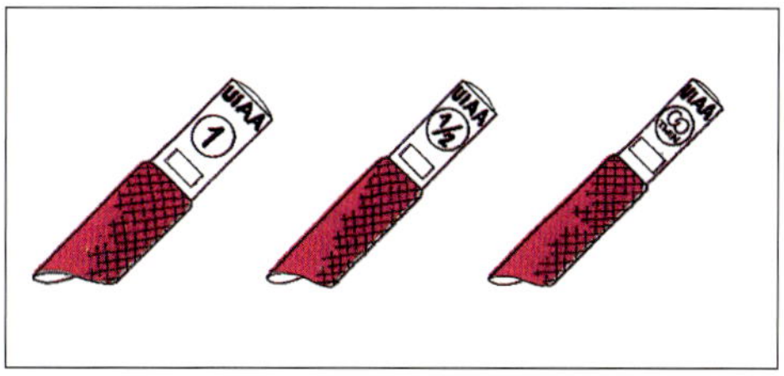

Abb. 5 Der Seiltyp ist an der Banderole zu erkennen. Von links: Einfachseil, Halbseil, Zwillingsseil.

Halbseil (Durchmesser 8–9 mm)

Um ausreichende Reißfestigkeit bei Halbseilen zu gewährleisten, müssen diese im Doppelstrang, das heißt zwei Seile als *Zwillingsseil* oder als *Doppelseil* (Technisches Klettern), verwendet werden. Einzige Ausnahme ist – vorschriftsmäßige Gehtechnik vorausgesetzt – das Begehen von Gletschern. Die Verwendung von Halbseilen als Zwillingsseil garantiert höchste Sicherheitsreserven selbst bei Sturzbelastung über scharfe Felskanten. Weitere Vorteile der Zwillingsseiltechnik sind das geringere Totalschadenrisiko, z. B. bei Steinschlag, die größere Abseillänge und eine längere Gebrauchsdauer.

Zwillingsseil (Durchmesser 7,8–8,5 mm)

Zwillingsseile müssen immer im Doppelstrang verwendet werden. Sie haben die genannten Vorteile der Zwillingsseiltechnik bei geringerem Gewicht, aber auch geringerer Lebensdauer; sie dürfen im Gegensatz zum Halbseil nicht im Einzelstrang am Gletscher benützt werden.

SEILLÄNGE

Für das alpine Fels- und Eisklettern empfiehlt sich eine Seillänge von 50 bis 60 m, da viele Routen auf Seillängen von 50 m eingerichtet sind. Für Gletscherbegehungen sollte die Seillänge 50 m betragen, um im Notfall Seilreserven für die Spaltenbergung zur Verfügung zu haben. Sportkletterseile haben Längen bis 70 m.

LEBENSDAUER

Zur Lebensdauer von Bergseilen können keine allgemeinverbindlichen Aussagen gemacht werden, da sie stark von der Art und Weise der Benutzung abhängig ist.

Eine grobe Faustregel besagt, je höher die Normalsturzzahl, desto länger die Gebrauchsdauer bei fachgerechter Behandlung. Es ergibt sich eine Lebensdauer von bis zu einem Jahr bei intensiver ständiger Benutzung und bis zu drei Jahren bei gelegentlicher Benutzung.

Das Seil sollte auf jeden Fall ausgesondert werden:

- bei Mantelbeschädigung (z. B. durch Felskanten oder Steinschlag),
- bei starker Mantelabscheuerung (Seilpelz),
- nach mehreren harten Stürzen,
- nach Berührung mit Säuren oder Laugen.

WICHTIG

- Bei alpinen Klettertouren höchste Sicherheitsreserven durch Verwendung von zwei Halbseilen
- Vor dem Kauf von Anseilgurten Hängetest!

Ein Bergseil altert insbesondere durch eingedrungenen Gesteinsstaub und UV-Bestrahlung. Der Gesteinsstaub wirkt zwischen den Seilfasern bei jeder Seilbewegung wie ein kleines Reibeisen.

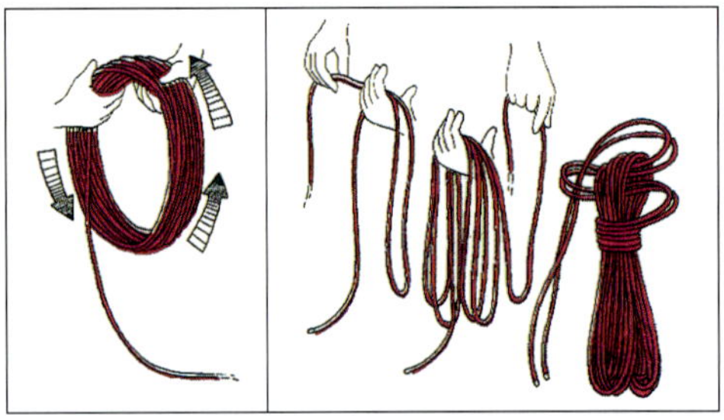

Abb. 6 Links: Abrollen des fabrikneuen Seils, um Krangelbildung zu vermeiden. Rechts: Aufnehmen des Seils

SEILPFLEGE

Seile sind empfindlich gegen Licht, Hitze und Chemikalien. Sie dürfen deshalb nicht in der Sonne getrocknet, im Auto liegengelassen oder mit Säuren und Laugen in Berührung gebracht werden.

Verschmutzte Seile können in klarem Wasser ausgespült werden. In größeren Abständen kann man ein Bergseil mit speziellem Seilwaschmittel in der Waschmaschine (im Schongang) waschen. Dabei wird der zwischen den Fasern befindliche Gesteinsstaub herausgespült, das Seil wird wieder weich und geschmeidig.

Zum Seilaufnehmen (»Aufschießen«) bietet sich nebenstehende Methode an (s. Abb. 6).

Bandschlingen und Reepschnüre

Reepschnüre dürfen nicht als Seilersatz verwendet werden, da sie infolge anderer Konstruktion keine ausreichend hohe Dehnbarkeit aufweisen.

Bandschlingen finden beim Standplatzbau, der Verbesserung des Seilverlaufs und beim Legen von Zwischensicherungen, wie zum Beispiel an Zackenschlingen und Sanduhren, Verwendung. Es gibt sie als *Meterware* zum Selbstknüpfen, als genähte *Rundschlingen* in Ringform und als *Expressschlingen* in der Mitte abgenäht. Schmales Schlingenmaterial oder abgenähte Ösen verringern außerdem die Hebelkräfte am Karabiner.

Optimal sind abgenähte Bandschlingen aus Dyneema/Spectra-Material. Bei gleicher Festigkeit wie breiteres Nylonband sind sie dünner und leichter und als Expressschlingen sicherer. Die wichtigsten Abmessungen sind 120 und 60 cm.

Reepschnüre werden aufgrund ihres geringen Kantenarbeitsvermögens kaum mehr für Zwischensicherungen verwendet. Ihre Anwendung erfolgt hauptsächlich im Bereich der Kameradenhilfe und der Bergrettung, der Sicherung beim Abseilen (sog. Prusikschlinge) usw.

Reepschnüre aus Kevlar oder Dyneema haben eine wesentlich höhere Reißfestigkeit als Nylonmaterial, sind steifer und somit besonders gut zum Fädeln von Sanduhren geeignet, ebenso auch zur Verwendung in Klemmkeilen.

Anseilgurte

Der Anseilgurt hat die Aufgabe, die auftretenden Sturzkräfte möglichst schonend auf den Körper zu übertragen. Es gibt verschiedene Anseilgurte:

- Hüftgurt
- Brustgurt
- Kombigurt

Die sicherste und komfortabelste Anseilart ist die Verwendung eines Hüftgurts in Verbindung mit einem leichten Brustgurt in Achterform.
Diese Anseilmethode hat folgende Vorteile gegenüber den alten konventionellen Gurten und Kombigurten:

- Die Fangstoßeinwirkung wird in idealer Weise auf den anatomisch günstigsten Bereich, die Oberschenkel, übertragen. Der Brustgurt verhindert dabei lediglich ein Zurückkippen des Oberkörpers.
- Durch automatisches Anhocken der Beine wird der Körper in eine ideale Sitzposition gebracht. Dadurch besteht keine Gefahr von Wirbelverletzungen durch Hohlkreuzbildung, wie sie bei Verwendung von konventionellen Anseilgurten vorkommen kann.
- Sie vermeidet die Druckbelastung von empfindlichen Körperregionen, wie der Leistengegend.
- Die beste Anseilmethode für Frauen.
- Sie hat besseren Tragekomfort und Bewegungsfreiheit sowie hohen Bedienungskomfort durch günstig platzierte Materialschlaufen.

Die alleinige Verwendung eines Hüftgurts ist nur im Sportkletterbereich zu verantworten, wenn Felsqualität, Absicherung, Geländestruktur und ein spezielles Sturztraining harte und unkontrollierte Stürze ausschließen.

Nur die Anseilmethode mit Hüftgurt und Brustgurt ist für Gletscherbegehungen und sämtliche alpinen Kletterdisziplinen zu empfehlen.

Ein Brustgurt oder ein alter konventioneller Sitzgurt darf grundsätzlich nicht alleine verwendet werden (Gefahr der Wirbelverletzung bzw. Abschnürung des Blutkreislaufs!).

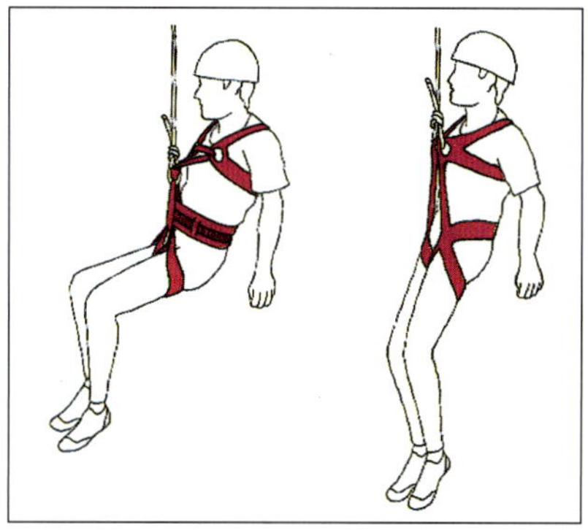

*Abb. 7 Links: Hängeposition mit Brust-/Hüftgurtkombination (ideale Sitzposition).
Rechts: Mit herkömmlichen Anseilgurten*

Hüftgurt mit Brustgurt (Achterform)

Bergsteigerschutzhelm

Oft als »Steinschlaghelm« bezeichnet, ist er nicht nur ein Muss für jeden Fels- und Eiskletterer, sondern auch für Freunde von Klettersteigen oder ausgesetzten Wanderungen. Er dient als Schutz vor Steinschlag und schützt im Falle eines Sturzes den Kopf beim Anschlagen am Fels. Beim Kauf ist nicht nur auf die Bruchfestigkeit zu achten, sondern auch auf gute Belüftung und vor allem auf angenehmen Sitz und komfortable Ausstattung. Was hilft die höchste Bruchfestigkeit, wenn man den Helm vorzeitig absetzt, weil man z. B. das Scheuern des Kunststoffgurts am Hals nicht mehr erträgt.

Karabiner

Karabiner gibt es in den unterschiedlichsten Ausführungen, als *Normalkarabiner* und als *Karabiner mit Verschlusssicherung*.

Karabiner müssen nach Norm gefertigt sein und unter anderem Festigkeitswerte von 20 kN in Längsrichtung und 6 kN in Querrichtung aufweisen. Superleichte Sportkletterkarabiner erreichen diese Festigkeitswerte gerade noch und sind deshalb sehr empfindlich gegenüber ungünstigen Belastungen. Sie sind für alpines Klettern nicht zu empfehlen.

Qualitätskarabiner sind so gebaut, dass Schnapperöffnungszeiten beim Anschlagen am Fels auf ein Minimum reduziert werden.

Bei Karabinern mit Stahlbügel-Schnapper gibt es mangels Masse keine ungewollte Schnapperöffnung. Sie sind nicht nur sicherer, sondern auch leichter als normale Karabiner.

Verschlusskarabiner (mit Schraub-, Twistlock- oder Schiebeverschluss) werden beim Standplatzbau, beim Abseilen, bei der Kameradenhilfe sowie beim Anseilen am Gletscher benötigt.

Zur Selbstsicherung am Klettersteig gibt es spezielle *Klettersteigkarabiner* mit extra großer Schnapperöffnung zum Einklinken in dicke Drahtseile oder Leitersprossen.

Eine Sonderform stellt der birnenförmige *HMS-Karabiner* dar. Er wird zur Gefährtensicherung benötigt. Er muss die besonders breite Rundung für die Halbmastwurfsicherung und eine Verschlusssicherung aufweisen.

Felshaken/Bohrhaken

Felshaken werden in natürliche Felsrisse und Felslöcher geschlagen. Sie dienen zur Standplatzverbesserung, Zwischensicherung, zum Rückzug und zur behelfsmäßigen Bergrettung. Um den unterschiedlichen Rissbreiten und -tiefen gerecht zu werden, sind Felshaken in ver-

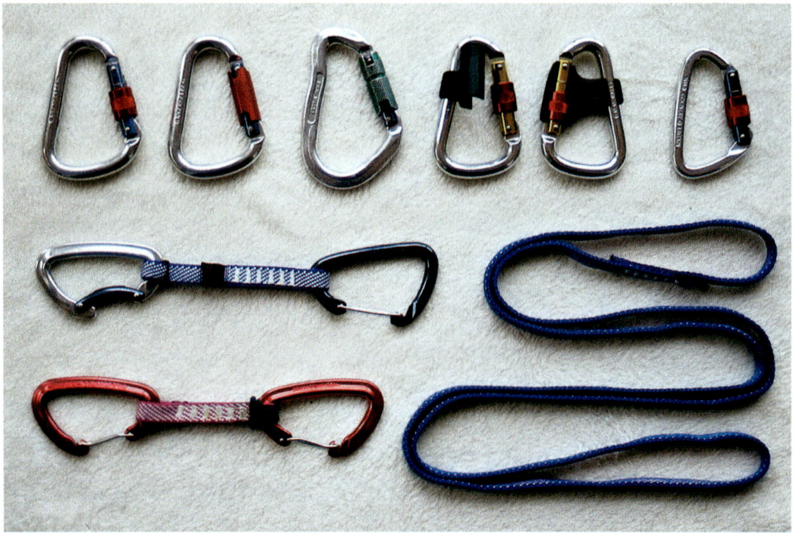

Karabiner und Expressschlingen.

Obere Reihe von links: verschiedene HMS-Karabiner mit Schraub-, Twistlock-, Triplockverschluß und DMM Belay-Master, Expressschlingensets mit Drahtbügel-Karabiner, Genähte Bandschlinge aus Dyneema-Band.

Verschiedene Felshaken.

Felshammer (Wechselsystem) mit Fangschnur und Köcher.

Felshaken oben: Ringhaken, Fiechtlhaken, Winkelhaken, Drehmomenthaken

Felshaken unten: Verschiedene Profilhaken für breite Risse

schiedenen Materialien, Formen und Größen erhältlich. Man unterscheidet *Weichstahlhaken* und *Hartstahlhaken*. Hartstahlhaken erreichen höhere Haltekräfte, jedoch sind im Kalkfels häufig Weichstahlhaken von Vorteil, da sie sich den Risskrümmungen besser anpassen. Die gebräuchlichsten Hakenformen sind Querhaken, Universalhaken mit um 45° gedrehter Öse (Drehmoment-Haken) und Profilhaken in verschiedenen Breiten und Formen.

Darüber hinaus gibt es Spezialhaken zur Fortbewegung beim Technischen Klettern.

Normalhaken, die sich bereits im Fels befinden, sollte man immer kritisch betrachten. Man weiß nie, wie gut sie geschlagen sind und wie lange sie schon stecken (Rost!).

Neben den Klettergärten werden da und dort Kletterrouten im Gebirge mit *Bohrhaken* saniert, besonders neue und schwierige Routen, in denen die Felsstruktur die Verwendung von Normalhaken und Klemmkeilen ausschließt. Vor allem älteren Bohrhaken sollte man misstrauen, wenn diese nicht aus Edelstahl gefertigt und eingeklebt sind. Einige vielbegangene Kletterrouten sind mit DAV-Sicherheitshaken an den Standplätzen und Abseilstellen ausgerüstet. Die Bruch- und Haltekräfte dieser Sicherheitshaken liegen bei über 30 kN!

Felshammer

Der Felshammer wird zum Ein- und Ausschlagen von Felshaken und Setzen von Bohrhaken benötigt. Felshämmer sind mit ummanteltem Stahlschaft oder mit Kunststoffschaft erhältlich. Sehr praktisch für hochalpine Klettereien ist ein *Wechselsystemhammer*, der mit wenigen Handgriffen in einen Eishammer verwandelt werden kann.
Zur Befestigung am Anseilgurt werden *Hammerköcher* in verschiedenen Ausführungen angeboten.

WICHTIG

- Karabiner mit Drahtbügel-Schnapper sind nicht nur leichter, sondern auch sicherer
- Im Fels befindlichen Normalhaken grundsätzlich misstrauen
- Für alpine Routen ausgewogenes Klemmkeil- und Friendsortiment mitführen
- Abseilachter in alpinen Touren nicht zur Partnersicherung verwenden

Klemmkeile – Klemmgeräte

Klemmkeile und Klemmgeräte werden zur Ergänzung von Fixpunkten an Standplätzen, zur Ergänzung von Zwischensicherungen oder auch zur Absicherung ganzer Routen verwendet. Besonders in Routen der unteren Schwierigkeitsgrade steckt in der Regel wenig fixes Sicherungsmaterial, was eine zusätzliche Absicherung mit Klemmkeilen nötig macht.

Klemmkeile und -geräte gibt es in den unterschiedlichsten Ausführungen für alle nur erdenklichen Einsatzmöglichkeiten. Die bewährtesten Formen sind bei den Klemmkeilen die *Stopper* (*Rocks*) und *Hexentrics*, bei den Klemmgeräten die *Friends*. Mit ihnen kann der größte Teil der auftretenden Anwendungsmöglichkeiten abgedeckt werden. Bei Klemmkeilen ist auf ausreichende Festigkeit zu achten (12 kN), die bei kleinen Keilen meist nicht erreicht werden kann.

Klemmkeile.

Rocks mit Stahlkabel, Rockcentric mit Dyneema-Band und mit Stahlkabel

ROCKS

sind halbmondförmige Stopper mit Drahtkabel oder Dyneema-Schlinge, die bei richtiger Platzierung die Haltekräfte von gut geschlagenen Haken erreichen. Ein kompletter Satz unterschiedlicher Größen deckt einen breiten Anwendungsbereich in allen Gesteinsarten ab. Die Original-Rocks gibt es mit einem flexiblen Drahtkabel oder mit einem Dyneema-Band versehen, das Seilbewegungen besser ausgleichen kann.

HEXENTRICS/ROCKCENTRICS

finden vor allem in breiten Rissen Verwendung. Der sechseckige, asymmetrische Querschnitt bietet verschiedene Anwendungsmöglichkeiten in vielen Rissbreiten. Die großen Hexentrics sollten mit Dyneema-Band ausgestattet werden, da eine Mindestbruchlast von 12 kN erreicht werden sollte.

Die neuen Rockcentrics haben eine verbesserte 3-Punkt-Auflage, was die Sicherheit erhöht.

FRIENDS

sind nach dem Kniehebelprinzip funktionierende Klemmgeräte, die bei richtiger Anwendung selbst in parallelen Rissen hohe Haltekräfte erreichen. Sie sind mit starrer und mit flexibler Achse erhältlich. Friends mit starrer Achse haben ihren Anwendungsbereich vor allem in ver-

Klemmgeräte (Friends).

Offset-Friends mit flexibler Achse, normale Friends mit flexibler und starrer Achse

tikal verlaufenden Rissen und Wasserrillen, flexible Friends sind besonders auch zur Anwendung in Querrissen und Felslöchern geeignet. Offset-Friends haben zwei unterschiedliche Segment-Paare, wodurch die Anwendung in Wasserrillen und konischen Rissen wesentlich erleichtert wird.

Jeder Kletterer sollte einen *Klemmkeilentferner* dabei haben. Das sind hakenförmige Geräte zum Entfernen fest sitzender Klemmkeile und Friends. Sie eigenen sich außerdem hervorragend zum Fädeln von Sanduhren und Ausputzen von Rissen.

Abseilachter

Abseilachter sind achterförmige Bremsgeräte für seilschonendes Abseilen. Sie finden außerdem bei der Kameradenhilfe Verwendung. Beim Sportklettern im Klettergarten wird oftmals über den Achter gesichert, was beim Toprope-Klettern oder für das Sichern des Seilersten angebracht sein kann, jedoch niemals für den Nachsteiger. Die Bremswirkung ist in dieser Situation zu gering.

Seilklemmen

Seilklemmen werden am Seil eingeklinkt und lassen sich in einer Richtung verschieben, während sie in der anderen Richtung blockieren. Sie dienen zum Aufstieg am Seil, z. B. Selbstrettung nach Spaltensturz, und als Rücklaufsperre bei der behelfsmäßigen Bergrettung. Man benützt sie auch zur Selbstsicherung beim Klettern am Fixseil.

Verschiedene Seilklemmen und Abseilachter.

Von links: Kong-Seilklemme, "Ropeman" am Seil und geöffnet (zum Seileinlegen), Petzl "Tibloc"-Klemme, Abseilachter (oben) in verschiedenen Größen, Salewa-Abseilachter "Guide" mit integrierter Sicherungsplatte, "Magic-Plate" zur Nachsteigersicherung

5. Ernährung

5.1 Energiequellen

Der *wichtigste Energielieferant* sind *Kohlenhydrate*, da die hieraus entstandene Energie schnell und mit wenig Sauerstoffverbrauch produziert werden kann.

Bergsteigen ist eine Langzeit-Ausdauer-Sportart, bei der über längere Zeit die Muskeln mit Energie versorgt werden müssen. Die Bereitstellung dieser Energie erfolgt durch Verbrennung von Kohlenhydraten und Fetten. Eiweiß spielt hier eine untergeordnete Rolle.

Allerdings sind die Kohlenhydratspeicher des Körpers (sog. Glykogen) begrenzt. Sind diese erschöpft, schaltet der Körper auf *Fettverbrennung* um. Dazu benötigt er jedoch wesentlich mehr Sauerstoff, d. h. für die Bereitstellung der gleichen Menge Energie steigt der Sauerstoffbedarf enorm, oder anders ausgedrückt: Mit Beginn der *Fettverbrennung* reduziert sich die Leistungsfähigkeit erheblich.

Kohlenhydrate führt man dem Körper zu in Form von Nudeln, Reis, Kartoffeln, Brot und Mehlspeisen. Einige Tage vorher und insbesondere am Abend vor der Tour sollte man kohlenhydratreiche Nahrung aufnehmen und somit die Körperspeicher auffüllen. Übrigens werden bei einem Ausdauertraining auch die körpereigenen Depots erweitert und ausgebaut.

Nach der Bergtour: Gemütliche Rast auf der Stuhlalm (Gosaukamm)

Traubenzucker sorgt zwar unterwegs für eine rasche Anhebung des Blutzuckerspiegels und damit für eine schnelle Energiebereitstellung, die Wirkung ist aber nur von kurzfristiger Dauer, das Absacken erfolgt ebenso rasch. Es ist vernünftiger, rechtzeitig eine Brotzeitpause einzulegen, um die Speicher wieder aufzufüllen. Mehrere kleine Mahlzeiten unterwegs sind zweifellos günstiger, als sich einmal den Magen voll zu schlagen.

In ungewohnten Höhenlagen wird sich bei vielen Bergsteigern eine gewisse Appetitlosigkeit feststellen lassen. Das ist eine Folge von noch nicht ganz erfolgter Höhenanpassung des Körpers. Man sollte in der Höhe deshalb besonderen Wert auf den Geschmack legen, um den Appetit anzuregen.

»Guten Appetit«

5.2 Trinken beim Bergsteigen

Der Körper verliert *Flüssigkeit* nicht nur durch *Schwitzen*, sondern einen erheblichen Teil auch durch *Abatmung* als Feuchtigkeitsanreicherung trockener Atemluft (z. B. schwitzt ein Bergsteiger auf 8000 m nicht mehr, verliert aber dennoch ca. 8 l Flüssigkeit pro Tag fast ausschließlich über die Atmung!).

Folgen von zu wenig Trinken: Zu wenig Bereitstellung von Schweiß, dessen Abgabe für die Körperkühlung notwendig ist, sowie Bluteindickung, was eine gefährliche Belastung wichtiger Organe bedeutet.

Mit dem Flüssigkeitsverlust durch Schwitzen verliert der Körper auch die für die Erbringung von Leistung notwendigen Mineralsalze. Man muss sie rechtzeitig ersetzen. Geeignete Getränke sind Fruchtsäfte (Apfel, Orange), Mineralwasser, Mischungen aus diesen beiden sowie Elektrolytgetränke (in Pulverform), die man in dosierter Menge mit Wasser oder Tee aufbereitet. Elektrolyt- bzw. Mineralgetränke sollten keinesfalls konzentriert eingenommen werden, da sie dann dem Körper Flüssigkeit entziehen. Aus diesem Grund sind Salztabletten nicht zu empfehlen, es sei denn mit ausreichend Flüssigkeit (3 g Salz mit 1 Liter Wasser).

Das Trinken ist für die Leistungsfähigkeit des Bergsteigers von größter Bedeutung.

Ausdrücklich gewarnt werden muss vor mineralsalzfreien Getränken, nämlich Schnee- und Schmelzwasser, auch Tee auf Hütten, in denen nur Schmelzwasser zur Verfügung steht, z. B. in Hochlagen und zur Winter- und Skitourenzeit. Starker Leistungsabbau, Muskelkrämpfe, Teilnahmslosigkeit u. a. können die Folgen sein.

Beim Bergsteigen ist auf ausreichende Flüssigkeitszufuhr zu achten.

Vitamintabletten (auch als Brausetabletten) sind sinnvoll bei längerdauernden Unternehmungen. Trotzdem muß man jedoch ganz klar feststellen, dass durch Elektrolyt- oder Vitamingaben allenfalls Leistungserhalt, jedoch keine Konditions- oder Leistungssteigerung erfolgen kann!

WICHTIG

- Abends vor der Tour Energiespeicher durch kohlenhydratreiche Kost füllen
- Traubenzucker ist kein langfristiger Energielieferant
- Auf Tour viel und vor allem rechtzeitig trinken
- Schnee- und Schmelzwasser nur mit Salzzugabe trinken

WICHTIG

- Fehlende oder schlechte Tourenplanung ist meist Ursache für große Unfälle
- Bei Klettergipfeln sich auch über den Abstieg informieren
- Richtiges Kartenlesen ist die Grundlage jeder Orientierung
- Ein guter Höhenmesser ist unentbehrlich zur Orientierung und hilft bei der Beurteilung der Wetterentwicklung

6. Tourenplanung und Orientierung

6.1 Allgemeine Tourenplanung

Grundlagen

Eine gewissenhafte und gründliche Tourenplanung ist für einen verantwortungsbewussten Bergsteiger unerlässlich. Sie ist das Grundgerüst, die Basis einer erfolgreichen Unternehmung. Fehlende oder ungenügende Tourenplanung war die Ursache nahezu aller großen Bergunfälle und Bergsteigerkatastrophen.

Folgende Punkte sind zu berücksichtigen:

- **Das Gebiet:** Nord-, Südalpen oder Alpenhauptkamm, Ostalpen oder Westalpen. Maßgeblich für lange oder kurze Zustiege und Abstiegswege, Art der Hütten. Bewege ich mich im Fels oder in einem Gletschergebiet? Welche Gesteinsart gibt es hier?
- **Die Höhenlage:** Bin ich für diese Höhe akklimatisiert, d.h. leistungsfähig? Welche Grund-Temperaturen, Wind, Sonnenintensität gibt es?
- **Die Jahreszeit:** Schneelage, Temperatur, Sonnenauf- und -untergangszeit?
- **Die Exposition:** Bin ich auf der Nord- oder Südseite, Sonneneinstrahlung, Vereisung, Schatten?
- **Die Wetterlage:** Wie ist die aktuelle Wetterlage und die Tendenz, wie die Großwetterlage, der Lawinenlagebericht?
- **Welche Schwierigkeiten** erwarten mich? Der eigentliche Schwierigkeitsgrad der Tour, die Steilheit, die Höhenlage. Wie wirken sich auf dies zusätzlich aus: die derzeitigen Verhältnisse, die Wettereinflüsse, meine persönliche Verfassung und die meiner Partner?
- **Der Zeitbedarf:** Der rechnerische Zeitbedarf muss an die Gegebenheiten angepasst werden, die sich aus obigen Punkten ergeben.
- **Die passende Ausrüstung:** Sie richtet sich ebenfalls nach der Summe der Erkenntnisse, die aus der Kombination obiger Punkte gewonnen werden.

Um eine Tour am Wohnort gut planen zu können, benötigt man aktuelle Informationen über Hüttenöffnungszeiten, Verkehrsmittel, Wetter, Routenverhältnisse usw. Diese erhält man bei der Alpinen Auskunft, bei Fremdenverkehrsämtern und Wetterstationen.

Alpine Auskunftsstellen

D: *Deutscher Alpenverein DAV,* Von-Kahr-Str. 2–4, D-80997 München, Tel. 0 89/1 40 03 0, Fax 1 40 03 11, Internet: www.alpenverein.de

A: *Österreich. Alpenverein ÖAV,* Wilh.-Greil-Str. 15, A-6010 Innsbruck, Tel. 05 12/58 78 28 Internet: www.alpenverein.at

I: *Alpenverein Südtirol AVC,* Vintlerdurchgang 16, I-39100 Bozen, Tel. 04 71/ 99 38 09
F: *Office de la Haute Montagne,* Place de l'Eglise, F-4400 Chamonix, Tel. 0450/53 22 08

DEUTSCHSPRACHIGE WETTERDIENSTE

Deutschland		
Alpenvereinswetterbericht+49 89 2950 70		
Deutscher Wetterdienst (gebührenpflichtig)		
	- Alpenwetter (wie AV-Wetter)	+49 190 01160 -11
	- Zugspitze	-12
	- Gardaseeberge	-16
	-Schweizer Alpen	-17
	- Ostalpen	-18
	- Bayrische Alpen	-19
Österreich		
Persönliche Beratung für die gesamten Alpen		+43 512 2916 00
Schweiz		
Schweizer Wetterbericht	- aus dem Ausland	+41 1 162
	- Inland	162
Alpenwetterbericht	- (nur in CH)	0900 5521 38
Spezialwetterbericht	- (nur in CH)	0900 5521 11
Individuelle Auskunft	- (nur in CH)	0900 1623 33

Informationsquellen

Die Grundinformationen erarbeitet man sich aus alpinen Führerwerken und guten Gebietskarten. Das Lesen der Karten und das Umsetzen von Texten auf die Karte sollte so gründlich erfolgen, dass man sich dadurch bereits so gut im Gebiet auskennt, als wäre man schon einmal da gewesen. Eine ausgezeichnete Möglichkeit, unbekanntes Terrain bei Durchquerungen und Hochtouren schon zu Hause bestens kennen zu lernen, bietet das Erstellen einer *Marschskizze* oder *Marschtabelle.*

Alpine Führerwerke geben den umfassendsten Überblick über ein bestimmtes Gebirge, und zwar über Talort, Zugangswege zu den Hütten, Übergänge, Gipfelanstiege und spezielle Kletterrouten. Die meisten Alpengebiete werden vom umfassenden Führerwerk der *Alpenvereins-Führer* abgedeckt, die nach einem vom Alpenverein kontrollierten Schema erstellt sind (z. B. muss von jedem Gipfel auch der Abstieg in Abstiegsrichtung beschrieben sein!).

Für den Kletterer der oberen Schwierigkeitsgrade gibt es ausgezeichnete *Topo-Führer*, die jedoch meist nur ein relativ kleines, begrenztes Klettergebiet beschreiben. Topos sind genaue Routenverlaufs-Skizzen, aus denen der Kletterer mittels Symbolen exakte Informationen über Struktur, Anzahl der Seillängen, Standplätze und Schwierigkeitsverteilung erhält.

Das »Führerlesen« muss geübt und die Aussagen im Gelände müssen richtig interpretiert werden. Beispiel: Ist die Bezeichnung »rechts« oder »links« im Aufstiegs- oder Abstiegssinne gemeint? So heißt die Angabe »or.« (oder ausgeschrieben »orographisch«) immer in Richtung abfließendes Wasser, also talwärts gesehen.

Interessant sind auch die einleitenden Texte, die wichtige Aufschlüsse über die Struktur, Geologie und Erschließung des Gebiets geben.

Wegzeitberechnung

Um keine unliebsamen Überraschungen zu erleben, muss bei jeder Tour eine *Wegzeitberechnung* gemacht werden. Man geht von dem mittleren Wert aus, dass ein »Normalbergsteiger« pro Stunde 400 Höhenmeter (Hm) oder 4 km horizontale Entfernung bewältigen kann. Man entnimmt also aus der Karte die gesamten Höhenmeter, parallel dazu die Entfernung, errechnet die Zeiten und zählt zur größeren Menge die Hälfte der kleineren dazu.

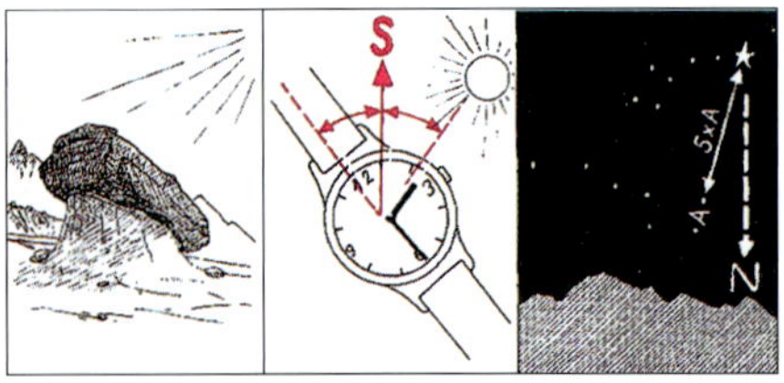

Abb. 8 Feststellen der Himmelsrichtung mit natürlichen Orientierungshilfen: Gletschertische sind immer nach Süden bzw. zur Sonne geneigt. Ermitteln der Südrichtung mit Hilfe der Uhr und der Nordrichtung mittels Polarstern (im Kleinen Bären)

Beispiel: Die Entfernung Hütte-Gipfel beträgt aus der Karte gemessen 6 km (= 90 Min.), die Höhendifferenz 1200 Höhenmeter (= 180 Min.). 180 Minuten + 45 Minuten (= die Hälfte der kleineren Zeit) ergibt 225 Minuten. Die Normalzeit Hütte-Gipfel beträgt also knapp 4 Stunden.

Gruppen sind etwas langsamer. Je größer die Gruppe, desto mehr Zeitaufwand muss dazugerechnet werden.

6.2 Orientierung

Unter Orientierung versteht man das Sich-Zurechtfinden in unbekannter Gegend oder im unübersichtlichen Gelände. Grundlage jeglicher Orientierung ist, dass man weiß, wo man sich befindet, also das *Feststellen des eigenen Standorts*.

Abgesehen von natürlichen Orientierungshilfen wie Sonnenstand, Neigung von Gletschertischen, Sternbildern u. a. muss der Bergsteiger mit Karte, Höhenmesser und Kompass umgehen können.

Kartenlesen

Die genaue Karte ist das wichtigste Orientierungsmittel. Ein großer Maßstab ist für exaktes Kartenlesen Bedingung. In der Regel ist das der Maßstab 1:25 000, in Einzelfällen kann man

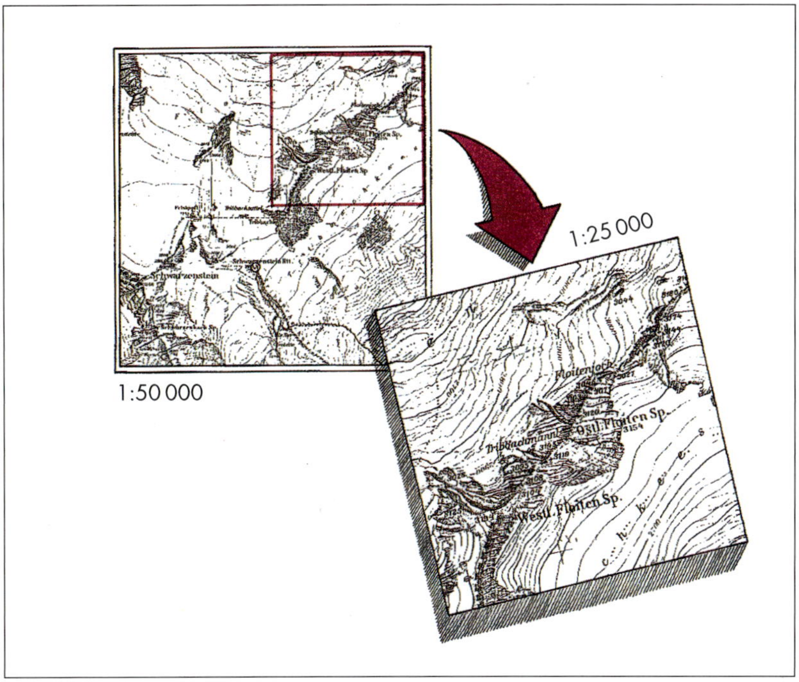

Abb. 9 Größenverhältnis gebräuchlicher Kartenmaßstäbe

auch noch die Zeichnung von Karten 1:50 000 akzeptieren (z. B. Schweizer Landeskarte, Karten der deutschen und österreichischen Landesvermessungsämter).
Die Abbildung auf Karten des Maßstabs 1:25 000 ist viermal so groß (bzw. viermal so genau) wie auf Karten des Maßstabs 1:50 000. Oder, anders gesagt: Eine Karte 1:50 000 zeigt den gleichen Ausschnitt viermal kleiner als die Karte 1:25 000, die Karte 1:100 000 16-mal kleiner usw.

Die Brauchbarkeit, die Lesbarkeit einer Karte ist hauptsächlich abhängig von der genauen Zeichnung der Höhenlinien. Diese geben die Formung des Geländes wieder und lassen Steilheit oder Flachzonen erkennen. Kartenlesen können heißt nichts anderes als Höhenlinien lesen und interpretieren zu können!

Gerade bei guter Sicht sollte so oft wie möglich das Kartenlesen geübt werden, also der Vergleich der Natur mit der Zeichnung auf der Karte. Mit fortschreitender Übung kann man sich aus der Kartenzeichnung eine genaue Vorstellung des Geländes machen.

Orientierung anhand der Landkarten

Höhenmesser

Ein Höhenmesser ist prinzipiell ein *Luftdruckmesser*. Da sich mit zu- oder abnehmender Höhe der barometrische

Luftdruck entsprechend verändert, zeigt auch der Höhenmesser die veränderte Höhe an. Da sich jedoch auch der Luftdruck bei gleichbleibender Höhe verändern kann (Wetterumschwung), funktioniert der Höhenmesser gleichzeitig auch als Barometer.

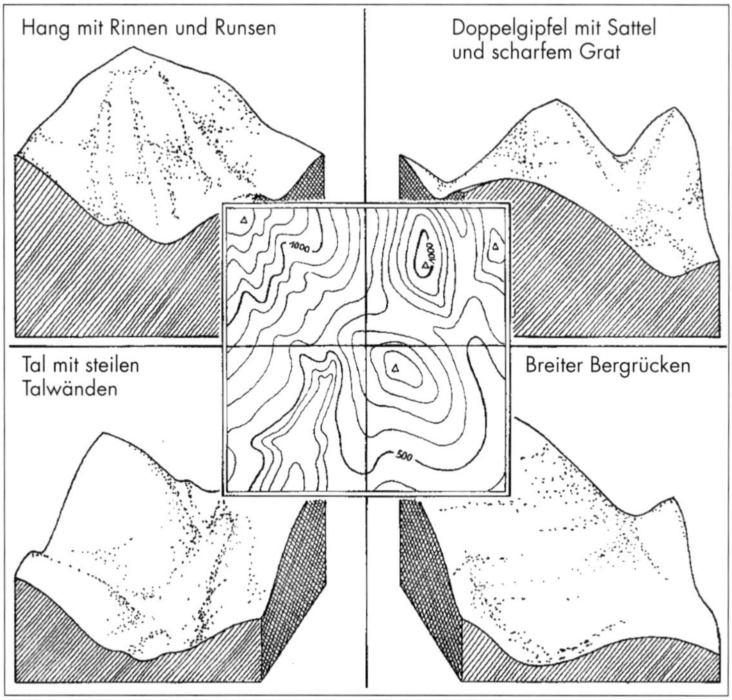

Abb. 10 Verschiedene Geländeformen und ihre Darstellung durch Höhenlinien in der Karte

Wärme/Kälte kann sich auf die Anzeigengenauigkeit auswirken. So wird der Höhenmesser bei großer Wärme zu wenig, bei Kälte zuviel Höhe anzeigen. Das Tragen des Geräts bei gleichbleibender Temperatur, z. B. in der Hosentasche, kann diese Fehlerquelle verringern. Gute Höhenmesser besitzen eine Temperaturkompensation.

Die bewährtesten Höhenmesser sind mechanische Taschenhöhenmesser (z. B. Eschenbach, Thommen), die unabhängig von einer Batterie oder Energiequelle sind. Elektronische Anzeigegeräte sind durch Mehrfachfunktionen vielseitig einsetzbar, im Gebirgseinsatz jedoch anfälliger. Um stets genaue Messwerte zu bekommen, müssen Höhenmesser möglichst oft (nach in der Karte angegebenen Punkten) nachgestellt werden, da sich durch Luftdruck- und Temperaturänderungen Abweichungen ergeben können.

Marschkompass (Bussole)

Die magnetisierte Nadel des Kompasses richtet sich nach dem magnetischen Nordpol, der nahe dem geographischen Nordpol liegt. Mit der Einstellung der sog. Missweisung wird diese Abweichung korrigiert, so dass mit dem Kompass eine genaue Richtungsbestimmung möglich ist.

Anwendungsmöglichkeiten für den Bergsteiger

- *Bestimmen der Richtungsanzeige Nord:*

Einnorden der Karte: Man legt die Anlegekante der Bussole an den Kartenrand und dreht die Karte so lange, bis sich die Kompassnadel mit der Nordmarke deckt.

- *Bestimmen eines unbekannten Punktes im Gelände (»Vorwärts-Einschneiden«):*

Standort ist bekannt, der unbekannte Gipfel oder die Scharte wird über die Visiereinrichtung angepeilt und der Drehring dabei so lange gedreht, bis die Magnetnadel auf die Nordmarke zeigt. Nun erst geht man mit dem Kompass auf die Karte, legt die Ecke der Anlegekante an den bekannten Standort und dreht den Kompass so lange um die eigene Achse, bis das West-Ost-Band mit der Kartenschrift (Achtung: nur Orts- und Bergnamen) übereinstimmt. An der Anlegekante oder der Verlängerung davon befindet sich der gesuchte Punkt.

Diese Maßnahme sollte man als Übung relativ oft praktizieren: Man sieht von der Hütte aus einen tollen Gipfel und möchte wissen, wie der Berg heißt, oder man muss feststellen, über welche der beiden Scharten der Weiterweg führt.

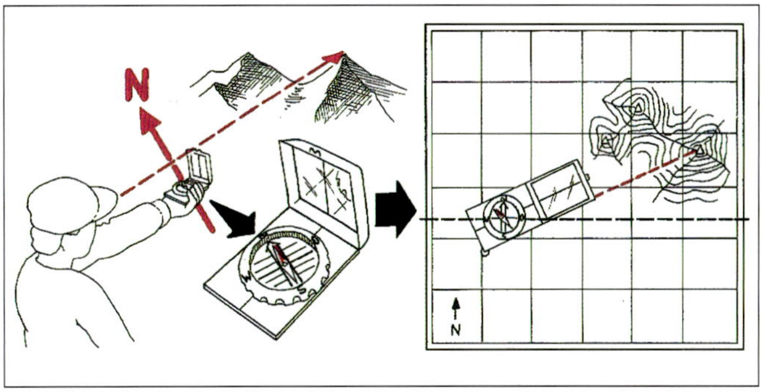

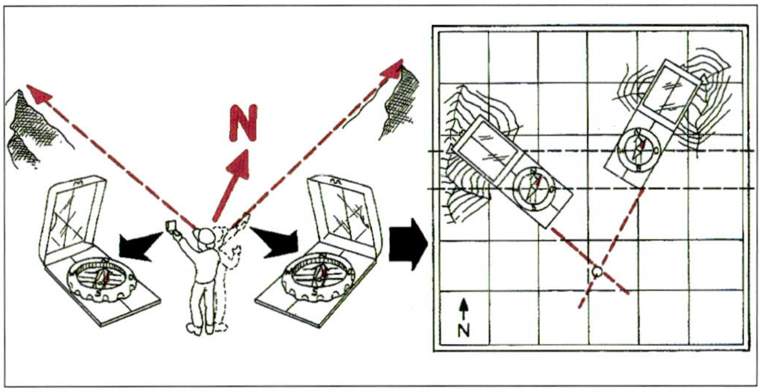

Abb. 11 (ganz oben) Bestimmen eines unbekannten Punktes im Gelände
1. Schritt: Anvisieren des gesuchten Punktes und Einstellen des Drehringes
2. Schritt: Bestimmung des Punktes in der Karte

Abb. 12 Bestimmen des eigenen Standortes mit Hilfe zweier bekannter Punkte (Rückwärts-Einschneiden)

- *Suchen eines auf der Karte bekannten Ziels im Gelände:*

Die Vorgehensweise ist genau umgekehrt wie vorher, der Kompass wird auf der Karte angelegt, die Anlegekante zeigt vom Standort zum gewünschten Ziel, dann wird der Ring so lange gedreht, bis das West-Ost-Band mit der Kartenschrift wieder in Deckung geht.

Mit dieser Einstellung der Windrose erfolgt nun das Peilen. Dabei wird der Kompass so lange gedreht, bis die Nadel wieder auf die Nordmarke zeigt. In der Verlängerung der Visierlinie sieht man das gesuchte Ziel.

- *Erstellen einer Marschtabelle oder Routenskizze:*

Wie oben den Kompass am bekannten Punkt anlegen, die Anlegekante zum gesuchten Ziel, den Rändelring so lange drehen, bis das West-Ost-Band mit der Kartenbeschriftung übereinstimmt. Von der Kompassrosette (= 360°-Skala) wird nun die Marschzahl (Richtungszahl) am Markierungspunkt abgelesen und in die Tabelle oder Skizze übertragen. Die Zielpunkte bzw. Wendemarken sollen so markant sein, dass sie auch bei dichtem Nebel gefunden werden können. Für den Rückweg nimmt man von der jeweiligen Marschzahl 180 weg bzw. hinzu (Beispiel: Marschzahl für den Hinweg ist 324, die Marschzahl für den Rückweg ist dann 144).

Ergänzende Notizen und Bemerkungen, errechnete Gehzeiten, Höhenangaben sind wichtige Teile der Routenskizze. Für das Arbeiten auf der Karte eignet sich besser als ein Kompass ein Kartenwinkelmesser mit drehbarer Windrose. Marschskizzen und Tabellen sind notwendige Maßnahmen bei Hochtouren auf Gletschern und auf Skitouren. Sie geben die Sicherheit, bei Schlechtwettereinbruch und Nebel ein wichtiges Ziel noch erreichen zu können.

Die Möglichkeiten, sich mittels Kompass im Hochgebirge bei Schlechtwetter zurechtzufinden, werden meistens überschätzt. Das mag auf flacheren Gletschern funktionieren, im Steilgelände oder an einer zerfurchten Bergflanke wird man bald nicht mehr weiterkommen. Selbst Profi-Kompass-Wettläufer haben im Gebirge schon das Handtuch geworfen. Hier ist in erster Linie exaktestes Kartenlesen angesagt.

Der Höhenmesser ist nach der Karte das wichtigste Instrument der Orientierung im Gebirge und unentbehrlich zur Feststellung des eigenen Standortes.

Orientierung mit GPS

Das GPS (Global-Position-System) dient zur *exakten Lage- und Höhenbestimmung des Standortes* an jedem Punkt der Erde, unabhängig von atmosphärischen Bedingungen (Schlechtwetter, Luftdruck) und auch bei Nacht. Die Ortsbestimmung wird mit dem GPS-Gerät durch das Anpeilen mehrerer Satelliten erreicht, wobei das Gerät die Position ständig neu errechnet. Man könnte auch sagen, das GPS-Gerät funktioniert ähnlich wie die Ortsbestimmung mit dem Kompass, nämlich durch »Rückwärts-Einschneiden« der Satellitenpositionen.

Für diese koordinative Berechnung ist der Empfang von mindestens drei Satelliten notwendig. Das heißt für die Bergsteigerpraxis, dass das System auf allen nach oben offenen Flächen funktioniert, jedoch eingeschränkt in engen Tälern und Schluchten – doch dort weiß man ja meist, wo man sich befindet! Hinderlich ist auch dichter Hochwald.

Im Hochgebirge ist zur exakten Standortbestimmung ein hochwertiger Höhenmesser unerlässlich. GPS-Geräte für Bergsteiger sollten am besten gleich mit einem Höhenmesser ausgestattet sein.

Doch nicht nur die wichtige Bestimmung des eigenen Standorts kann durch das GPS-Gerät erfolgen, man kann auch Streckenführungen mit anzulaufenden Etappenzielen vorausplanen und sich vom GPS-Empfänger führen lassen (Messner/Fuchs bedienten sich am Südpol dieser Methode).

GPS-Geräte sind mit Tastatur und LCD-Anzeige ausgestattet. Die kleinsten (bergsteigerfreundlichsten) haben die Größe und das Gewicht einer TV-Fernbedienung.

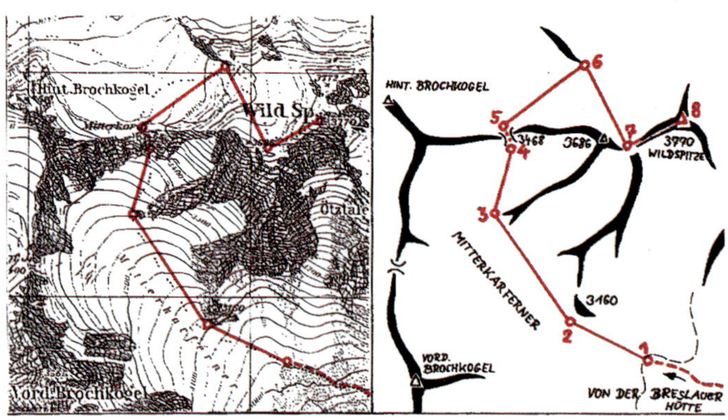

STRECKE	WENDEPUNKT	RZ	ENTFERN.	ABSOL. HÖHE	HÖHENDIFF.	ZEIT
1-2	FELSSPORN P. 3160	295	390 m	3100	+ 80	15
2-3	FELSKOPF	325	600 m	3260	+ 160	30
3-4	RINNE MITTERKAR-JOCH	16	330 m	3400	+ 140	25
4-5	ÜBERGANG FELS/EIS	/	/	3468	+ 70	15
5-6	FELSRIPPE	54	490 m	3560	+ 90	20
6-7	SATTEL	152	410 m	3660	+ 100	20
7-8	WILDSPITZE Ü. GRAT	62	300 m	3770	+ 110	20
		GESAMTZEIT AB GLETSCHER IN MIN.				145

= 2 STD. 25 MIN.
+ 50 % MESSAUFW. 1 STD. 15 MIN.
ZEIT AB GLETSCHERRAND 3 STD. 40 MIN

Abb. 13 Marschskizze in der Karte und anhand einer aus der Karte übernommenen Kammverlaufskizze mit dazugehöriger Marschtabelle

7. Bergwandern

Bergwandern kann jeder, ob jung oder alt. Das beginnt beim Wandern auf bezeichneten, ausgeschilderten Wegen und endet im weglosen Gelände, im Geröll und auf Schnee. Doch sollte sich auch jeder Bergwanderer Gedanken über die Tourenplanung machen: In welche Höhe komme ich, Spezifika der Jahreszeit, wie lange bin ich unterwegs und wann zurück?
Für Leute, die nicht so fit sind oder es einfach gemütlicher angehen wollen, empfehlen sich durchaus Wanderungen, die an der Bergstation eines Lifts oder einer Seilbahn enden. Abzuraten ist (wie manchmal in »Wandervorschlägen« empfohlen) mit der Seilbahn hinaufzufahren und »bergab zu wandern«! Damit tun Sie Ihrer Gesundheit nichts Gutes. Sie kommen zu schnell hoch, belasten Ihren Kreislauf spontan, statt ihn zu trainieren, und schädigen Ihren Bewegungsapparat beim Absteigen.

Am »Sentiero Brentari«, Brenta-Dolomiten

7.1 Mit Stöcken ins Gebirge

Eine gute Sache – nicht nur für extreme Bergsteiger – ist der Gebrauch von Stöcken beim Berggehen, insbesondere beim Bergabgehen. Nur müssen sie auch richtig angewandt werden (siehe dazu auch die beiden untenstehenden Fotos).

Bergstöcke sollten paarweise benutzt werden, in der Länge variabel bzw. klein zusammenschiebbar sein (Teleskopskistöcke), einen anatomisch geformten Griff und eine Hartmetallspitze haben. Um nicht in Felsritzen und Geröll hängen zu bleiben und nicht auf Schneefeldern einzusinken, sind auch im Sommer kleine Skistockteller anzuraten. Ein im Griff eingebauter Federzug mildert die Belastungsspitzen für Ellbogen- und Schultergelenk.

Vorteile der Bergstöcke:

- Beim Bergaufsteigen wird auch die Arm-, Schulter- und Brustmuskulatur bewegt, damit wird eine bessere Durchblutung und Atmung gefördert. Für den Kletterer ist sie gleichzeitig Teil der Aufwärmphase.

Bild links: *Beim Abstieg wird ein Großteil des Körpergewichts auf die Stöcke verlagert, was eine nachhaltige Entlastung der Kniegelenke bewirkt.*

Bild rechts: *Einsatz der Stöcke bei steiler Hangquerung*

- Auf Schneefeldern sinkt man nicht so tief ein.
- Bei kritischen Stellen (z. B. Bachüberquerungen) helfen sie das Gleichgewicht zu halten.
- Als Abstandhalter bei steilen Hangquerungen eingesetzt, wird das Körpergewicht besser auf die Sohlen übertragen (Vermeidung der Hanglage).
- Beim Bergabgehen werden große Teile der auftretenden Kräfte und Belastungen vom Knie- und Hüftgelenk auf den Oberkörper übertragen; dadurch erhebliche Schonung des Gehapparates gerade im Hinblick auf Spätfolgen im Alter!
- Bergsteiger-Anfänger sollten anfangs ohne Stöcke laufen, um das Gefühl für Gleichgewicht und Balance zu bekommen.
- Beim Queren und Begehen von harten Firnfeldern sollten die Hände aus den Stockschlaufen genommen werden.

7.2 Gehtechnik im Gebirge

Grundsätzlich sollte

- die ganze Sohle bzw. so viel Sohle wie möglich aufgesetzt werden, um größtmögliche Haftung und so wenig kraftraubende Hebelwirkung wie möglich zu haben;
- der *Körperschwerpunkt*, das ganze Gewicht auf das belastete Bein verlegt werden, um dadurch den maximalen Druck auf die Sohle zu bekommen.

Um das zu erreichen, muss die Schrittlänge der Neigung des Geländes angepasst werden: im Flacheren länger, im Steilgelände kürzer. Besser mehr niedrige Schritte als wenige hohe, da diese erheblich mehr Kraftaufwand erfordern. Die Kipp- und Rutschsicherheit ist bei kürzeren und niedrigeren Schritten wesentlich höher.

Zur Gehtechnik im Gebirge gehört auch die richtige *Atemtechnik*.

Grundsatz: Nie schneller laufen, als man »Luft bekommt«.

Mindestens so wichtig wie das genügende Atemholen ist das *tiefe Ausatmen*. Wenn man die erste halbe Stunde am Berg in den Körper hineinhorcht und richtig atmet, kann man den längsten Anstieg gut überstehen.

Ein typisches Zeichen für zu schnelles Gehen bzw. nicht angepasste Atmung ist das sog. »Verschnaufen«. Tipp: Laut und hörbar ein- und ausatmen, dadurch vermeidet man Press- und Schnappatmung und zwingt sich selbst in einen dem Körper angepassten Gehrhythmus. Erschöpfungszustände werden in aller Regel durch zu schnelles Angehen am Morgen eingeleitet. »Was man frühmorgens zerschlägt, kann man den ganzen Tag nicht mehr kitten!« Betont langsames Steigen zu Beginn einer Tour gibt dem Körper die Chance der Anpassung.

Man geht in die Berge nicht zuletzt wegen der schönen Ausblicke. Diese sollte man jedoch beim Rasten genießen und nicht während des Gehens! Ein »Hans Guckindieluft« hat im Gebirge wenig Überlebenschancen. Ein weiterer Punkt, der für oft unerklärliche Abstürze auch in leichtem Gelände verantwortlich sein dürfte, ist der sog. »Bahnhofseffekt«: Die Tiefe unten und gleichzeitig oben die dahinziehenden Wolken können den Gleichgewichtssinn stören, ähnlich, wie wenn man in einem haltenden Zug sitzend glaubt zu fahren, wenn der Gegenzug wegfährt. Tipp: Nach dem Schauen kurz zu Boden blicken – der Gleichgewichtssinn wird stabilisiert.

WICHTIG

- Bergstöcke entlasten beim Abstieg die Gelenke
- Mehrere kleine Schritte sind ökonomischer als wenige große
- Gemäßigtes Anfangstempo einhalten
- Trittstufen im Schnee sollten die gesamte Sohle aufnehmen
- Körperschwerpunkt stets über die Trittfläche verlagern

7.3 Gehen im weglosen Gelände

Schutt

Im Aufstieg wählt man am besten große Gesteinsbrocken als Tritte, oft ist es auch ratsam, mehrere Steine mit der Sohlenfläche gleichzeitig zu belasten, da diese sich dann ineinander verkeilen und nicht abrollen können. Hat man *feinen Schutt* oder gar Sand (z. B. an Vulkanen), so ist es zweckmäßig, sich bei jedem Schritt seinen Tritt zu »graben«: die Schuhkante erst kräftig nach vorne ziehen, dann mit dem Absatz zurück und wieder nach vorne bei gleichzeitiger Belastung. Diese Methode funktioniert einwandfrei, das lästige Zurückrutschen (»ein Schritt vor – drei zurück«) wird vermieden.

Im Abstieg sucht man sich den feinen Schutt aus, um die Absätze ordentlich in den Hang einzudrücken. Ähnlich wie beim Skifahren beugt man dabei den Oberkörper talwärts, damit der Druck auf die Absätze verstärkt und eine Hanglage vermieden wird.

Eine beliebte Sache, weil zeit- und kraftsparend, ist das Abwärtslaufen und Abfahren im Schutt. Das sollte jedoch so kontrolliert erfolgen, dass jederzeit gestoppt werden kann. Ein Ausgleiten auf einer verborgenen Platte beispielsweise kann üble Folgen haben.

Beim Begehen harter Firnfelder leisten Stöcke wertvolle Hilfe.

Schneefelder – Firn

Der Blick in die alpine Unfallstatistik zeigt es: Die meisten folgenschweren Bergunfälle ereignen sich durch Abgleiten auf Schneefeldern. In den Hochlagen gibt es je nach Stärke des Winters beständige Sommerfirnfelder, auch in niedrigeren Lagen können sich oft bis in den Sommer hinein Altschneereste halten, vor allem in Rinnen und Schattenhängen.

Hier ist nun Gehtechnik und Taktik gefragt: Wie bewältige ich die schwierigen Stellen? So kann es oft günstiger sein, am Rand ein Stück abzusteigen, um das Schneefeld aufsteigend (statt querend) zu bewältigen. Oder es ist besser, bei einer Querung – statt im Fuchsgang einen Fuß vor den anderen zu setzen – zweigleisig zu gehen. Im Aufstieg wird man eine Serpentinenspur anlegen, in besonders steilen Stücken vertikal steigen.

Grundlage sämtlicher Spuranlagen ist jedoch die exakte Stufe, der Tritt! Am besten bergeinwärts geneigt muss darin möglichst viel Sohlenfläche Platz finden. Die vertikale Trittstufe sollte die Sohle bis zum Absatz aufnehmen und ebenfalls hangeinwärts geneigt sein. Sind die Schneeflächen so hart, dass man mit dem Schuh keinen ordentlichen Tritt schlagen kann, muss der Pickel diese Funktion übernehmen. Hat man keinen Pickel dabei, gibt es nur eines: Steigeisen anlegen oder umkehren.

Gehen im Felsgelände

Es gilt der Grundsatz: In nachgiebigem Untergrund (Gras, Schutt, Schnee) die Sohlenkante einsetzen – sich einen Tritt schaffen; dagegen bei hartem Untergrund möglichst viel Sohlenfläche auf den Boden bringen (Reibung der Gummifläche)!

So wird man auf Felsplatten nie die Schuhkante einsetzen, sondern die Haftreibung der Profilsohle suchen und Tritte mit möglichst viel Sohlenfläche belasten. Wird der Fels steiler, benützt man die Arme, um das Gleichgewicht besser halten zu können, jedoch nicht, um sich hochzuziehen. Es ist ökonomischer, die Hubarbeit von den Beinen machen zu lassen. Man sollte deshalb auch die Griffe nicht viel höher als Kopfhöhe fassen. Ebenso wie auf dem Schneefeld sollte sich der Körperschwerpunkt im Fels stets über der Standfläche/Trittfläche befinden. Der Oberkörper darf also nicht an den Fels gelehnt werden, da man sonst den Druck auf die Sohlen verliert, was zum Abgleiten führen kann. Die Arme dienen somit auch als Abstandhalter zum Fels.

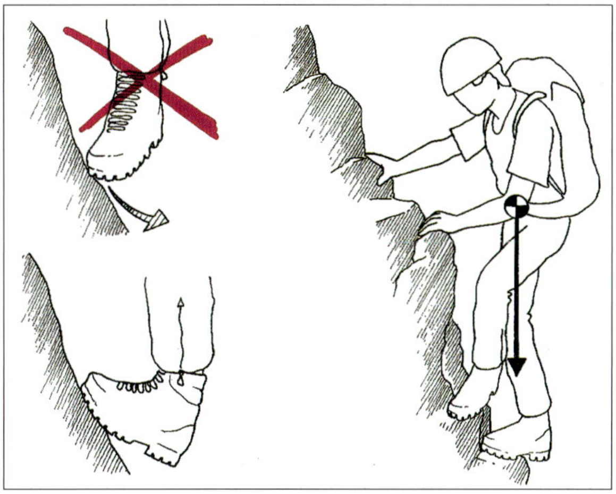

Abb. 14 Richtiger Einsatz der Schuhsohle auf Felsplatten und Körperstellung beim Klettern (Körperschwerpunkt über der Standfläche)

8. Bergsteigen mit Kindern

Die Bergwelt, der Wald, eine Almwiese, ein Bach, ein Felsen, ein Schneefeld – das alles ist für Kinder ein traumhafter Abenteuerspielplatz. Bergwandern und Bergsteigen können für Kinder eine ideale Freizeitbeschäftigung sein, wenn man *einige wichtige Grundsätze* beherzigt:

Kinder wollen nicht unbedingt auf einen Gipfel! Für Kinder zählt einzig das Umfeld, das Erlebnis, das aus der momentanen Tätigkeit zu gewinnen ist. So ist ein knorriger Baum, das Erklettern eines Felsbrockens, das Betrachten eines Ameisenhaufens oder das Bauen eines Steinmannes eine wichtige Sache, für die man sich Zeit nehmen muss.

Kinder haben nicht die Ausdauer eines Erwachsenen, sie brauchen viele Pausen und öfter eine Kleinigkeit zu essen. Besonders wichtig ist es, genügend Trinkpausen einzulegen. Es ist für Eltern oft schwer, den eigenen Ehrgeiz und Leistungswillen zugunsten der Kinder zurückzustellen. Was hat ein zweijähriges Kind davon, in der Trage auf Vaters Rücken einen Zwei- oder Dreitausender zu erreichen? Eingeschlafene Beine, Sonnenbrand, die ständigen Erschütterungen beim Abstieg sind sicher kein gutes Erlebnis fürs Kind, das Krabbeln auf einer Almwiese oder das Spielen an einem Bächlein bringt da wesentlich mehr!

Kinder lernen Neues spielerisch kennen. Führt man sie in dieser Weise an das Bergsteigen heran, reifen sie rasch zu ebenbürtigen Partnern.

Erst etwa im Alter ab 5 bis 6 Jahren ist ein Leistungswillen erkennbar, mit dem man jedoch auch behutsam umgehen sollte. Das Erlebnis sollte immer im Vordergrund stehen.

Weiterführende Literatur zum Thema Bergsteigen mit Kindern:
Dewald/Mayr/Umbach: »Mit Kindern ins Gebirge – Ein Ratgeber«, Reihe »Bergsport-Praxis«, Bruckmann Verlag, München.

9. Begehen von Klettersteigen

Das Durchsteigen von gesicherten Klettersteigen – mit Haltepunkten, Griffen und Tritten, die teilweise künstlich sind (Drahtseil, Eisenstifte und -bügel, Leitern) – kann bereits als Klettern bezeichnet werden. Die alpine Umgebung, die Tiefe bleibt dieselbe! Entsprechend muss auch eine Klettersteigtour richtig geplant und mit der nötigen Technik und Ausrüstung angegangen werden.

Ausrüstung

- Bergsteiger-Schutzhelm
- Anseilgurte (Sitz- + Brustgurtkombination) wie beim Klettern
- Ypsilon-Klettersteig-Set mit Seilbremse
- 2 Klettersteigkarabiner
- dünne Fingerhandschuhe mit Leder-Innenhand

Außerdem kann hilfreich sein:

- ein Bergseil (ca. 30 m lang) zum Sichern eines schwächeren Partners
- Leichtsteigeisen (evtl. auch ein kurzer Pickel) für Zustiege oder den Abstieg auf Eisfeldern bzw. harten Sommerfirnfeldern je nach Jahreszeit.

WICHTIG

- Am Klettersteig nur Y-Klettersteig-Sets verwenden
- Bei senkrechten Passagen beide Karabiner einklinken
- Drahtseilen nicht blindlings vertrauen

Die Bergschuhe für Klettersteige sollten eine steifere, torsionsfeste Sohle haben, da dies in Geröll, Schnee und insbesondere auf Leitern kraftsparendes Gehen erlaubt. Reine Kletterschuhe sind hier nicht geeignet.

Sicherung

Die Sicherung auf Klettersteigen erfolgt durch wechselseitiges Einklinken des Klettersteig-Seilstücks in das Draht-Sicherungsseil oder in die Leitersprossen bzw. Stahlbügel. Es ist wichtig, bei Verankerungen zuerst das neue Seilstück dahinter/davor einzuklinken und dann erst das laufende Seilstück herauszunehmen. Bei Leitern oder Stahlbügeln klinkt man ebenfalls wechselseitig das Seil in die Sprossen ein, siehe Abb. 16.

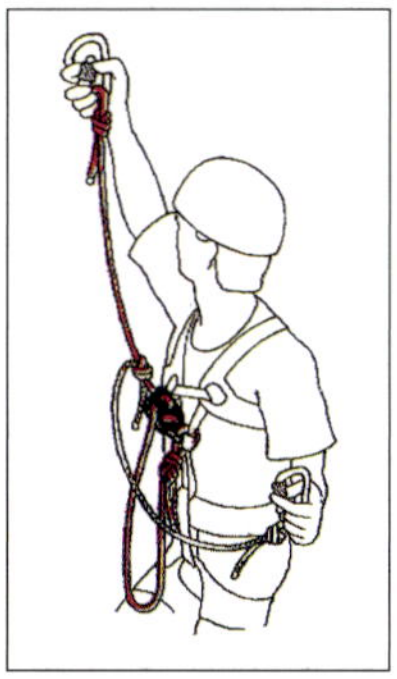

Abb. 15 Anseilen am Klettersteig mit Ypsilon-Klettersteig-Set (s. auch Kapitel Felsklettern/Sicherungstechnik)

Senkrechte Passagen (senkrecht verlaufendem Draht-Sicherungsseil) erfordern besonderes Augenmerk: Bei der *Ypsilon-Klettersteigbremse* (s. Abb. 15) werden beide Seilstränge in die Drahtseilsicherung eingehängt (Ausschluss eines Karabiner-Bruchs). Klettert man ohne Klettersteigbremse, so sollte man ebenfalls beide Seilstränge einklinken! Benützt man noch ein älteres Klettersteigbremsen-Set, so darf nur 1 Seilstrang eingeklinkt sein, da sonst

»Ferrata« in der Brenta

keine dynamische Bremswirkung eintritt. Da in diesem Fall jedoch die Gefahr eines Karabinerbruchs besteht, ist vom Gebrauch dieser Klettersteig-Sets abzuraten.

Soll ein schwächerer Partner mit einem zusätzlichen Seil gesichert werden, so ist dieselbe Partnersicherungstechnik anzuwenden wie beim Klettern.

Klettersteige führen oft zu einer gewissen Sorglosigkeit bei ihren Begehern. Die Sicherungsanlagen, die Markierungen gaukeln oft eine trügerische Sicherheit vor. Durch Frost, Eis, Schnee, Lawinen, durch Blitz oder auch Verwitterung nehmen die Sicherungen bzw. deren Verankerungen Schaden, Drahtseile können durch Steinschlag beschädigt oder abgeschlagen werden. Es sei hier eindringlich darauf hingewiesen, dass man im Gebirge mit solchen Gegebenheiten stets rechnen muss.

Ein weiterer Punkt ist die Steinschlaggefahr, ausgelöst durch Voransteigende. Hier hilft oft die richtige Taktik. Dass man selbst so steigt bzw. klettern lernt, dass kein Stein abgeht, ist Bergsteigerpflicht. Die Verantwortung für die Folgen abgelassener Steine hat man in jedem Fall.

Abb. 16 Sicherung am Klettersteig in Querungen sowie in senkrechten Passagen

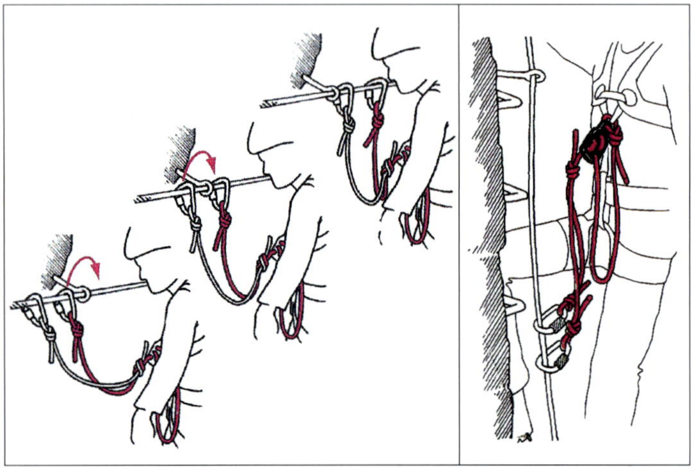

Aus Sicherheitsgründen sollte sich in einem Abschnitt *zwischen zwei Seilverankerungen immer nur ein Bergsteiger* befinden – insbesondere in senkrechten Abschnitten. Im Falle eines Sturzes ist somit nur eine Person betroffen. Dies ist auch zu bedenken, wenn langsamere überholt werden. Aus diesem Grund ist es angebracht, sich mit schnelleren Kletterern abzusprechen und sie an geeigneter Stelle überholen zu lassen.

10. Hochtouren

Hochtouren sind Bergtouren in höheren und hohen Lagen und erfordern aus diesem Grund ein großes Maß an Bergerfahrung, Können, Kondition und zusätzlicher Ausrüstung. Je höher, um so extremer wirken sich die verschiedenen Faktoren (des Geländes, des Wetters) auf den Bergsteiger aus.

- Die kältere und damit *trockenere Luft* der Höhe hat einen erhöhten Flüssigkeitsbedarf zur Folge.
- Die *dünnere, sauerstoffärmere Luft* und der schwerere Rucksack verlangen mehr Kraft und Kondition.
- *Hitze und Kälte* wechseln sich oft rasch ab und lassen sich nicht immer durch Kleidung vollständig ausgleichen.

Oft ist noch spät im Sommer selbst auf »normalen« Anstiegen mit harten Schneefeldern zu rechnen, die evtl. Steigeisen erfordern. Extreme Verhältnisse, erschwerte Fortbewegung im

Gletscheranstieg im Zillertal

Bild links:
Beim Bergsteigen ist Schutz der Haut vor der aggressiven UV-Strahlung besonders wichtig.

Bild rechts:
Die beste Sonnenschutzbrille ist fürs Bergsteigen gerade gut genug.

Schnee und *unwegsamen Gelände* machen Hochtouren immer anspruchsvoller als vergleichbare Touren in niedrigeren Bereichen.

Bei sonnigem Wetter ist die Sonnenstrahlung (insbesondere die schädliche *UV-Strahlung*) zu beachten, die um so stärker wird, je höher man sich befindet. Hinzu kommt die *Reflexion des Bodens*: bei Neuschnee 95%, Firn und Altschnee 80%, Felsplatten (Kalk) ca. 50%, Erdreich oft noch bis 30%! Wer diese Werte kennt, wird sich optimal schützen.

Den *besten Schutz* erreicht mach durch Abdeckung: Sonnenhut mit Krempe, lange Ärmel, lange Hosenbeine. Ungeschützte Hautpartien werden mit Sonnenschutzmittel mit dem höchstmöglichen Lichtschutzfaktor eingecremt. Besonders ist auf die hochempfindlichen Lippen zu achten: Hier ist die Verwendung farblich abdeckender Lippenstifte mit höchstem Lichtschutzfaktor ratsam. Lippenblasen, aufgeplatzte Lippen entstehen durch das Herpes-Virus, das durch die akute UV-Bestrahlung aktiviert wird.

Auf den *Schutz der Augen* sollte man besondere Sorgfalt verwenden. Nur beste Glasqualität hoher optischer Güte in Verbindung mit speziellen Einfärbungen und Beschichtungen der Gläser bürgen dafür, langfristig keinen Augenschaden davonzutragen. Für den Erhalt der Sehkraft dürfte der Preis einer guten Brille keine Rolle spielen.

Bei Wetterverschlechterung, schlechter Sicht, Nebel, Schneefall (der in der Höhe auch im Sommer keine Ausnahme ist) kann man sich im Nu in einer recht extremen Situation befinden. Wegspuren, Markierungen helfen zur Orientierung nur, solange man sie sieht! Hier gewinnt natürlich die exakte Tourenplanung und die genaue Interpretation der Karte an Bedeutung. Daneben können die entsprechende Zusatzausrüstung und die richtige Bekleidung eine entscheidende Rolle bei der Bewältigung widriger Verhältnisse spielen.

Es ist keine Seltenheit, dass man bei schönstem Wetter hemdsärmelig aufsteigt und zwei Stunden später mit Unterkühlung zu kämpfen hat. Erklärbar wird das dadurch, dass die Normaltemperatur – ohne Sonneneinstrahlung – pro 100 Höhenmeter bis zu 1 Grad abnimmt und die Windgeschwindigkeit im Allgemeinen zunimmt, was ganz gewaltige *Temperatursprünge* verursachen kann.

So können in Hochlagen »normal begehbare« Felspassagen und Gratübergänge schnell vereisen, Wiesenhänge oder Schuttfelder zu Rutschbahnen werden. In derartigen Situationen kommen gute Ausbildung und Erfahrung voll zum Tragen.

WICHTIG

- Verringerte Leistungsfähigkeit in der Höhe durch fehlende Akklimatisation
- UV-Strahlung in Hochlagen erfordert besonderen Schutz
- Hochtouren verlangen entsprechende Zusatzausrüstung

11. Felsklettern (Klassisches Freiklettern)

11.1 Ausrüstung

Neben funktioneller Bekleidung, allgemeiner Bergausrüstung (siehe Kapitel 4.1, Allgemeine Ausrüstung, Seite 27 ff.) und entsprechendem Schuhwerk (Trekkingschuh oder steigeisenfester Bergschuh) für den Zu- und Abstieg benötigt man zum Klettern noch die spezielle alpintechnische Ausrüstung (siehe auch Kapitel 4.2, Alpintechnische Ausrüstung – Kletterausrüstung, Seite 32 ff.), die je nach Schwierigkeit der Tour mehr oder weniger umfangreich ist und noch ergänzt werden muss.

- **Seil**

Für Klettertouren bis zum 4. Grad reicht ein 50-m-Einfachseil. Wegen der Sicherheitsreserven empfiehlt es sich, hier ein Multisturzseil mit bestmöglichen technischen Werten (niedrigster Fangstoß, geringe Dehnung, Reißfestigkeit an scharfen Kanten) zu benützen.

In Routen vom 4. bis zum 6. Grad werden besser Zwillingsseile mit den bereits genannten Vorteilen verwendet. Empfohlene Länge der Seile ist 50 bis 55 m.

- **Anseilgurte** (Hüftgurt in Verbindung mit Brustgurt)
- **Bergsteigerschutzhelm**
- **Bandschlingen,** eine lang (1,20 m) für Standplatzbau/Kraftverteiler und zwei bis drei Bandschlingen kurz (60 cm) für Verbesserung des Seilverlaufs, Köpfelschlingen oder Sanduhren.
- **Prusikreepschnur,** eine lang (ca. 4,50 m) und ein Kurzprusik ca. 60 cm für behelfsmäßige Bergrettung, Abseilen, Prusiken usw.

Die Prusikschlingen werden aus Reepschnur mit 5–6 mm Durchmesser geknüpft. Dünneres Reepschnurmaterial ist aus Sicherheitsgründen nicht geeignet, dickere Reepschnüre klemmen nicht ausreichend.

- **1 HMS-Karabiner und 2 Verschlusskarabiner**
- **Abseilachter**
- **Expressschlingen,** je nach Schwierigkeit der Tour 5 bis 10 Stück (10–30 cm lang), mit der entsprechenden Anzahl Karabiner.
- **Rocks,** 1 Satz Gr. 1–10 und 2 bis 3 größere **Hexentrics**
- **Friends,** 2 bis 4 Stück mittlere Größen für Routen ab dem 5. Grad (das speziell in einer Route zur Absicherung benötigte Material ist in der neueren Führerliteratur oft angegeben).
- **Felshammer** und einige **Felshaken** für Notfälle
- **Kletterschuhe**

Für den Schwierigkeitsbereich bis zum 3. Grad werden keine speziellen Kletterschuhe benötigt, ein stabiler Trekkingschuh mit Gummiprofilsohle (keine Noppensohle) ist hier auch noch geeignet. Wer jedoch Ambitionen zu schwierigeren Routen hat, wird um den Kauf von Kletterschuhen nicht umhinkommen. Hier unterscheidet man Allround-Kletterschuhe und Spezial-Reibungskletterschuhe.

Reibungskletterschuhe. Halbschuh zum Schnüren, mit Velcroverschluß und Ballerina, Reibungskletterschuh für Kinder

Allround-Kletterschuhe sind knöchelumschließend, aus robustem Material und besitzen eine relativ steife, leicht profilierte Sohle. Um bessere Reibung auf kleinen Tritten zu gewährleisten, ist die Sohle im Innenballenbereich profillos. Gute Allround-Kletterschuhe haben eine eingearbeitete Absatzdämpfung und sind durch die genannten Eigenschaften auch für Anmarsch und Abstieg geeignet.

Reibungskletterschuhe haben profillose Sohlen aus Spezialgummimischungen mit besonders hohen Reibungswerten, wodurch sicheres Stehen auf Reibungstritten und kleinsten Tritten gewährleistet ist. Es gibt sie in den verschiedensten Ausführungen: knöchelhoch, als Halbschuh und als besonders weiche Ballerinas.

Für den Bereich des alpinen Felskletterns vom 4. bis 6. Grad wird die knöchelhohe Ausführung und der Halbschuh mit mittelweicher Sohle empfohlen, wobei sich der knöchelhohe Schuh aufgrund der Stabilität im Sprunggelenksbereich besonders für den Anfänger eignet.

Um guten Kontakt zum Fels zu gewährleisten, sollen Kletterschuhe eng (1–2 Nummern kleiner) gewählt werden, da andernfalls die Gefahr besteht, dass sich der Schuh »um den Fuß wickelt«. Reibungskletterschuhe sind aufgrund der ungenügenden Rutschfestigkeit in Gras, Schnee und erdigem Gelände für alpine Zu- und Abstiege nicht geeignet! Entsprechende Schuhe für Anmarsch und Abstieg sind also mitzuführen.

11.2 Sicherungstechnik

Das Beherrschen der Sicherungstechnik ist notwendig, um Klettertouren in Fels oder Eis mit möglichst wenig Risiko durchführen zu können. Im Normalfall bilden dabei zwei oder mehrere Kletterpartner eine Seilschaft, das heißt, sie sind durch ein Seil miteinander verbunden. Um einen größeren Sturz des Kletterpartners oder den Absturz der ganzen Seilschaft zu verhindern, ist es daher nötig, Fixpunkte (z. B. Felshaken, Sanduhrschlingen, Klemmkeile) im Fels anzubringen, und zwar zum Standplatzbau (Selbstsicherung, Partnersicherung) und für Zwischensicherungen, die zur Minimierung der Sturzhöhe dienen. Weiterhin gehören dazu das Beherrschen der Partnersicherung und der einwandfreien Seilführung sowie der richtige Ablauf des Kletterns in der Seilschaft.

WICHTIG

- Jeden Knoten an allen vier Strängen festziehen
- Bandmaterial nur mit Bandschlingenknoten verbinden
- Der Halbmastwurf ist die einzige allgemein empfohlene Partnersicherung für Vor- und Nachsteiger

Die Knoten

Man unterscheidet nach den verschiedenen Anwendungsbereichen:

- Anseilknoten
- Knoten zum Knüpfen von Bändern und Reepschnüren zu Schlingen
- Knoten zur Selbstsicherung
- Knoten zur Partnersicherung
- Seilverbindungsknoten
- Klemmknoten
- Absicherungsknoten

Voraussetzung für den Seilgebrauch und die Sicherungstechnik ist das Beherrschen der notwendigen Knoten.

Bei der Anwendung der Knoten ist darauf zu achten, dass diese sofort nach dem Knüpfen von Hand festgezogen werden. Dazu wird an jedem Seilstück, das aus dem Knoten herausläuft, einzeln kräftig angezogen. Erst dann ist der Knoten fertig geknüpft! Um ein Aufziehen des Knotens unter Belastung zu vermeiden, muss die Länge der freien Enden bei Seilen und Reepschnüren den zehnfachen Seildurchmesser, bei Bandmaterial die vier- bis fünffache Bandbreite betragen (die Knotenenden eines Seils mit 11 mm Durchmesser müssen also 11 cm lang sein usw.).

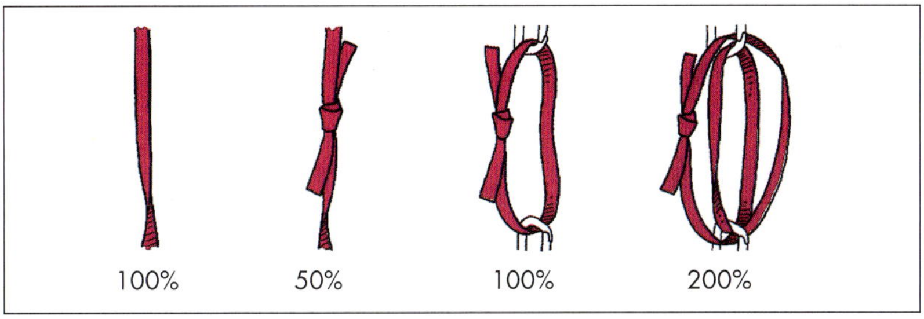

Abb. 17 Knoten reduzieren die Festigkeit von Reepschnüren und Bändern, je nach Knotenart, auf 70–50% des unverknoteten Zustandes. Daraus ergeben sich diese Festigkeitswerte.

Knoten können gelegt oder gesteckt werden. Legen bedeutet, dass beide Seilstränge beim Verknoten parallel geführt werden. Beim Stecken wird der einfach vorbereitete Knoten mit dem freien Ende in Gegenrichtung nachverfolgt.

ANSEILKNOTEN

Der *Sackstich* ist in seinen verschiedenen Ausführungen vielseitig verwendbar. Als Anseilknoten wird er in *Tropfenform* gesteckt.

Ein weiterer Anseilknoten ist der *gesteckte Achterknoten*. Er ist etwas komplizierter zu knüpfen, hat aber den Vorteil der besseren Lösbarkeit nach Sturzbelastung.

Abb. 18 Sackstich

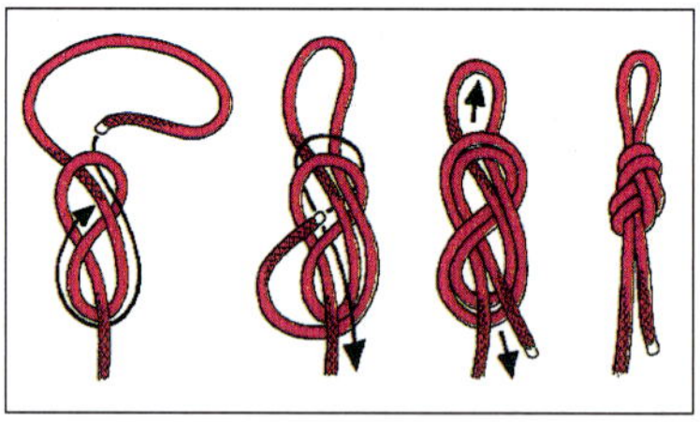

Abb. 19 (ganz rechts) Achterknoten

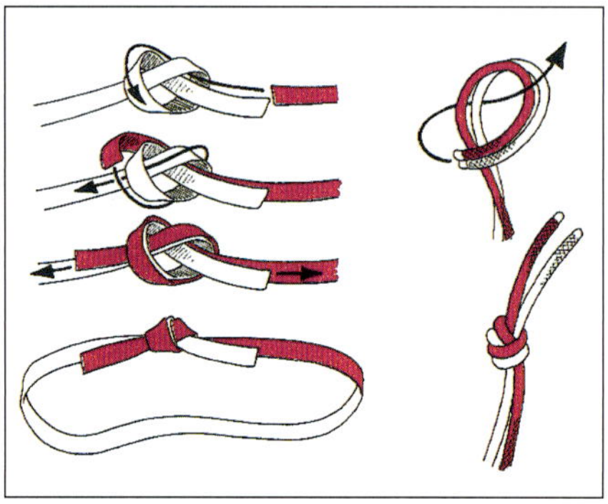

Abb. 20 Sackstich in Ringform gesteckt (Bandschlingenknoten) und gelegt zur Verbindung von Seilen

KNOTEN ZUR VERBINDUNG VON BÄNDERN UND REEPSCHNÜREN ZU SCHLINGEN

Zum Knüpfen von Schlingen wird ebenfalls der *Sackstich* verwendet, hier jedoch in *Ringform* gesteckt. Da er der einzige geeignete Knoten zur Verbindung von Bandmaterial ist, wird er auch als *Bandschlingenknoten* bezeichnet.

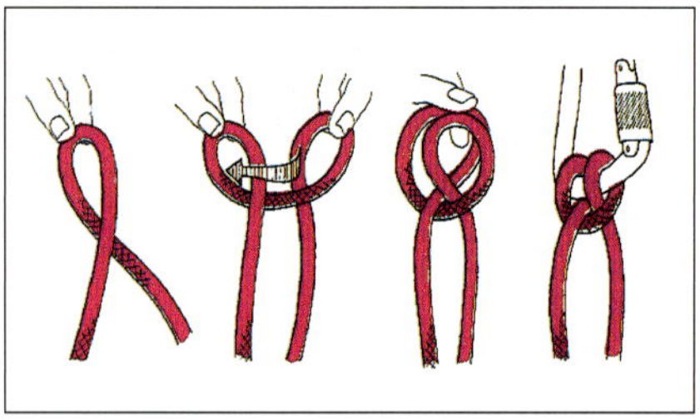

Abb. 21 Mastwurfknoten

KNOTEN ZUR SELBSTSICHERUNG

Zur Selbstsicherung am Standplatz eignet sich am besten der *Mastwurf*. Dieser Knoten erlaubt eine Längenanpassung der Selbstsicherung, ohne dieselbe dabei lösen zu müssen.

KNOTEN ZUR PARTNERSICHERUNG

Die *Halbmastwurf-Sicherung (HMS)* ist zur Zeit die einzige allgemein empfehlenswerte Sicherungsmethode, die allen Anwendungsbereichen gerecht wird. Sie vereinigt optimale Bremskräfte mit geringem Materialaufwand (nur HMS-Karabiner) und einfacher Bedienung.

Darüber hinaus gibt es noch verschiedene andere Sicherungssysteme (Antz-Bremse, Abseilachter, Stichtbremse, Grigri), die jedoch aufgrund von Nachteilen, die jedem dieser Systeme anhaften, nicht allgemein empfohlen werden.

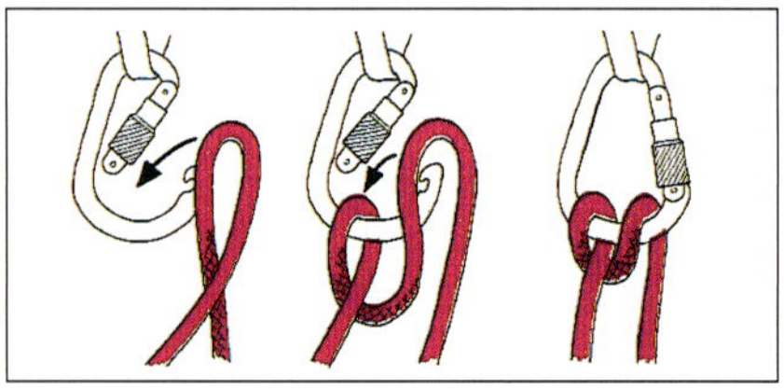

Abb. 22 Halbmastwurfknoten

SEILVERBINDUNGSKNOTEN

Zur Verbindung zweier Seile zum Abseilen verwendet man den gelegten *Sackstich* (siehe Abb. 20). Beim Abziehen der Seile über Felskanten weicht dieser Knoten aus, was die Gefahr des Verklemmens verringert.

Zur Verbindung von Seilen mit unterschiedlichem Durchmesser verwendet man den *doppelten Spierenstich*. Dieser Knoten ist auch zum Knüpfen von Reepschnurschlingen geeignet.

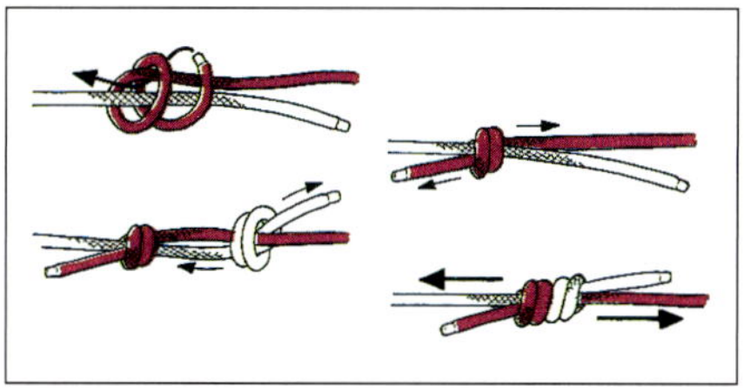

Abb. 23 Doppelter Spierenstich

Abb. 24 Ankerstich (ganz links) und Prusikknoten

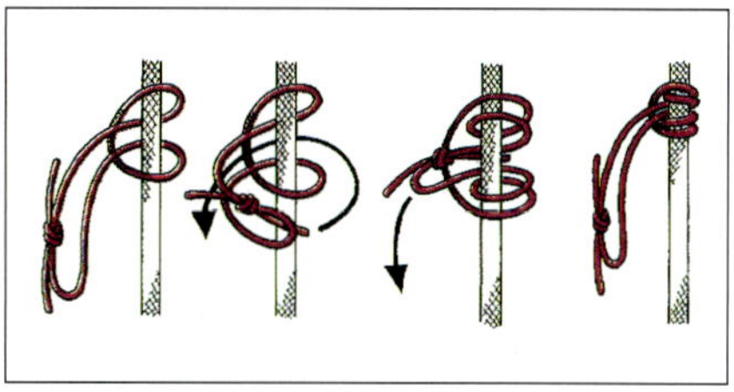

KLEMMKNOTEN

Der *Prusikknoten* wird zum Aufsteigen am Seil (»prusiken«), zur Selbstsicherung beim Abseilen und bei der behelfsmäßigen Bergrettung benötigt. Er klemmt unter Belastung in beide Richtungen und lässt sich nach Entlastung lösen und verschieben.

Der *Ankerstich* ist die Vorstufe zum Prusikknoten. Er dient zum Befestigen der Selbstsicherungsschlinge am Anseilgurt und zum Abbinden von Haken, Bäumen u. ä.

ABSICHERUNGSKNOTEN

Der *Schleifknoten* dient zur Fixierung des Seils am HMS-Knoten (z. B. nach einem Sturz des Partners), um bei der Kameradenrettung beide Hände für weitere Aktionen wie Flaschenzugbau oder Seilverlängerung frei zu haben.

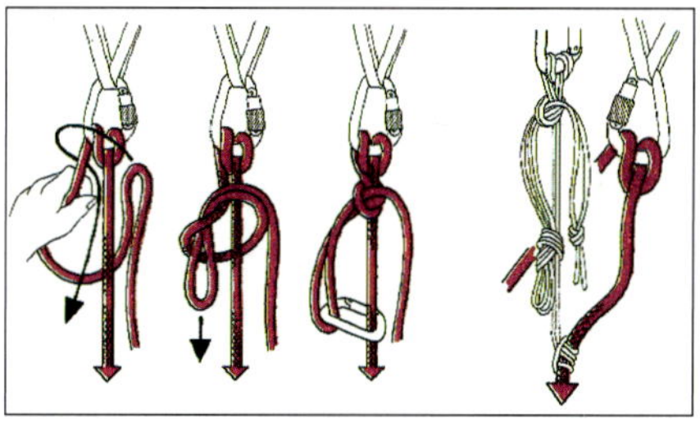

Abb. 25 Fixieren des Seils am HMS-Knoten mit Schleifknoten sowie Lastübertragung auf lange Prusikschlinge mittels HMS und Schleifknoten (ganz rechts)

Anseilen

Wie bereits erwähnt, ist die Kombination von Hüftgurt und leichtem Brustgurt die sicherste Anseilmethode. Um den idealen Anseilpunkt zu erhalten, werden beide mit der sogenannten Achterband-Methode verbunden. Dabei wird ein etwa 1,50 m langes Stück Schlauchband mittels Sackstich in der Anseilschlaufe des Hüftgurtes befestigt. Danach werden die freien Enden durch die Anseilschlaufen des Brustgurtes geführt und mit dem Bandschlingenknoten verbunden. Das so angebrachte Schlauchband hat somit die Form eines »Achters«, deshalb *Achterband*. Zum Anseilen wird das Kletterseil durch beide Schlaufen des Achterbandes geführt und mittels Sackstich verknotet. Der ideale Anseilpunkt wird nun durch einen Hängetest ermittelt. Er soll in belastetem Zustand etwa auf Höhe des Brustbeins liegen. Man erreicht das durch Verschieben des mittleren Knotens im Achterband nach oben oder unten. Ist die richtige Höhe des Anseilpunktes eingestellt, wird das Achterband im Hüftgurt belassen.

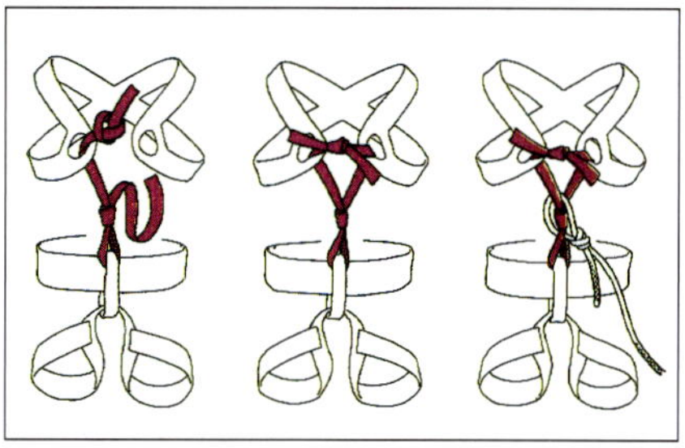

Abb. 26 Anseilen mit Achterbandmethode

Fixpunkte im Fels

Aufgrund der Felsstruktur ergeben sich vielfältige Möglichkeiten zur Anbringung von Fixpunkten für Standplatzbau und Zwischensicherungen. Man unterscheidet in natürliche und künstliche Fixpunkte.

NATÜRLICHE FIXPUNKTE

Felsköpfe und Felszacken

Die Zuverlässigkeit hängt hauptsächlich vom Zustand des Köpfels oder Zackens ab, er muss fest mit dem Muttergestein verwachsen sein. Ein weiteres Kriterium ist die Form. Ist sie wenig ausgeprägt, besteht Gefahr, dass sich die Schlinge bei Zug nach oben ablöst.

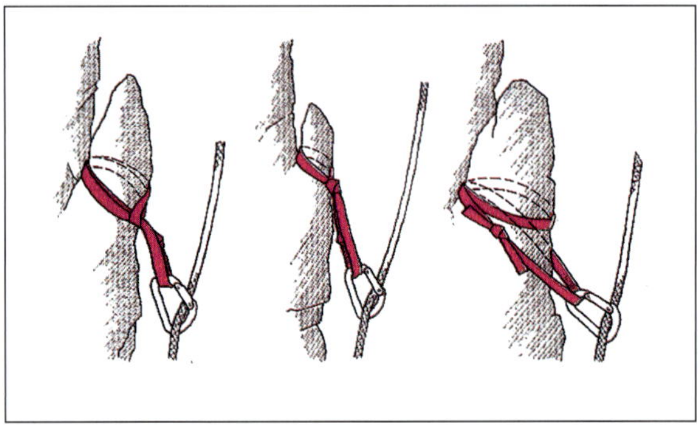

Abb. 27 Möglichkeiten zum Legen von Köpfelschlingen. Von links: Ankerstich, abgebundene Schlinge, Doppelschlinge

Sanduhren

Die Zuverlässigkeit von Sanduhren hängt ebenfalls von der Felsqualität und von der Verbindung zum Muttergestein ab. Ist diese stabil, so kann man bei kurzen, armdicken Sanduhren von sehr hohen Festigkeitswerten ausgehen. Dünnere sind je nach Größe und Form zu beurteilen. Gute Sanduhren können in der Regel in alle Richtungen belastet werden.

Eine Sonderform der Sanduhr stellen in Rissen fest verkeilte *Klemmsteine* und *-blöcke* dar. Sie können wie Sanduhren verwendet werden.

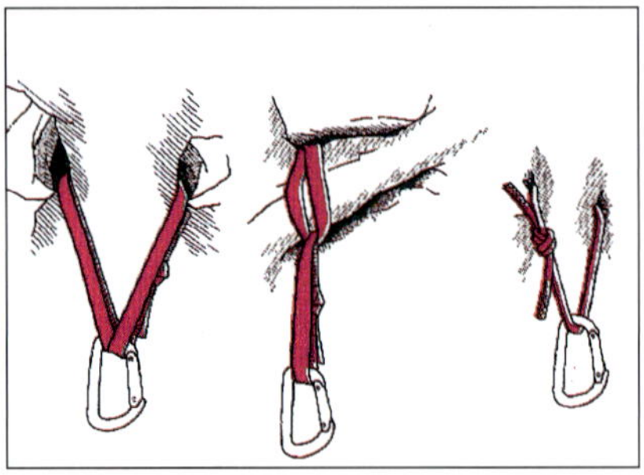

Abb. 28 Fädeln von Sanduhrschlingen

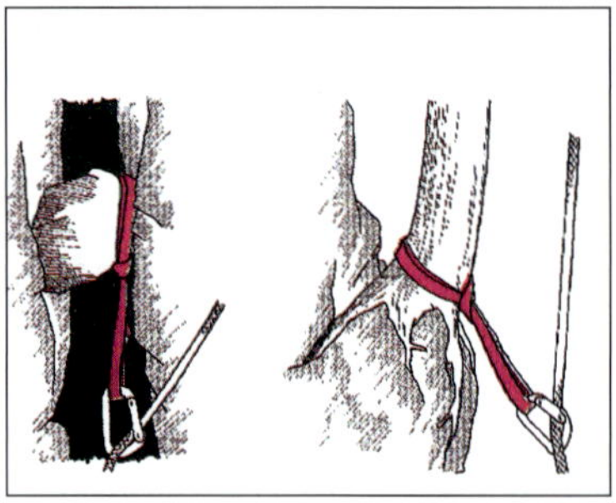

Abb. 29 (ganz rechts) Klemmsteinschlinge und Baumschlinge

Bäume

Bäume können ebenfalls als Fixpunkt verwendet werden. Sie dürfen nicht dürr oder morsch und müssen möglichst tief verwurzelt sein. Baumschlingen werden möglichst nah an der Wurzel mit Ankerstich gelegt.

KÜNSTLICHE FIXPUNKTE

Klemmkeile

Das Legen von Klemmkeilen erfordert ein geschultes Auge für die vielfältigen Möglichkeiten, die der Fels bietet. Mit einiger Übung sind Keile jedoch schnell zu legen und in der Regel einfach zu entfernen. Sie bieten so die Möglichkeit, Routen individuell nach dem eigenen Sicherheitsbedürfnis abzusichern. Dazu muss einiges beachtet werden:

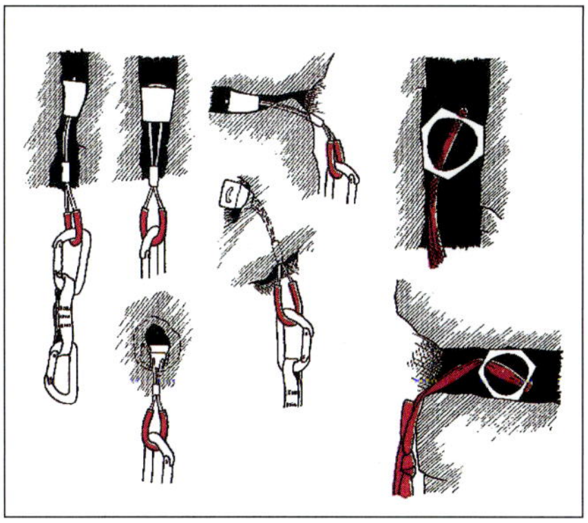

Abb. 30 Verschieden gelegte Stopper und Hexentricks

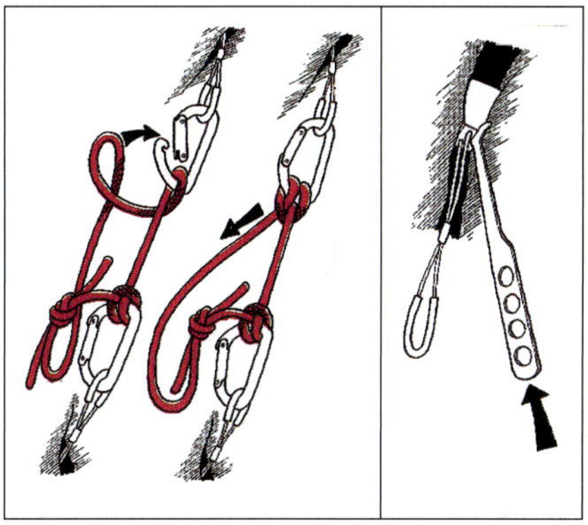

Abb. 31 Verspannen zweier Klemmkeile mit Reepschnur- oder Bandschlinge und Lösen eines fest sitzenden Klemmkeils

- Wichtigstes Kriterium ist wiederum die Zuverlässigkeit des Gesteins, da durch die Keilform bei Sturzbelastung sehr hohe Kräfte auf den umgebenden Felsbereich wirken. Lockere Blöcke oder dünne Schuppen halten diesen Belastungen nicht stand.
- Um einen festen Sitz zu erhalten, sollte der Keil möglichst flächig aufliegen und leicht festgezogen oder festgeklopft werden. Dadurch wird der Gefahr entgegengewirkt, dass sich der Keil durch Seilbewegungen lockert.
- Die voraussichtliche Sturzzugrichtung ist ebenfalls zu beachten, da Klemmkeile meist nur in eine Richtung belastbar sind.
- In Löchern aufgekantete und durch Sanduhren gefädelte Keile halten oft nach mehreren Richtungen.
- Eine interessante Möglichkeit, einen Fixpunkt mit verschiedenen Belastungsrichtungen zu erhalten, ist das Verspannen von Keilen und anderen Fixpunkten (Felszacken, Haken) mittels Reepschnur und Mastwurfknoten oder Bauernflaschenzug.

Klemmgeräte (Friends)

Die Anwendung von Klemmgeräten erfordert besonders viel Übung. Beherrscht man jedoch die Technik, so ergeben sich auch dort noch Sicherungsmöglichkeiten, wo normale Keile keinen Halt mehr finden, zum Beispiel in parallelen und leicht nach unten oder außen geöffneten Rissen. Die sichere Platzierung von Friends setzt folgendes voraus:

- Das umgebende Gestein muss zuverlässig sein.
- Eine hohe Haftreibung zwischen dem Rissflanken und den Klemmsegmenten ist Voraussetzung für eine gute Klemmwirkung. Erdige oder moosige Rissflanken bieten zu wenig Reibung.
- Es müssen alle vier Klemmsegmente an den Rissflanken anliegen, die Öffnungswinkel dürfen dabei 120 Grad nicht überschreiten.

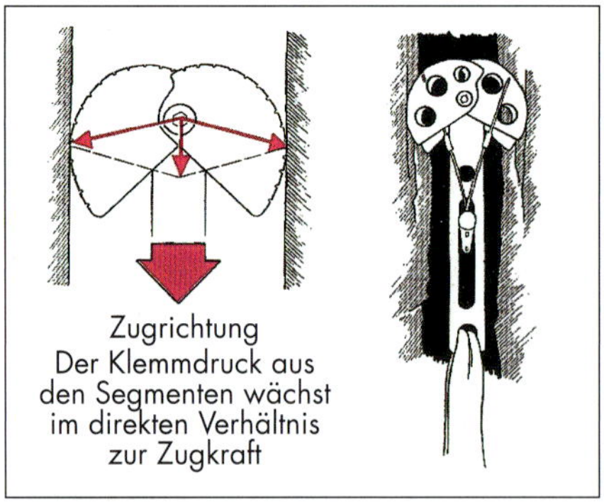

Abb. 32 Friends: Funktionsprinzip und richtig gelegtes Gerät

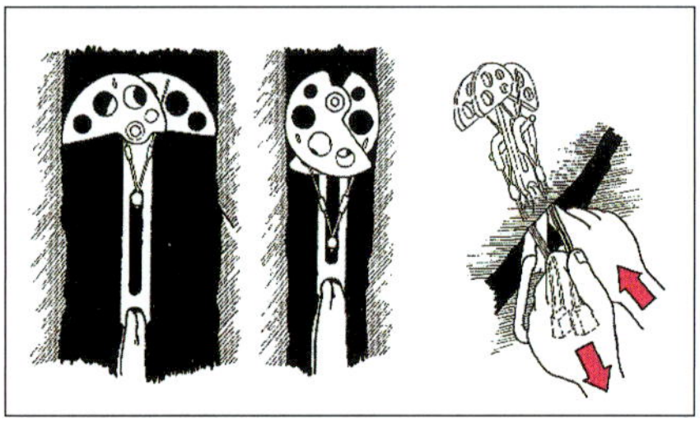

Abb. 33 Falsch gesetzter Friend in zu weitem und in zu engem Riß. Entfernen eines tiefliegenden Friends mittels zweier Klemmkeile

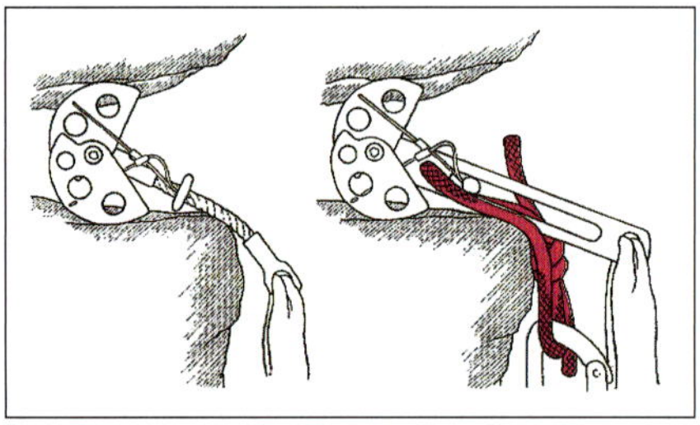

Abb. 34 Friends in Querrissen Links: Flexibler Friend Rechts: Friend mit starrer Achse (abgebunden)

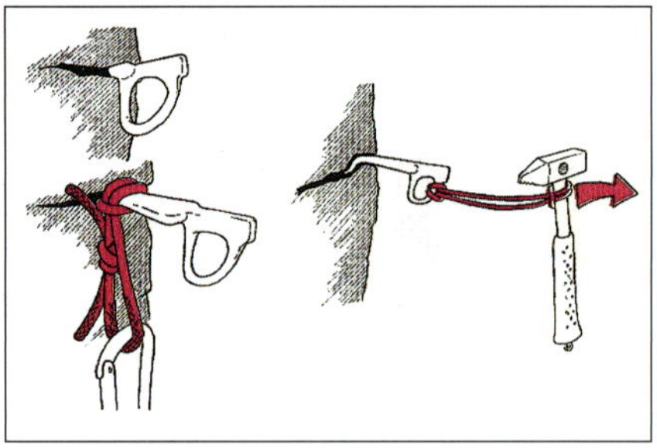

Abb. 35 Links: Gut geschlagener Haken und schlecht geschlagener Haken (mit Ankerstich abgebunden). Rechts: Entfernen von Haken

- Die Achse des Friend soll in die voraussichtliche Zugrichtung weisen.
- Durch Seilbewegung können Friends in den Riss »wandern«. Erweitert sich der Riss nach innen, kann durch Vergrößern des Öffnungswinkels die Klemmwirkung verloren gehen.
- Friends, in zu engen Rissen gesetzt, lassen sich kaum mehr lösen.
- In Querrissen oder Löchern angebrachte Friends müssen, sofern sie nicht tief genug gelegt werden können, abgebunden werden. Besser ist in solchen Situationen die Anwendung von *flexiblen Friends!*

Zu tief im Riss liegende Friends lassen sich mit der in Abb. 33 gezeigten Methode lösen.

Felshaken

Wie bei den schon genannten Fixpunkten ist beim Schlagen von Felshaken ebenfalls auf die Felsqualität zu achten größere Felsschuppen können leicht abgesprengt werden. Zur Auswahl des passenden Hakens setzt man den Haken von Hand im Riss an. Weichstahlhaken sollen dabei zu ca. ⅓ der Schaftlänge, Hartstahlhaken zu ca. ⅔ in den Riss zu stecken sein. Dadurch ist in der Regel das Einschlagen des Hakens bis zur Öse gewährleistet.

- Wird das Einschlagen des Felshakens von einem immer höher werdenden Ton begleitet, deutet dies auf einen gut sitzenden Haken hin. Sitzt zu guter Letzt die Öse auch noch am Fels auf, ist die Sache perfekt. Haken, die nicht bis zur Öse eingeschlagen sind, müssen wegen der ungünstigen Hebelwirkung mittels Ankerstich abgebunden werden.

Das Entfernen von gut sitzenden Haken kann sich recht mühsam gestalten. Durch gefühlvolles Hin- und Herschlagen lockert man den Haken möglichst so weit, bis man ihn von Hand herausziehen kann. Gelingt dies nicht, so bleibt nur Hebeln oder Herausschlagen mittels Hammer und Reepschnur.

Rechts: Genussvolle Plattenkletterei am Briggler Schweiz

Das Setzen von *Bohrhaken* ist in erster Linie bei Sanierungen vielbegangener Routenklassiker (aus Sicherheitsgründen) oder bei Erstbegehungen in kompaktem Fels üblich und daher zur Absicherung von bereits eingerichteten Routen nicht nötig. Das erfordert auch der ethische Grundsatz, Routen in dem vom Erstbegeher vorgegebenen Zustand zu belassen.

Standplatzbereitung

Ist er schlecht, verliert die gesamte Sicherungskette an Wert, und die ganze Seilschaft ist im Falle eines Sturzes in Gefahr. Es gilt daher der Grundsatz, nie an einem einzigen Fixpunkt (z. B. einzelner Normalhaken) Stand zu machen.
Ausnahmen sind:

- DAV-Sicherheitsbohrhaken
- Mindestens armdicke Sanduhren in zuverlässigem Fels
- Gesunder, stabiler Baum

Der Standplatz ist das Sicherheitskriterium Nr. 1 beim Klettern in der Seilschaft. Er muss absolut sicher sein!

Die Partnersicherung sollte immer am Fixpunkt erfolgen. Von der leider oft praktizierten Sicherung am Körper muss dringend abgeraten werden, da bei einem Sturz des Partners dieser direkt am Körper des Sichernden hängt und der Sichernde dadurch unfähig ist, irgendwelche Hilfsmaßnahmen zu ergreifen.

STANDPLATZBAU AN EINEM FIXPUNKT

Ist eine der oben genannten Möglichkeiten gegeben, so gestaltet sich der Standplatzbau denkbar einfach. In den Fixpunkt wird ein Schraubkarabiner mit der Selbstsicherung gehängt. In diesen sogenannten *Zentralpunkt* kommt der HMS-Karabiner für die Partnersicherung. Er wird generell in den langen Schenkel, in die dem Schnapper des *Zentralpunktkarabiners* gegenüberliegende Seite gehängt.

Um eine gute Bedienbarkeit der Partnersicherung zu gewährleisten, sollte die Länge der Selbstsicherung 50 cm nach Möglichkeit nicht überschreiten. Die genannten Punkte gelten auch beim Standplatzbau an mehreren Fixpunkten!

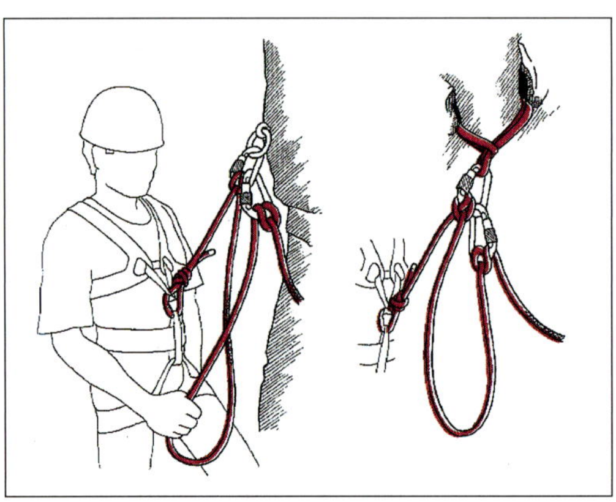

Abb. 36 Standplatz an einem Fixpunkt (Sicherheitsbohrhaken und Sanduhr)

Besonders im leichteren Gelände (z. B. Blockgrate im Granit) bieten sich häufig stabile Felsköpfe als Fixpunkte an. Verwendet man diese zum Standplatzbau, muss die Köpfelschlinge mittels Haken oder Klemmkeil nach unten abgespannt werden. Gesichert wird dann ebenso über den Zentralpunkt.

STANDPLATZBAU AN ZWEI ODER MEHREREN FIXPUNKTEN

Sind zwei oder mehrere Fixpunkte vorhanden, werden diese mittels langer Bandschlinge zu einer *Ausgleichsverankerung* (Kräfteverteiler) verbunden. Diese Ausgleichsverankerung hat die Eigenschaft, unabhängig von der *Belastungsrichtung* die im Zentralpunkt auftretenden Sturzkräfte gleichmäßig auf alle Fixpunkte zu verteilen.

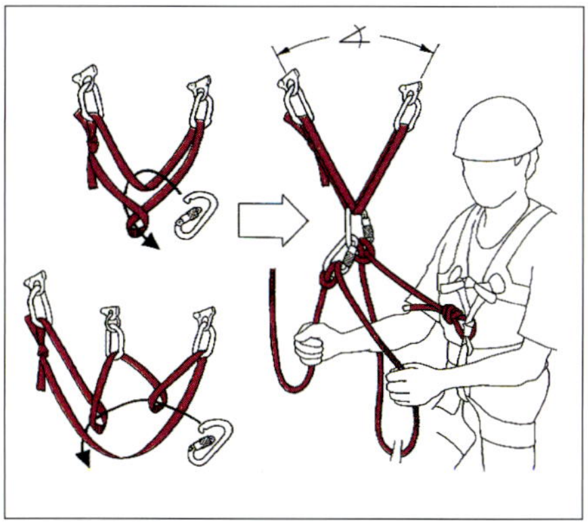

Abb. 37 Standplatzbau an zwei oder mehreren Fixpunkten mit Ausgleichsverankerung (< = Öffnungswinkel)

Beim Bau der *Ausgleichsverankerung* ist zu beachten, dass

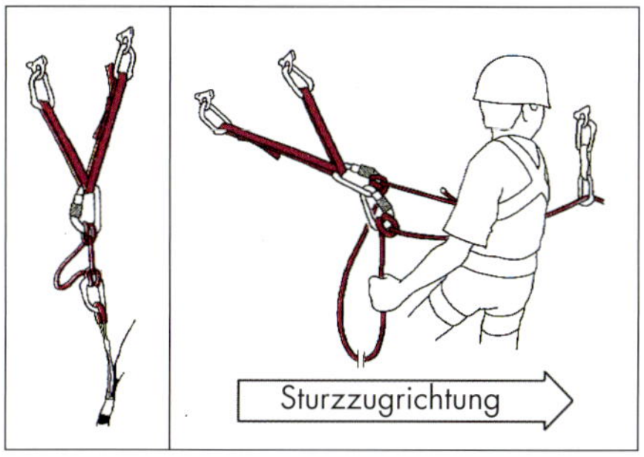

Abb. 38 Links: Ausgleichsverankerung nach unten abgesichert. Rechts: Position des Sichernden bei voraussichtlichem Sturzzug zur Seite

- der Öffnungswinkel zwischen Zentralpunkt und den Fixpunkten 60 Grad nicht wesentlich überschreitet, da die Belastung der Fixpunkte mit zunehmendem Öffnungswinkel steigt;
- beim Einhängen des Zentralpunktkarabiners ein Schlingenstrang gedreht wird, um ein Ausfädeln des Zentralpunktkarabiners bei Ausbrechen eines Fixpunktes zu verhindern (dies hätte den Absturz der ganzen Seilschaft zur Folge!);
- der Knoten der Bandschlinge unmittelbar an einem der Fixpunkte liegt;
- die Größe der Ausgleichsverankerung und somit der mögliche Hakenabstand durch die Länge der Bandschlinge (max. 120 cm) begrenzt ist. Dies gewährleistet bessere Handhabung und minimale Sturzhöhenverlängerung;
- bei Sturz des Vorsteigers der Sichernde bis zu einem Meter hochgezogen werden kann. Besteht Verletzungsgefahr durch die Felsstruktur (z. B. Überhang unmittelbar oberhalb des Standplatzes), muss die Ausgleichsverankerung im Zentralpunkt nach unten abgesichert werden;
- bei Quergängen (Sturzzug zur Seite) der Sichernde auf der Seite des zu erwartenden Sturzzuges steht.

STANDPLATZBAU MIT REIHENSCHALTUNG

Sind die vorhandenen Fixpunkte ungleich gut, kommt die so genannte *Reihenschaltung* zur Anwendung. Dabei wird die Hauptlast auf den vermutlich besseren Fixpunkt verlagert und so ungewolltes Nachgeben beim Ausbrechen eines Fixpunktes verhindert.

Kombinationsvermögen ist der Schlüssel zu sicherem Standplatzbau!

Die Reihenschaltung kann mit dem Kletterseil gebaut werden, wobei man folgendermaßen vorgeht:

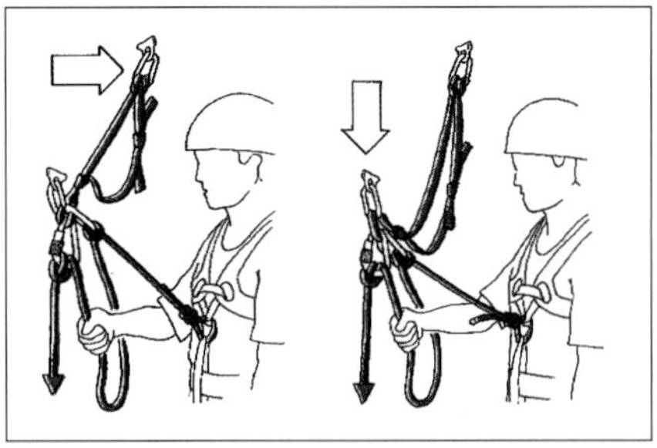

Abb. 39 Links: Reihenschaltung mit Hauptlast am oberen Fixpunkt. Rechts: Mit Hauptlast am unteren Fixpunkt

Als Erstes wird in den unteren Fixpunkt eine kurze Sackstichschlaufe gehängt, die den Zentralpunkt bildet. Die Länge der Selbstsicherung muss dabei schon abgestimmt sein. Danach wird der zweite Fixpunkt mittels Mastwurf in Reihe geschaltet und auf die gewünschte Lastverteilung abgespannt. In die Sackstichschlaufe (= Zentralpunkt) wird anschließend die Partnersicherung gehängt. Das Ganze kann natürlich auch mit einer Bandschlinge gebaut werden.

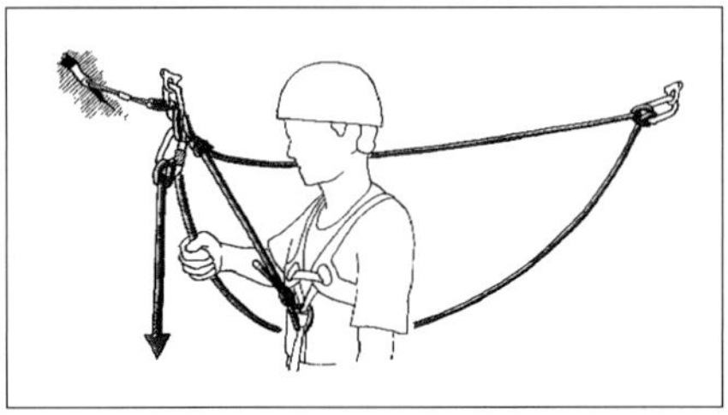

Abb. 40 Reihenschaltung bei horizontal weit entfernten Fixpunkten

Horizontal weit entfernte Fixpunkte werden ebenfalls in Reihe geschaltet, wobei der bessere Fixpunkt als Zentralpunkt gewählt wird. Nach Möglichkeit sollte dieser noch zusätzlich abgesichert werden, da bei Ausbruch dieses Fixpunktes der Sichernde gefährlich aus dem Stand gerissen würde. Der Aufbau geschieht aufgrund der großen Fixpunktabstände mit dem Kletterseil.

Über die aufgeführten Möglichkeiten hinaus ergeben sich je nach Situation Mischformen, wie zum Beispiel Ausgleichsverankerung mit in Reihe geschaltetem weiterem Fixpunkt.

Klettern in der Seilschaft

SICHERUNGSTHEORIE

Zum richtigen Verständnis des Sicherungsablaufs ist es notwendig, die Vorgänge innerhalb der *Sicherungskette* (= Standplatz, Partnersicherung, Zwischensicherung, Seil) beim Abfangen eines Sturzes zu kennen.

Belastung der Sicherungskette bei Stürzen

Grundsätzlich unterscheidet man zwischen Sturz des Vorsteigers und Sturz des Nachsteigers.

Ein *Nachsteigersturz* ist bei optimaler Anwendung der Partnersicherung (= leicht gespanntes Seil) lediglich ein gebremster Rutsch ins Seil und in der Regel gefahrlos. Die Sturzhöhe ergibt sich aus der Seildehnung, die dabei auftretenden Sturzkräfte liegen in der Größenordnung des zwei- bis dreifachen Körpergewichts. Bei Pendelstürzen aus Quergängen betragen die Sturzkräfte maximal das Dreifache des Körpergewichts. Jedoch ist hier, besonders bei schlechter Absicherung, auch für den Nachsteiger ein hohes Verletzungsrisiko durch Anschlagen am Fels gegeben.

Ganz anders verhält es sich beim *Sturz des Vorsteigers*. Hier treten je nach Absicherung der Route mehr oder weniger große Stürze auf, die im Extremfall (z. B. beim Sturz ohne Zwischensicherung) über die doppelte Strecke der ausgegebenen Seillänge führen können.

Ostverschneidung am Untersberg, IV+

Die Verletzungsgefahr durch Aufschlagen am Fels ist bei Vorsteigerstürzen ungleich höher. Daher sollte besonders im leichten Gelände aufgrund der Felsbeschaffenheit (Stufen und Absätze) ein Vorsteigersturz unbedingt vermieden werden.

Beim **Abfangen eines Sturzes** treten am Körper des Stürzenden, in den Zwischensicherungen, an der Partnersicherung und den Standplatzfixpunkten die so genannten *Fangstoßkräfte* auf. Der Fangstoß ist die Kraft, die am Ende des Sturzes auf den Körper und die beteiligte Sicherungskette einwirkt.

Die **Größe der Fangstoßkraft** richtet sich nach Sturzhöhe, Länge des ausgegebenen Seils (Energieaufnahme durch das Seil) und nach der Art der Sicherung (statisch oder dynamisch).

- Ist die Sturzhöhe aufgrund von Zwischensicherungen gering und steht viel Seil zur Energieaufnahme zur Verfügung, ergibt sich ein kleiner *Sturzfaktor* und somit geringer Fangstoß.
- Ist die Sturzhöhe im Vergleich zur ausgegebenen Seillänge groß (z. B. bei Sturz ohne Zwischensicherung in den Standplatz), tritt ein großer Sturzfaktor und ein dementsprechend hoher Fangstoß auf. Das Energieaufnahmevermögen des Seils limitiert die Höhe des Fangstoßes jedoch auf maximal 12 kN bei statischer Sicherung.

Risikoreiches Klettern an der Leistungsgrenze im Vorstieg ist somit speziell in den unteren Schwierigkeitsgraden nicht zu verantworten.

Zwischensicherungen werden aufgrund der beidseitig wirkenden Kräfte mit der 2–2½fachen Fangstoßkraft, also bis maximal 10 kN belastet.

Der *Sturzfaktor* sagt aus, wie hart ein Sturz auf die Sicherungskette (Standplatz, Zwischensicherung) wirkt. Er wird so errechnet:

$$\text{Sturzfaktor} = \frac{\text{Sturzhöhe}}{\text{ausgegebene Seillänge}}$$

Um die Belastung der Sicherungskette und damit die Gefahr des Ausbrechens von Fixpunkten gering zu halten, verwendet man dynamische Sicherungsmethoden wie die Halbmastwurf-Sicherung (HMS) . Diese Sicherungsmethode hat eine Bremskraft von ca. 3–4 kN und wirkt daher ab dieser Größe des Fangstoßes dynamisch, das heißt, dass der Sturz durch Abbremsen mit Seildurchlauf abgefangen wird. Die maximale Fangstoßbelastung lässt sich so auf 3–4 kN in der Partnersicherung am Standplatz reduzieren.

Diese Kräfte ließen sich durch Sicherungsmethoden mit noch geringerer Bremskraft weiter reduzieren, jedoch wäre eine unverhältnismäßige Verlängerung der Sturzhöhe und damit eine größere Verletzungsgefahr die Folge.

Ist die *Seilreibung* durch ungünstige Seilführung am Fels und in den Zwischensicherungen groß, kann die Partnersicherung trotz des Gebrauchs dynamischer Sicherungsmethoden statisch wirken, mit den entsprechend hohen Fangstoßbelastungen auf den Stürzenden, das Seil und die Zwischensicherungen.

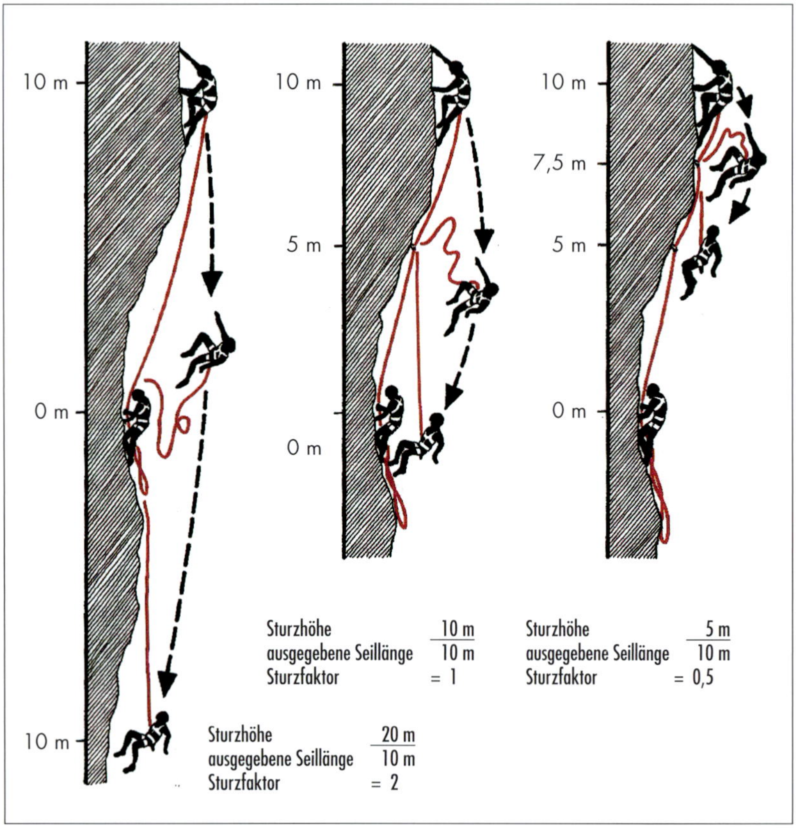

Abb. 41 Berechnung des Sturzfaktors: Sturzhöhe geteilt durch die ausgegebene Seillänge.

Bedienung der Halbmastwurf-Sicherung (HMS)

Eine statische Wirkung tritt ebenfalls auf, wenn aufgrund einer voll ausgegangenen Seillänge keine Seilreserve mehr vorhanden ist. Da die dynamische Sicherung einen gewissen Seildurchlauf bedingt, muss auf eine entsprechende Mindestseilreserve von etwa fünf Metern geachtet werden. Das heißt also, dass die ganze Seillänge nie voll ausgeklettert werden sollte.

SICHERUNGSPRAXIS

Aus den theoretischen Grundlagen ist zu ersehen, wie wichtig das Beherrschen der Partnersicherung und überlegtes Anbringen von Zwischensicherungen für die Belastung der Sicherungskette und somit die Sicherheit der Seilschaft ist.

a) Die Partnersicherung (HMS)

Die Bedienung der Halb-Mastwurf-Sicherung (HMS) erfordert etwas Übung. Es ist dabei besonders darauf zu achten, dass sich eine Hand immer am Bremsseil befindet. Eine Möglichkeit wird in Abbildung 42 gezeigt.

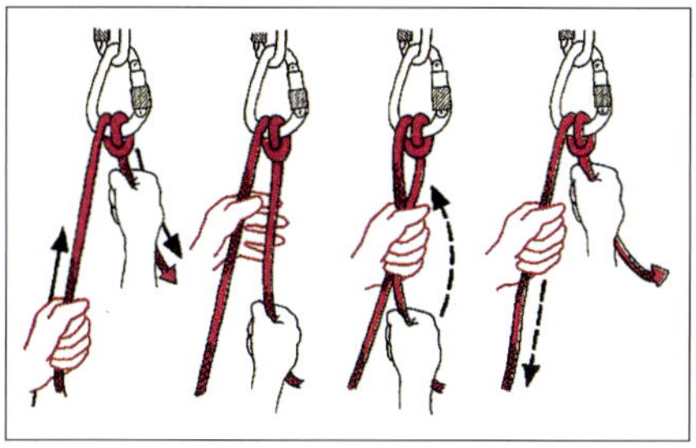

Abb. 42 Partnersicherung mit Halbmastwurf

Oberstes Gebot bei der Sicherung des Kletterpartners, egal ob Vor- oder Nachsteiger, ist absolute Aufmerksamkeit des Sichernden, die Beobachtung und der Kontakt zum Seilpartner. Mit Nachlässigkeit gefährdet man den Partner und sich selbst!

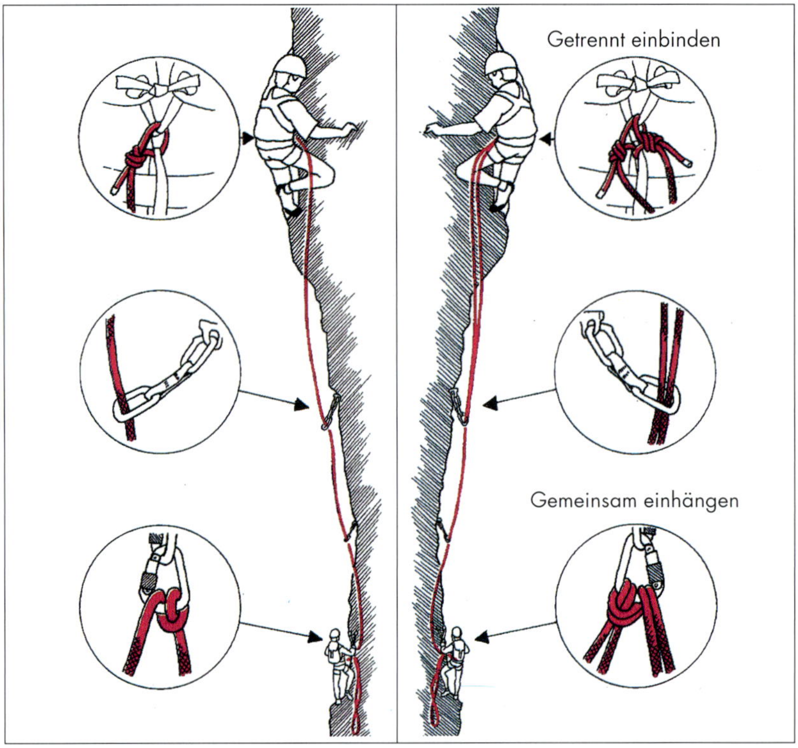

Abb. 43 Einfachseil- und Zwillingsseiltechnik

Zum Sichern stehen uns zwei Möglichkeiten der Seilanwendung zur Verfügung, die Einfachseil- und die Zwillingsseiltechnik mit den bekannten Vorteilen. Zwillingsseile werden wie Einfachseile gehandhabt.

Um den Kletternden nicht in unangenehme Situationen zu bringen, muss man auf jede Kletterbewegung reagieren. Für den Vorsteiger ist dies besonders an schwierigen Kletterstellen wichtig, da ihn hier schon ein geringer Seilzug aus dem Gleichgewicht bringen kann. Dasselbe gilt für das Einhängen von Zwischensicherungen. Der Sichernde muss auch hier im richtigen Moment genügend Seil zur Verfügung stellen und, nachdem die Zwischensicherung eingeklinkt ist, das zuviel ausgegebene Seil wieder einholen.

Der Nachsteiger wird für aufmerksame Sicherung ebenso dankbar sein, denn ein durchhängendes Seil durch schlampiges Seileinziehen provoziert unnötig große Stürze. Zu starker Seilzug ist für den Nachsteiger jedoch ebenso unangenehm, besonders in überhängendem Gelände und in Quergängen. Außerdem ist Seilzug der Entwicklung einer guten Klettertechnik nicht gerade zuträglich.

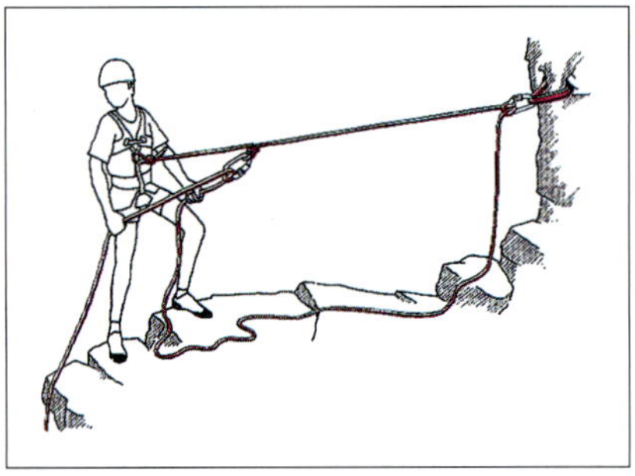

Abb. 44 Nachsichern an der langen Selbstsicherung

Eine besondere Situation beim Nachsichern des Kletterpartners tritt auf, wenn kein Sicht- oder Rufkontakt zum Kletternden besteht. Dies kann bei zurückversetz-

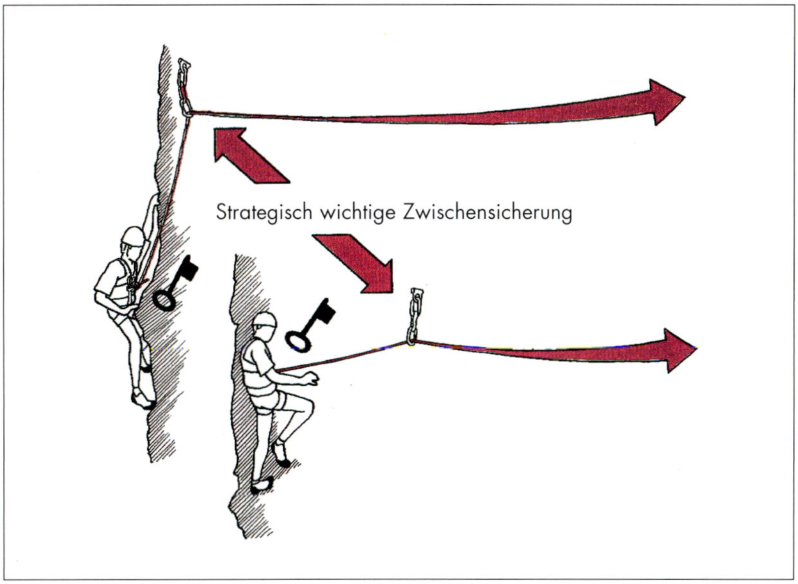

Abb. 45 Strategisch wichtige Zwischensicherungen vor oder in Quergängen

tem Standplatz (z. B. auf breitem Felsband) der Fall sein. Hier empfiehlt es sich, an der *langen Selbstsicherung* nachzusichern.

Dabei ist darauf zu achten, dass die verlängerte Selbstsicherung in Richtung des zu erwartenden Sturzzuges weist, da sonst der Sichernde aus dem Stand gerissen werden kann.

Zum Weiterklettern muss die Selbstsicherung wieder entsprechend verkürzt und die HMS-Sicherung wieder im Zentralpunkt angebracht werden.

b) Das Einhängen von Zwischensicherungen

Stürzt der Kletterer, noch bevor er die erste Zwischensicherung erreicht hat, so kann dies einerseits einen Sturz auf den Boden oder, wenn sich die Seilschaft in freier Wand befindet, einen harten Sturz in den Standplatz zur Folge haben. Diese Situation sollte man durch baldmöglichstes Anbringen einer zuverlässigen Zwischensicherung vermeiden. Weitere Zwischensicherungen werden nach persönlichem Sicherheitsbedürfnis und nach Art des Geländes, ob sturzfreundlich oder nicht, angebracht.

An strategisch wichtigen Stellen ist unbedingt auch an den nachsteigenden Partner und dessen Sicherheitsbedürfnis zu denken!

Strategisch wichtige Zwischensicherungen für den Nachsteiger werden meist vor oder inmitten von Quergängen oder schräg ansteigenden Passagen benötigt. Sie müssen immer nach schwierigen Passagen angebracht werden, die auch für den Nachsteiger die Gefahr eines Sturzes bergen, und dienen der Vermeidung von unnötig großen, gefährlichen Pendelstürzen.

Um als Vorsteiger Zwischensicherungen einhängen zu können, ist es nötig, eine einigermaßen stabile Kletterstellung (Gleichgewichtsposition) einzunehmen und damit eine Hand für diese Aktion freizubekommen. Diese Position ist nicht immer die Stelle, an der man den Fixpunkt zum ersten Mal erreicht. Es empfiehlt sich daher meist, noch einen oder zwei Klet-

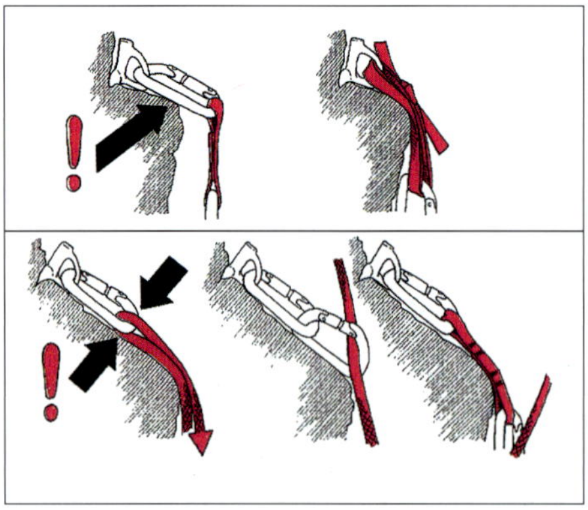

Abb. 46 Oben: Verhinderung der Knickbelastung des Karabiners. Unten: Verbesserung der Seilführung

terzüge zu vollziehen und eventuell erst auf Brust- oder Bauchhöhe einzuhängen. Aus demselben Grund sollten Zwischensicherungen noch vor schwierigen Stellen angebracht werden, da in solchen Passagen selten die Möglichkeit dazu besteht.

Als Bindeglied zwischen Fixpunkt und Seil eignen sich am besten *Expressschlingen*. Sie haben den Vorteil, dass sich die *Seilreibung* gering halten lässt. Außerdem ist ein selbständiges Aushängen des Seils aus dem Karabiner (wie es bei Verwendung einzelner Karabiner möglich ist) durch die Flexibilität so gut wie ausgeschlossen.

Um gefährliche Knickbelastungen der Karabiner zu vermeiden, darf der im Fixpunkt befindliche Karabiner nicht auf einer vorspringenden Felskante aufliegen. Ist dies dennoch der Fall, muss eine doppelt gefädelte Reepschnur- oder, noch besser, Bandschlinge dazwischengeschaltet werden (Abb. 46 oben). Außerdem sollte ein Anschlagen des Karabinerschnappers an Felsnasen bei Sturzbelastung ausgeschlossen werden, um die Belastung des Karabiners mit offenem Schnapper (ebenfalls Bruchgefahr!) zu vermeiden.

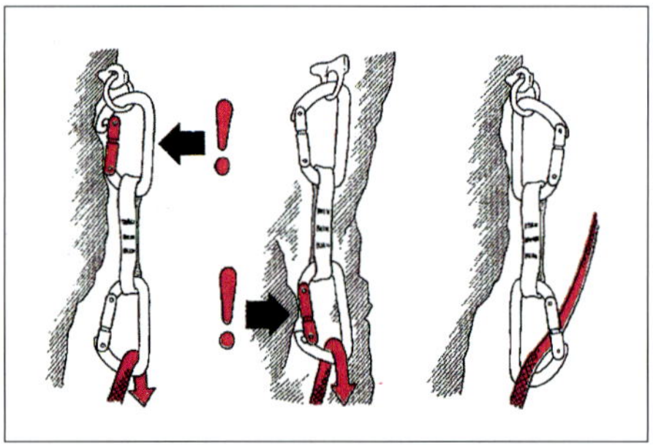

Abb. 47 Schnapperoffenbelastung durch Anliegen des Schnappers am Fels und richtig eingehängte Expressschlinge (ganz rechts)

Eine besondere Situation stellt das Aufliegen des seilführenden Karabiners am Fels dar. Im Falle eines Sturzes kann das Seil abgeklemmt werden und reißen! Dem kann man mit verdrehter Expressschlinge, Karabinerpärchen oder langer Schlinge entgegenwirken (Abb. 46 unten). Mit den speziell verdrehten Karabinern eines Herstellers erzielt man den gleichen Effekt.

Seilbewegungen können Friends und besonders Klemmkeile mit Drahtkabel lockern. Dazwischengeschaltete Expressschlingen schaffen auch hier Abhilfe.

c) Die Seilführung

Man unterscheidet zwischen der *Seilführung in der Wand* und der *Seilführung am Körper* des Vorsteigenden.

Die *Seilführung in der Wand* hat die Aufgabe, die Seilreibung, die durch Änderung des Seilverlaufs im Karabiner der Zwischensicherung und durch Anliegen am Fels entsteht, zu minimieren. Dies ist wichtig, da sich hohe Seilreibung beim Klettern äußerst unangenehm auswirkt. Der Kletterer muss diesen Widerstand durch erhöhten Kraftaufwand ausgleichen. Im Extremfall kann das Klettern unmöglich werden. Darüber hinaus beeinflusst hohe Seilreibung, wie bereits erwähnt, die Wirkung der dynamischen Partnersicherung negativ.

Um die Seilreibung gering zu halten, ist ein möglichst *geradliniger Seilverlauf* anzustreben, im Idealfall sind alle Zwischensicherungen auf einer Linie in einer glatten Wand. Diese Situation wird jedoch im klassischen Felsklettern selten auftreten, da sich eine Route in der Regel den Weg des geringsten Widerstandes und nicht den kürzesten sucht. Um den idealen Seilverlauf zu erhalten, müssen daher die Zwischensicherungen entsprechend verlängert werden.

Das Ganze hat natürlich seine Grenzen dort, wo durch zu lange Schlingen die mögliche Sturzhöhe unnötig vergrößert würde. Es ist daher meist nur eine annähernd geradlinige Seilführung erreichbar.

Einige Möglichkeiten der Seilführung in der Wand sind nachfolgend dargestellt:

Mindestens so wichtig wie gute Seilführung in der Wand ist die *Seilführung am Körper* des Vorsteigenden.

WICHTIG

- Standplatzbereitung grundsätzlich an mindestens zwei Fixpunkten
- Immer über Fixpunkte, nie am Körper sichern
- Die erste Zwischensicherung baldmöglichst oberhalb des Standplatzes anbringen
- Quergänge speziell für Nachsteiger entsprechend absichern
- Intelligente Seilführung schafft Sicherheit und Schnelligkeit
- Klare, unmissverständliche Seilkommandos verhindern schwerwiegende Sicherheitsfehler

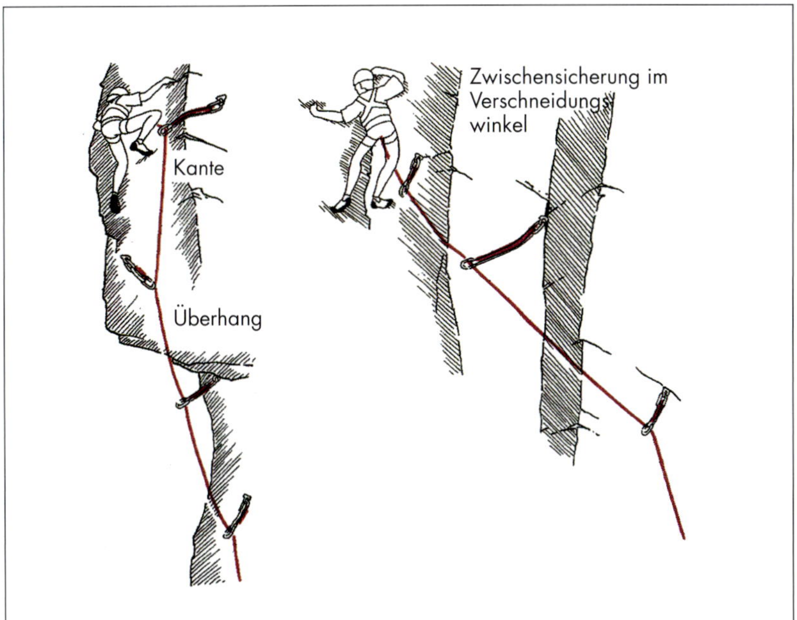

Abb. 48 Seilführung in der Wand

Viele Stürze mit Verletzungsfolge sind auf falsche Seilführung am Körper zurückzuführen! Dabei kommt es durch Einfädeln eines Beines hinter dem Seil in der Endphase des Sturzes zu einem Überschlag mit entsprechendem Anprall am Fels. Schlampige Seilführung am Körper sieht man nicht nur bei Anfängern, ihre Wichtigkeit wird selbst von erfahrenen Kletterern gerne unterschätzt.

Die richtige Seilführung:

Steht man in Falllinie über dem letzten Haken, muss das Seil zwischen den Beinen durchlaufen.

Abb. 49 Seilführung am Körper: links richtig, rechts falsch

Seitlich der Zwischensicherung lässt man das Seil, je nach Situation, über den Oberschenkel oder den Fuß laufen (Abb. 50).

d) Der Ablauf des Kletterns in der Seilschaft

Um einen reibungslosen Sicherungsablauf zu ermöglichen,gibt es *Seilkommandos*. Sie informieren die Kletterpartner untereinander über die jeweiligen sicherungstechnischen Aktionen. Die Kommandos werden immer in der gleichen Reihenfolge gegeben, sie sollen kurz und prägnant sein:

- Der Sichernde unterrichtet den Vorsteiger gegen Ende der Seillänge über die noch vorhandene Seilreserve mit dem Kommando: »Noch zehn Meter!«
- Dies ist für den Vorsteiger die Aufforderung, baldmöglichst Stand zu machen (dynamische Seilreserve!).
- Ist der Vorsteiger am Standplatz und selbst gesichert, teilt er das dem Sichernden mit dem Zuruf »Stand!« mit.
- Daraufhin nimmt der Sichernde den Vorsteiger aus der Partnersicherung und ruft »Seil ein!«
- Der Vorsteiger holt das Restseil ein. Ist es vollständig eingeholt, ruft der Sichernde »Seil aus!«
- Jetzt nimmt der Vorsteiger das Seil in die Partnersicherung und gibt die Aufforderung »Nachkommen!«
- Auf dieses Kommando hin baut der Sichernde seinen Standplatz ab und löst die Selbstsicherung. Mit dem Ruf »Komme!« fordert er den Vorsteiger auf, mit dem Sichern zu beginnen. Er wird zum Nachsteiger, der Vorsteiger zum Sichernden.

Dieser Ablauf wiederholt sich analog bis zum Ende der Klettertour. Ist die Verständigung aufgrund widriger Wetterverhältnisse oder Geländebeschaffenheit schlecht, so kann eine eingespielte Seilschaft die Kommandos durch Pfeifen oder mehrmaliges Ziehen am Seil mitteilen, die Reihenfolge der Aktionen ist dabei dieselbe. Besser ist es jedoch, in solchen Situationen die Seillängen zu verkürzen, d. h. Zwischenstand zu machen, sofern die Fels- und Geländebeschaffenheit dies erlaubt, um Ruf- oder Sichtkontakt zu behalten.

Die Zweierseilschaft

Rechts: »Plattentanz« VI an der Torsäule/Hochkönig

Den Idealfall beim Klettern stellt die Zweierseilschaft mit gleich starken Kletterpartnern dar. Da in Wechselführung (»Überschlagen«) geklettert wird, ist sie besonders schnell und aktionsfähig.

Ablauf

Der Vorsteiger wird von seinem Partner gesichert. Erreicht er den nächsten Standplatz, richtet er diesen ein, sichert sich selbst und lässt seinen Partner nachkommen. Ist dieser am Standplatz angekommen, übernimmt er die Führung in der nächsten Seillänge, er wird zum Vorsteiger. Dieser Vorgang wiederholt sich über die ganze Länge der Route.

Ist einer der beiden Kletterer nicht in der Lage, im Vorstieg zu klettern, muss am Stand ein Standplatzwechsel vollzogen werden. Als Grundregel gilt dabei: Jedes Seilschaftsmitglied muss jederzeit gesichert oder selbstgesichert sein!

Die Dreierseilschaft

Bei Dreierseilschaften klettert in der Regel der beste Kletterer voraus und sichert die beiden anderen nach. Auch hier wird am Stand ein Standplatzwechsel nötig, mit der Erschwernis, dass die Sache noch etwas enger und unübersichtlicher ist. Aufmerksame Vorgehensweise ist absolut notwendig!

Zum Klettern in Dreierseilschaft bieten sich je nach Schwierigkeit der Tour und Können der Teilnehmer zwei Methoden der Seilanwendung an: Klettern mit Einfachseil und Weiche oder Klettern mit Doppelseil.

Abb. **50** *Ablauf des Kletterns in der Seilschaft*

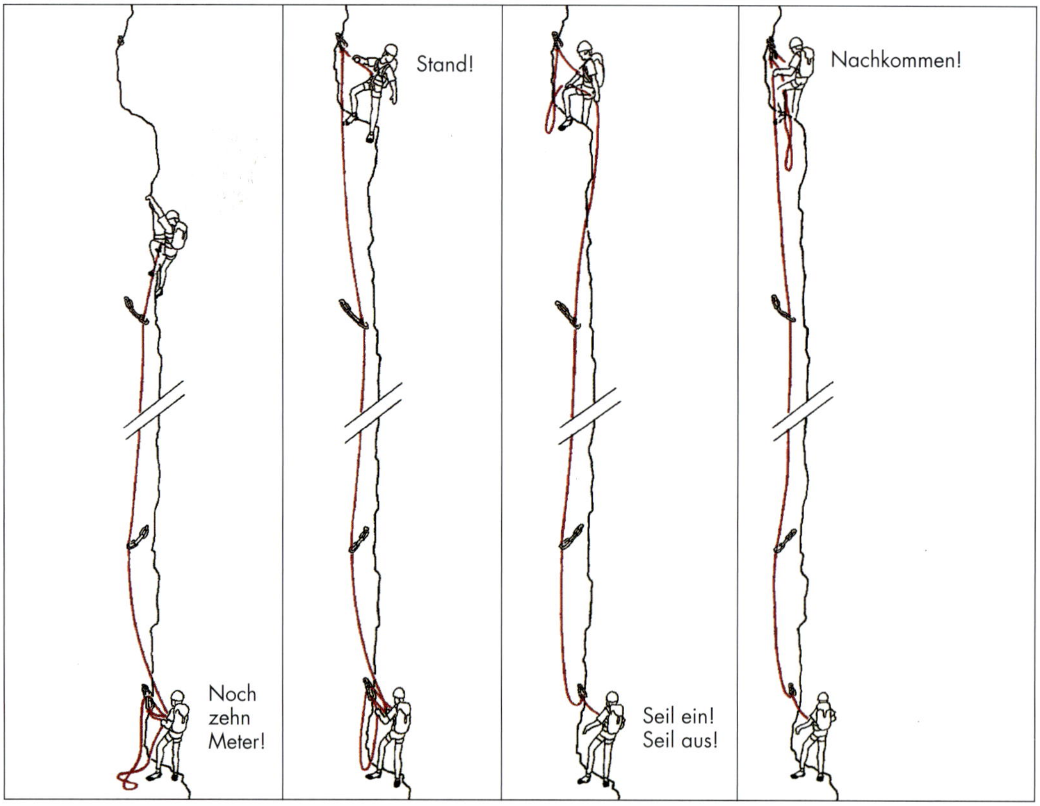

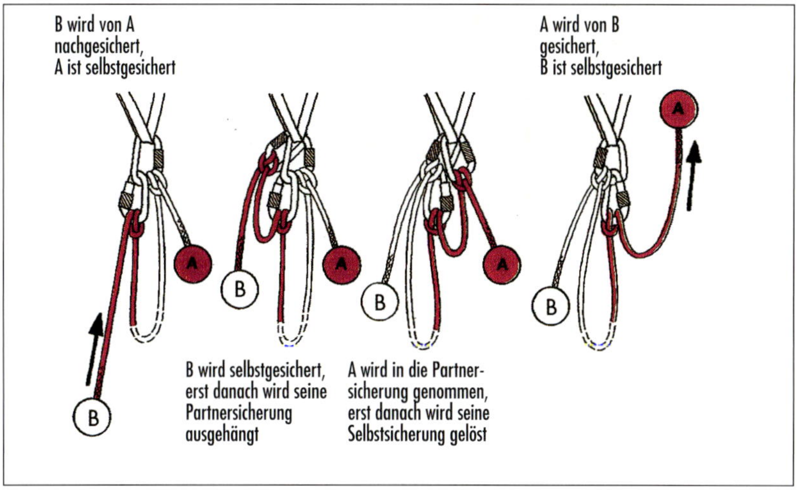

Abb. 51 Sicherung beim Standplatzwechsel

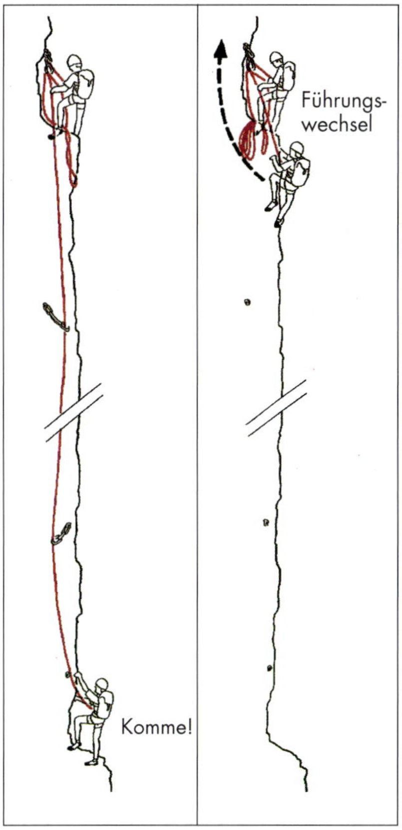

DREIERSEILSCHAFT MIT EINFACHSEIL UND WEICHE

Diese Methode ist für leichteres Gelände geeignet, in dem die Nachsteiger deutlich unter ihrer Leistungsgrenze bleiben, da ein individuelles Nachsichern nicht möglich ist.

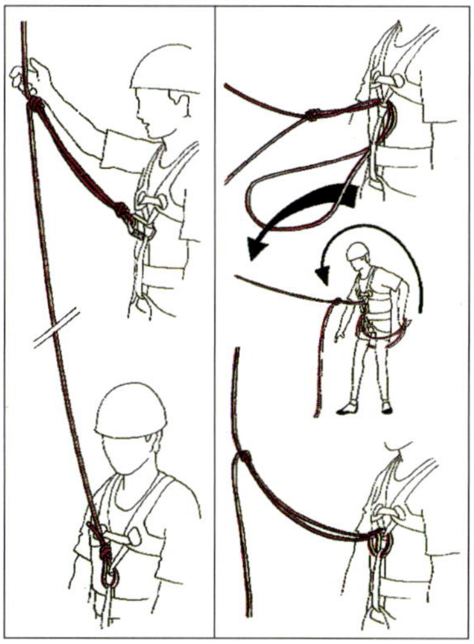

Abb. 52 Einbindemethoden für Mittel- und Schlussmann bei Dreierseilschaft mit Einfachseil und Weiche

Nachsichern in der Dreierseilschaft. Abstandhalter mit Expressschlinge

Nachsichern mittels »Magic«-Platte

Dabei bindet sich der Vorsteiger in das Seilende und die Nachsteiger in das andere, wobei der erste Nachsteiger mit Weiche eingebunden wird. Die Weiche erhält man, indem etwa 4–5 Meter vor dem Seilende eine Sackstichschlinge geknotet wird. In diese Schlinge klinkt sich der erste Nachsteiger mittels Verschlusskarabiner ein. Um beim Aushängen der Zwischensicherungen keine Probleme zu bekommen, beträgt die Länge der Schlinge ca. 1 Meter. Der *zweite Nachsteiger* bindet sich regulär ins Seilende (Abb. 52 links).

Eine andere Möglichkeit für den Mittelmann, sich einzubinden, ist die Ankerstichmethode (Abb. 52 rechts). Um durch die Weiche schlüpfen zu können, muss diese etwas verlängert und nach Fertigstellung des Ankerstichs wieder entsprechend auf etwa einen Meter verkürzt werden.

DREIERSEILSCHAFT MIT DOPPELSEIL

Ist das Gelände für die Nachsteiger schwierig, wendet man die Doppelseilmethode an. Diese hat den Vorteil, dass jeder Partner auch einzeln nachgesichert werden kann.

Die Verwendung von zwei Einfachseilen bietet hier größtmögliche Sicherheit, insbesondere bei Quergängen oder gefährli-chen Belastungen über Felskanten.

Der Vorsteiger wird mit Zwillingsseil-Technik gesichert, also beide Seilstränge im HMS-Karabiner. Die Nachsteiger werden an separaten, höhenversetzten HMS-Karabinern nachgesichert, um ein Abklemmen der Seile zu vermeiden.

Besonders sicher und empfehlenswert ist das Nachsichern von zwei Kletterpartnern mit der Magic-Platte (s. Foto links).

Strategisch wichtige Zwischensicherungen, zum Beispiel in Quergängen, müssen für den zweiten Nachsteiger erhalten bleiben!

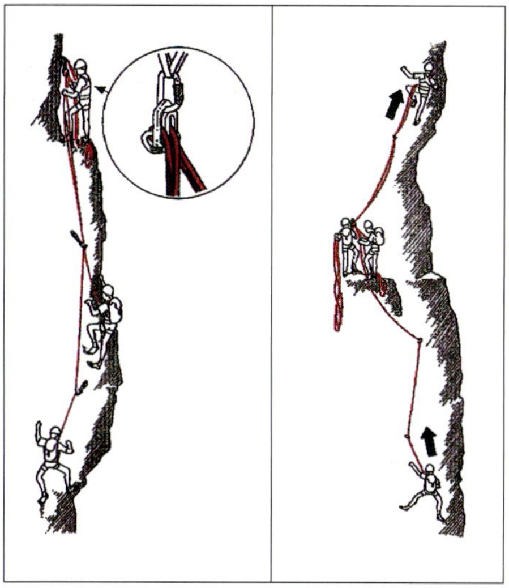

Abb. 53 Dreierseilschaft mit Doppelseil und Viererseilschaft in Aktion

Die Viererseilschaft

Eine Viererseilschaft wird die Ausnahme sein. Ist sie jedoch in Notsituationen und Ausnahmefällen erforderlich, geht man folgendermaßen vor:

Der Vorsteiger sichert, wie bei der Dreierseilschaft mit Doppelseil, Nachsteiger Eins und Zwei nach.

Sind diese am Stand angelangt, folgt der übliche Standwechsel, danach sichert Nachsteiger Eins den Vorsteiger und Nachsteiger Zwei zur gleichen Zeit den Nachsteiger Drei nach. Damit ist einigermaßen zügiges Vorankommen gewährleistet (Abb. 53 rechts).

Klettern und Sicherungstechnik im Klettergarten

Seit dem Aufkommen des Sportklettergedankens ist das Klettern in Klettergärten und Sportklettergebieten zum Selbstzweck geworden. Die Klettergärten stellen jedoch auch für den Alpinkletterer eine hervorragende Möglichkeit zur Verbesserung seiner Leistungsfähigkeit und Weiterentwicklung der Klettertechnik dar. Die Vorteile liegen auf der Hand:

- Durch gute Absicherung der Routen, meist mit Bohrhaken, ist die psychische Belastung in der Regel gering.
- Kaum objektive Gefahren.
- Kurze Zustiege und hohe Routendichte, der Kletter-/Trainingstag kann also optimal genutzt werden.

Trotz dieser guten Voraussetzungen sind einige grundsätzliche Dinge bezüglich der Sicherungstechnik zu beachten:

Voraussetzung zum Toprope-Klettern ist die Umlenkung des Seils an einer absolut sicheren Verankerung. Sie muss sich in Falllinie über der beabsichtigten Route befinden.

SICHERUNG MIT TOPROPE

Klettern mit *Toprope* (= durch Umlenkung des Seils von oben gesichert) ist eine bewährte Methode, die psychische Belastung beim Training der Klettertechniken auszuschließen. Man kann sich so voll aufs Klettern konzentrieren.

In gut eingerichteten Klettergärten/-gebieten sind solche Umlenkungen in Form von *Sicherheitsklebehaken* oder speziellen *Umlenkhaken* vorhanden. Ist dies nicht der Fall, kann man die Umlenkung auch an fest verwurzelten, mindestens armdicken Bäumen installieren. Dazu legt man eine Ankerstichschlinge um den Baum und befestigt das Seil mittels Verschlusskarabiner in der Schlinge.

Auf gar keinen Fall darf das Seil direkt durch die Schlinge gefädelt werden, da dies beim Ablassen zum Durchschmelzen des Band- oder Reepschnurmaterials und dadurch zum Seilriss und Absturz führt!In der Umlenkung bereits vorhandenes Schlingenmaterial ist in dieser Hinsicht kritisch zu betrachten. Ebenso sollte das Seil nicht direkt um den Baum gelegt werden, da dieser dadurch geschädigt werden kann.

Bein Einrichten von Toprope-Umlenkungen in exponiertem, absturzgefährdetem Gelände ist entsprechend umsichtig (Selbstsicherung) vorzugehen.

Ist die Umlenkung fertiggestellt, wird vom Wandfuß aus gesichert. Dazu bedient man sich der *Körpersicherung*, das heißt, der HMS-Karabiner wird im Sicherungsring des Hüftsitzgurtes befestigt. Diese Methode gewährt gute Bedienbarkeit der Sicherung. Um bei Sturz oder Ablassen des Kletterers nicht hochgezogen zu werden, muss der Sichernde jedoch mindestens ⅔ des Körpergewichts des Kletternden haben. Ist dies nicht der Fall, empfiehlt sich zusätzliche Selbstsicherung an einem Baum oder Felsblock, Abb. 55 links.

Ist der Kletternde an der Umlenkung angelangt, bedient er sich um Missverständnisse zu vermeiden eindeutiger Kommandos wie »zu« (= Seil straffen) und »ab« (= kontrolliertes Ablassen). Das Ablassen sollte dann »Hand über Hand« gefühlvoll vor sich gehen. Um Krangelbildung zu vermeiden, wird dabei das Seil im selben Winkel in die HMS-Bremse eingegeben, wie es eingezogen wurde.

Abb. 54
Toprope-Sicherung

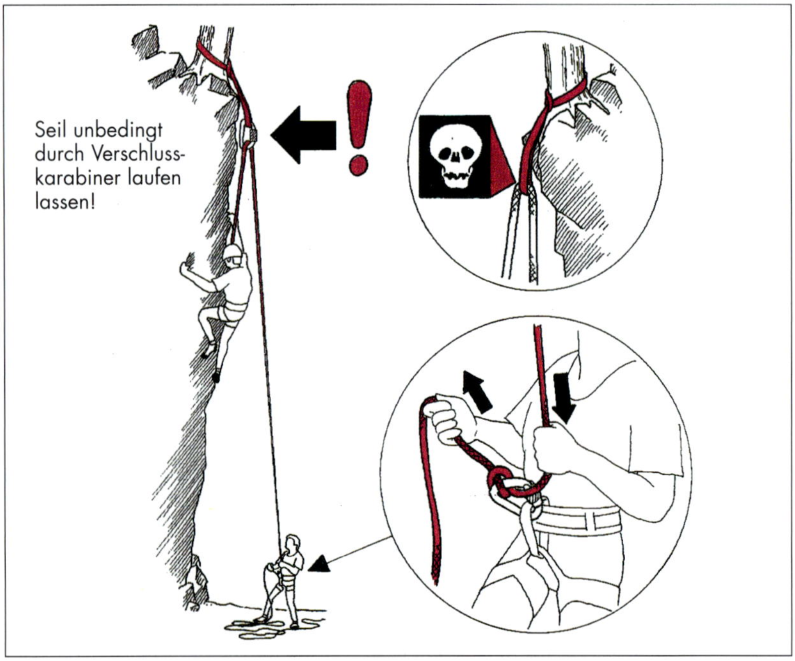

SICHERN DES VORSTEIGERS

Zum Sichern des Vorsteigers gelten die bereits bekannten Regeln. Da man in Klettergärten am Wandfuß jedoch oft ebenes oder nur leicht geneigtes (= absturzsicheres) Gelände vorfindet, erübrigt sich meist ein aufwendiger Standplatzbau.

Bei entsprechendem Beherrschen der Sicherungstechnik genügt daher die Anwendung der Körpersicherung mit Selbstsicherung nach hinten. Dabei ist zu beachten, dass die Sturzzugrichtung mindestens 60 Grad nach oben weist. Außerdem muss der Sichernde genau in einer Linie zwischen der Selbstsicherung und der ersten Zwischensicherung stehen, um zu vermeiden, dass er seitlich aus dem Stand gerissen wird. Die Körpersicherung mit Selbstsicherung nach hinten bietet sich auch an Einstiegen zu alpinen Routen an, sofern das Gelände oben genannte Eigenschaften aufweist.

Befindet sich an der Umlenkung kein fixer Verschlusskarabiner oder Spezialumlenkhaken, so muss sich der Kletterer ausbinden, um das Seil durch den Fixpunkt (Sicherheitsklebehaken o. ä.) zu fädeln. Dazu benützt er eine lange Expressschlinge zur Selbstsicherung, bindet sich aus, fädelt das Seil durch den Umlenkhaken und bindet sich wieder ins Seil. So banal sich dieser Vorgang anhört, so ist doch große Sorgfalt nötig, um Unfälle zu vermeiden. Es ist ratsam, vor dem Ausbinden das Seil zu sichern, damit es nicht durch Unachtsamkeit entgleitet.

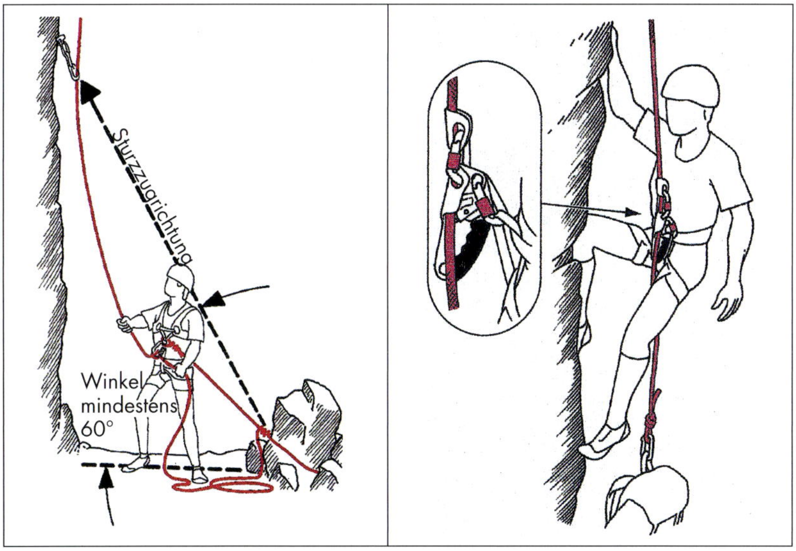

Abb. 55 Links: Sicherung des Vorsteigers vom Wandfuß aus
Rechts: Selbstsicherung mittels Seilklemme und vorgeschalteter Tibloc-Klemme

SELBSTSICHERUNG MIT SEILKLEMMEN

Für das partnerlose Klettern im Klettergarten/Kletterwand zu Trainingszwecken bietet sich die *Selbstsicherungsmethode mittels Seilklemmen* an: Das Seil wird oben in Falllinie der Kletterroute fixiert. Dann befestigt man eine Seilklemme mit Verschlusskarabiner im Anseilring des Hüftgurtes. Um doppelte Sicherheit (Redundanz) bei einem evtl. Versagen dieser Klemme zu erhalten, wird eine zweite Seilklemme dazugeschaltet. (Abb. 55 rechts).

Ein Sturz wird von der unteren Seilklemme gehalten. Versagt diese, hält die zweite Klemme. Diese Methode mit zwei Seilklemmen muss empfohlen werden, da sich bei Verwendung von nur einer Klemme bereits mehrere Unfälle ereignet haben.

Um ein sicheres Gleiten der Seilklemmen zu gewährleisten, muss das Seilende knapp über dem Boden etwas beschwert werden (Rucksack o. ä. dranhängen).

11.3 Das Abseilen

Ist das Gelände zu schwierig für freies Abklettern, seilt man ab. Abseilen kann in der Kletterroute erforderlich sein, zum Beispiel bei Gratüberschreitungen von einem Gratturm in die nächste Scharte, beim Abstieg vom Gipfel oder bei einem Rückzug.

Dies geschieht oft auf bereits eingerichteten Abseilrouten, so genannten *Abseilpisten.* Gute Abseilpisten sind mit eingeklebten Sicherheitsbohrhaken ausgerüstet.

Trifft man auf Abseilstellen mit Normalhaken, Sanduhren, Bäumen oder Köpfelschlingen, ist Folgendes zu beachten:

- Nie an einem einzelnen vorgefundenen Normalhaken abseilen.
- Vorgefundene Abseilschlingen auf Beschädigung durch Seilabziehen und Witterungseinflüsse (UV-Strahlung!) überprüfen und notfalls ersetzen. Dazu wird die Reepschnur- oder Bandschlinge direkt in die Fixpunkte geknüpft und mit einem Sackstich, der in Zugrichtung weist, abgebunden. Durch diese Schlaufe führt man das Seil, wodurch eine gleichmäßige Kräfteverteilung auf beide Fixpunkte gewährleistet ist. Außerdem ist so ein Ausfädeln des Seils bei Ausbruch eines Fixpunktes ausgeschlossen.
- Sanduhren und Köpfelschlingen auf ihre Zuverlässigkeit überprüfen.
- Beim Einstieg in die Abseilstelle darf das Seil erst dann voll belastet werden, wenn Abseilrichtung und die Belastungsrichtung des Fixpunktes übereinstimmen. Bei Verwendung von Felsköpfen ist darauf zu achten, dass das Seil nicht abgestreift wird. Beim Abseilen im Eis (Eisbirne) ist dasselbe zu beachten!
- Langsam und gleichmäßig abseilen! Schnelles Abseilen mit ruckartigem Bremsen bewirkt eine hohe Belastung der Verankerung und verringert außerdem die Lebensdauer des Seiles erheblich.
- Ist der erste Abseilende am Boden oder an der nächsten Abseilstelle angelangt, vergewissert er sich, ob sich das Seil abziehen lässt.

Abb. 56 Knüpfen von Abseilschlingen, rechts mit eingeknüpftem Abseilring

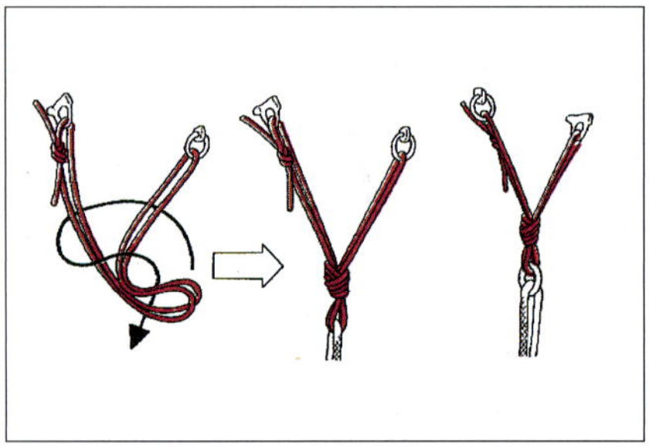

Der Vorgang des Abseilens

Bevor man an die erste Abseilstelle geht, wird die *Selbstsicherungsschlinge* mittels Ankerstich im Sicherungsring des Hüftgurtes befestigt, *Abseilachter* und *Prusikschlinge* zur Eigensicherung werden ebenfalls bereit gehalten.

An der Abseilstelle fixiert man sich mittels Selbstsicherungsschlinge und befestigt das Seil im Fixpunkt. Um das Seil abziehen zu können, wird es bis zur Seilmitte durch den Fixpunkt gefädelt, bei

Abseilen

Verwendung von zwei Seilen wird ein Seilende durch den Fixpunkt gezogen und mittels Sackstich mit dem zweiten Seil verknotet (Abb. 57 links). In die Seilenden werden Achter- oder Sackstichknoten geknüpft, die verhindern, dass das Seilende durch die Abseilbremse schlüpfen kann. Dadurch wird notfalls ein Totalabsturz verhindert. Nun wird das Seil vom Ende her aufgenommen und in weitem Bogen ausgeworfen. Man prüfe, ob das Seil bis zur nächsten Abseilstelle reicht!

Nun legt man das Seil in den Abseilachter ein, knüpft den Prusikknoten zur Eigensicherung ins Seil und klinkt den Abseilachter mittels Verschlusskarabiner in den Sicherungsring des Hüftgurtes, den Kurzprusik in die Schenkelschlaufen. Wird mit Rucksack abgeseilt, ist es günstiger, den Abseilachter im Anseilpunkt des Achterbandes zu befestigen.

Die *Eigensicherung* hat die Aufgabe, bei unbeabsichtigtem Loslassen der Bremshand (z. B. bei Verletzung durch Steinschlag) die Abseilfahrt zu blockieren und einen Absturz zu verhindern. Achtung: Die Länge der Prusikschlinge muss so kurz bemessen sein, dass sie bei Belastung nicht in den Abseilachter gezogen werden kann (ca. 20 cm).

Hat man diese Vorbereitungen getroffen, löst man die Selbstsicherung vom Fixpunkt und beginnt mit dem *Abseilen.* Dazu greifen am besten beide Hände unterhalb des Abseilachters ans Seil, wobei eine Hand den locker gehaltenen Prusikknoten mitschiebt. Die zum Fels gestellten Beine stemmen den Körper von der Wand ab, eine leichte Spreizstellung erhält das Gleichgewicht. Der Abseilvorgang vollzieht sich möglichst entlang der Falllinie. Ist die nächste Abseilstelle seitlich versetzt, wird diese durch Pendeln erreicht.

WICHTIG

- Der Abseilpunkt muss die Qualität eines Standplatzes aufweisen
- Nie ohne Eigensicherung abseilen
- Immer Knoten in die Seilenden
- Vergewissern, welches Seil abgezogen wird

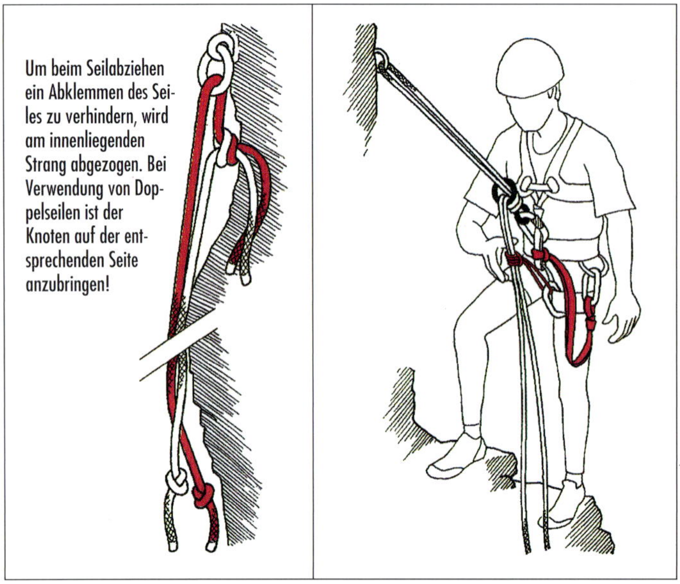

Abb. 57 Vorbereitung zum Abseilen

An der nächsten Abseilstelle angekommen, klinkt man zuerst die Selbstsicherungsschlinge in den Fixpunkt, danach werden Abseilachter und Prusikschlingen aus dem Seil genommen. Als Aufforderung für den Kletterpartner zum Nachkommen ruft man »Seil frei«.

Nach dem Lösen der Seilendknoten wird das Seil möglichst gleichmäßig abgezogen. Wird mit Doppelseil abgeseilt, muss man sich vorher vergewissern, an welchem Seil man ziehen muss. Zieht man am verkehrten Strang, kann sich der Knoten in der Öse festsetzen, so dass das Seil nicht mehr abzuziehen ist.

Da das herabfallende Seilende manchmal Steinschlag auslösen kann, werden durch den Ruf »Achtung Seil!« in der Nähe befindliche Kletterer gewarnt.

Abseilen in schwierigem, unbekanntem Gelände

Ist von der Abseilstelle aus nicht ersichtlich, wo sich die nächste Abseilstelle befindet und ob das Seil bis dorthin reicht, wird ein Seilpartner abgelassen. Der Zweite seilt dann in herkömmlicher Weise ab. Befindet sich die Abseilstelle außerhalb der Falllinie, erreicht man sie durch Pendeln. Dabei kann der zweite Abseilende vom Ersten zum Stand gezogen werden.

Ungeübte werden ebenfalls vom Seilpartner abgelassen. In schwierigem Gelände kann es nötig sein, dass der Seilschaftsführer zuerst abseilt und dann den schwächeren Partner von unten ablässt (siehe »Kameradenrettung«, Seite 116ff., in Kapitel 11.7).

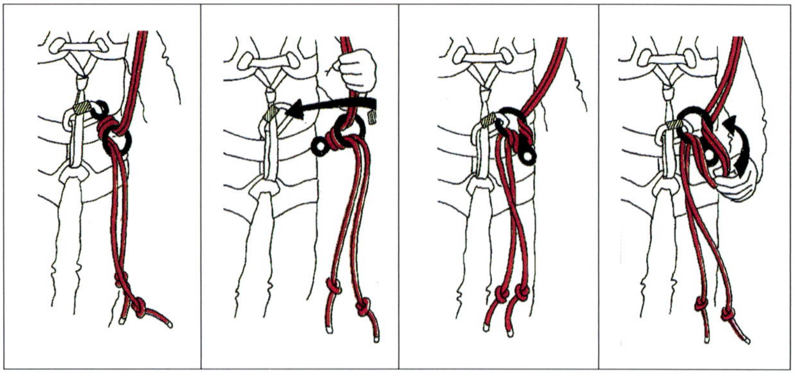

Abb. 58 Entfernen des Abseilachters aus dem Seil. Diese Methode bewährt sich bei heißgelaufenem Abseilachter und dient ebenso der Verlustsicherung.

Abb. 59 Abseilen in schwierigem, unbekanntem Gelände

11.4 Klettertechnik des klassischen Freikletterns

Klettern ist ein Spiel mit der Schwerkraft, die durch eine Aufeinanderfolge von *Bewegungsphasen* und *Stabilitätspositionen* »überlistet« wird. Diese erreicht man durch entsprechende Körperhaltungen (Klettertechnik) und/oder Einsatz von Kraft. Mit ausgereifter Klettertechnik lässt sich jedoch der Kraftaufwand minimieren. Es gilt daher der Grundsatz: Technik ersetzt Kraft!

Dies ist insbesondere im klassischen Freiklettern bis zum 6. Grad der Fall. Spezielle Kraftfähigkeiten werden aufgrund von Steilheit und Kleingriffigkeit erst in den oberen Schwierigkeitsbereichen benötigt.

Die Grundvoraussetzungen zum Erlernen einer ökonomischen Klettertechnik sind ausgeprägte *Koordinationsfähigkeiten.* Darunter verstehen wir die Fähigkeit, Bewegungsabläufe zu erlernen, zu speichern und je nach Situation anzuwenden und entsprechend zu variieren. Auch das »Hineindenkenkönnen« in eine Kletterstelle, die Vorwegnahme des Bewegungsablaufes, gehört dazu, und nicht zuletzt ein ausgeprägter *Gleichgewichtssinn* zur Erhaltung der Stabilitätspositionen. Rohe Kraftanwendung dagegen verhindert das Erlernen einer guten Klettertechnik.

WICHTIG

- Gute Fußtechnik ist die Grundlage für sauberes Klettern
- Tritte nicht zu hoch wählen
- Körperschwerpunktverlagerung übers jeweilige Standbein
- Abklettern üben verbessert die Klettertechnik

Die Grundtechniken des Felskletterns

- Fußtechnik
- Grifftechnik
- Kontrolle des Körperschwerpunktes

Als Grundregel im klassischen Freiklettern gilt die sog. *Dreipunktregel*. Sie besagt, dass der Kletterer stets über drei Haltepunkte (entweder zwei Hände, ein Fuß oder zwei Füße, eine Hand) verfügen sollte, während sich eine Hand/ein Fuß fortbewegt. Dieses Prinzip ist in den unteren Schwierigkeitsgraden problemlos einzuhalten und gewährleistet einen sicheren und vor allem reversiblen Kletterstil. Reversibel klettern heißt, bereits vollzogene Bewegungsabläufe wieder zurückklettern zu können. Dies kann in alpinen Kletterrouten notwendig sein, wo schlechte Absicherung oder sturzfeindliches Gelände das Risiko eines Sturzes zu hoch erscheinen lassen.

FUSSTECHNIK

Saubere Fußtechnik ist eine wesentliche Voraussetzung für kraftsparendes Klettern, sie entlastet Hände und Arme ganz erheblich. Besonders im weniger steilen Gelände lässt sich damit die Haltearbeit der Hände auf ein Minimum reduzieren.

Vor der Belastung eines Trittes ist dieser auf seine Festigkeit zu überprüfen. Das geschieht durch leichtes Anklopfen mit dem Fuß. Je dumpfer der Klang, desto brüchiger der Fels.

Grundsätzlich ist die Effektivität der Fußtechnik abhängig vom verwendeten Schuhmaterial. Klettert man mit steifen Bergschuhen, zum Beispiel in kombinierten Routen, so benötigt man möglichst gut ausgeprägte Tritte. Diese werden dann in der Regle frontal mit der Schuhspitze angetreten, kleinere Tritte auch mit dem Innenballen. Die eingeschränkte Bewegungsfreiheit im Sprunggelenksbereich setzt hier jedoch eindeutig Grenzen. Reibungstritte können aufgrund der Steifigkeit kaum benützt werden.

Mit *Reibungskletterschuhen* benützt man in erster Linie die Balleninnenseite zum Antreten. Leichtes Anheben der Ferse erhöht den Druck und damit die Reibung. Generell wird versucht, die Tritte möglichst großflächig auszunutzen.

Es ist jedoch auch möglich, mit der Ballenaußenseite anzutreten. Dies kann besonders in Quergängen und überhängenden Wandbereichen (bei Einwärtsdrehen der Hüfte) vorteilhaft sein.

In Löchern dagegen tritt man mit der Schuhspitze an. Ebenso auf Reibungstritten, wobei hier jedoch die Fersen nach unten gedrückt werden, um möglichst viel Sohlenfläche an den Fels zu bringen.

Bei der Fortbewegung ist besonders darauf zu achten, dass man nicht zu hoch antritt.Besonders der Anfänger kommt gern in Versuchung, nur die großen, manchmal weit voneinander entfernten Tritte zu benützen. Dies ergibt jedoch meist eine äußerst ungünstige Verlagerung des Körperschwerpunkts, wodurch sich der benötigte Kraftaufwand unverhältnismäßig erhöht. Mit kurzen Zwischenschritten an weniger ausgeprägten Trittmöglichkeiten kann man dies vermeiden.

Übungen:

- Erfühlen der Haftreibung der Schuhsohlen an geneigten Platten. Das Wissen um die Haftreibung der Schuhe bringt Vertrauen beim Stehen auch auf kleinsten Tritten.
- In leichtem Gelände, in Absprunghöhe oder von oben gesichert, freihändig klettern. Die Hände dabei nur zum Halten des Gleichgewichts am Fels auflegen.

Klettern an Reibungs-tritten

GRIFFTECHNIK

Griffe haben im leichten, weniger steilen Gelände lediglich die Aufgabe, das Gleichgewicht zu stabilisieren. Die Hubarbeit leisten hier die Beine. Mit zunehmender Steilheit und Schwierigkeit fällt jedoch auch Haltearbeit an.

Um vorhandene Griffe möglichst gut zu nutzen, sind einige Grundregeln zu beachten:

- Möglichst große Auflage durch *Formschluss,* d.h. Anpassen der Hand oder der Finger an die Griffstruktur. Dadurch erreicht man eine bessere Druckverteilung und Reibung.
- Geringer Kraftverbrauch durch *»weiches Greifen«*: Unter Angsteinfluss und in schlecht gesicherten Passagen setzt man oft ein Vielfaches der zum Halten benötigten Kraft ein. Um unnötige Kraftverschwendung zu vermeiden, hält man sich mit dem gerade benötigten Kraftaufwand fest.
- Die Belastung soll senkrecht zum Griff erfolgen.
- Um Verletzungen oder Überbeanspruchung der Fingergelenke und -sehnen zu vermeiden, werden Griffe möglichst mit hängenden Fingern gehalten. Die Belastungen beim Greifen mit aufgestellten Fingern sind enorm hoch.
- Überstreckte Kletterstellungen sind zu vermeiden, da dies zu ungünstiger Belastung der Tritte führen kann (Gefahr des Abrutschens!). Auch wird dadurch die Beweglichkeit und die Übersicht eingeschränkt. Es ist also häufig besser, anstatt weit voneinander entfernter großer Griffe weniger ausgeprägte Zwischengriffe zu verwenden.

Griffarten

Man unterscheidet zwischen *Zuggriffen* und *Stützgriffen.* Weitere Unterteilungen wie Seitgriff oder Untergriff sagen lediglich etwas über die Belastungsrichtung und Griffstruktur aus, sie werden aber ebenfalls als Zuggriff verwendet. Felslöcher sind meist in mehrere Richtungen belastbar. Außer der Belastungsrichtung ist noch die Form maßgeblich für die Qualität der Griffe.

Zangengriff
Fingerloch

Flacher Aufleger
Untergriff

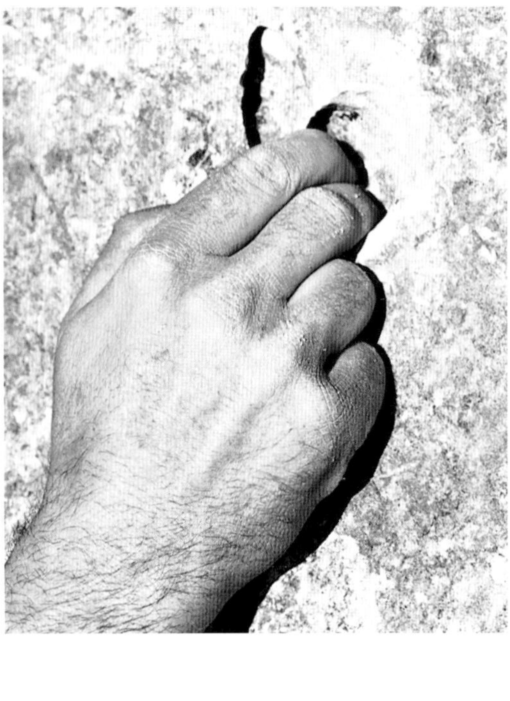

Stützgriff

Stützgriffe werden in der Regel mit dem Handballen belastet. Da die Finger hierbei keine Haltearbeit verrichten müssen, wird eine Erholung der Fingerbeugemuskulatur ermöglicht. Es sollte daher versucht werden, vorhandene Stützgriffe auch auszunützen. Stützgriffe helfen oft dort weiter, wo es vermeintlich »grifflos« wird.

ÜBUNG:

Zum Training des »weichen Greifens« klettert man von oben gesichert mit minimalem Krafteinsatz beim Halten der Griffe.

Bild links:
Fassen kleiner Griffe (Finger hängend

Bild rechts:
Fassen kleiner Griffe (Finger aufgestellt)

Froschstellung

Einwärtsdrehen der Hüfte

KONTROLLE DES KÖRPERSCHWERPUNKTS

Der *Körperschwerpunkt (KSP)* verändert sich je nach Körperhaltung. Er befindet sich bei aufrechtem Stand etwa auf Bauchnabelhöhe im Körper, kann sich jedoch bei Veränderung der Körperhaltung auch außerhalb des Körpers befinden. Je nach Lage des Körperschwerpunktes ist zur Erhaltung des Gleichgewichts mehr oder weniger Kraftaufwand erforderlich.

Der Mensch lernt von klein auf den Körperschwerpunkt im Unterbewusstsein zu kontrollieren, um den Körper im Gleichgewicht zu halten. Er reagiert damit gefühlsmäßig auf jede Veränderung der Körperhaltung.

Beim Klettern sind kraftsparende *Gleichgewichtspositionen* (Ruheposition) jedoch oft nur durch komplizierte Bewegungsformen und Körperstellungen zu erreichen. Die bewusste Kontrolle des Körperschwerpunkts ist dazu unerlässlich.

Im Idealfall befindet sich der Körperschwerpunkt genau über der Tritt- oder Standfläche. Dabei befindet sich der Körper ohne zusätzliche Haltearbeit der Hände im Gleichgewicht (= stabiles Gleichgewicht). Dies gelingt jedoch in der Regel nur im geneigten Gelände oder wenn die Felsstruktur (z. B. in einer überhängenden Verschneidung) ein Ausspreizen erlaubt.

Ist der Fels senkrecht oder überhängend, versucht man den Schwerpunkt so nah wie möglich an die Standfläche zu bringen. Körperhaltungen wie *Froschstellung, Bogen-*

Wasserrillen (IV) Steinplatte

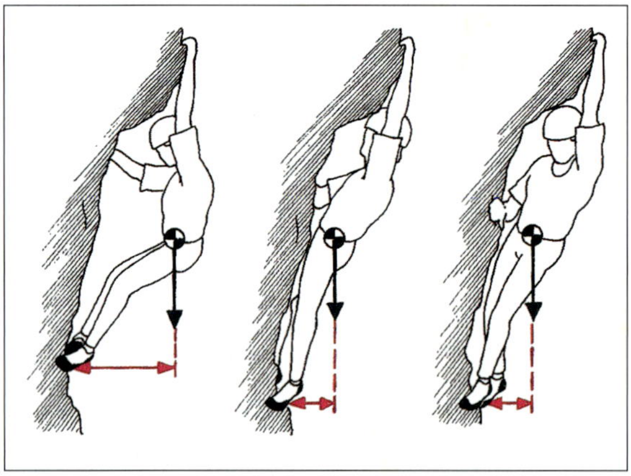

Abb. 60 Ungünstige Schwerpunktlage (links); günstige Schwerpunktlage durch Bogenstellung und Einwärtsdrehen der Hüfte (Mitte und rechts)

stellung oder *eingedrehte Hüfte* erleichtern dies, wobei jedoch zusätzlicher Kraftaufwand durch Arme, Hände oder Körperspannung nötig ist (= labiles Gleichgewicht).

Um das Trittangebot ausnützen zu können, ist es meist günstig, den Körperschwerpunkt während der Bewegungsphase nach hinten (vom Fels weg) zu verlagern.

Zur *kraftsparenden Fortbewegung* verlagert man den Körperschwerpunkt auf das Standbein und setzt das entlastete Bein höher (= unbelastetes Antreten). Danach wird der Körperschwerpunkt wieder über beide Beine verlagert und die Hubarbeit verrichtet.

Ist eine entsprechende Schwerpunktverlagerung nicht möglich, versucht man das Bein durch Ausnützen von Stützpositionen zu entlasten und höher zu setzen.

Gelingt beides nicht, ist das Hochsetzen des Beines nur durch erhöhte Haltearbeit der Arme und Hände zu erreichen.

Eine besondere Situation im senkrechten und überhängenden Gelände stellt die *Gefahr des Auspendelns* dar, die sog. »offene Tür«. Um weitergreifen zu können, muss ein Haltepunkt aufgegeben werden, obwohl dieser zum Halten der Gleichgewichtsposition nötig wäre: Es kommt zum Sturz.

Solchen Situationen kann man mit Überkreuzstellen oder seitlichem Einhaken des unbelasteten Beines begegnen. Eventuell hilft auch schon ein simpler Trittwechsel.

Abb. 61 Links: Unbelastetes Antreten durch Schwerpunktverlagerung über das Standbein. Rechts: Kraftsparendes Höhertreten durch Ausnützen von Stützpositionen

Spezielle Klettertechniken

Eine Kletterroute setzt sich aufgrund der Felsstrukturen aus verschiedensten Kletterstellen zusammen, die die Anwendung speziell darauf abgestimmter Klettertechniken voraussetzen.

Es kommt selten vor, dass eine Klettertechnik über eine längere Strecke angewendet werden kann, wie etwa bei langen Platten-Reibungsklettereien, Riss-Klemmtechnik oder Piaztechnik im

Abb. 62 Der Effekt der »offenen Tür« (oben links) und die Vermeidung durch Trittwechsel, Überkreuzstellen der Beine oder seitliches Einhaken (unten rechts)

Granitfels. Häufig ist es notwendig, die Klettertechnik alle paar Meter zu ändern und der gegebenen Felsstruktur anzupassen.

STEIGTECHNIK

Steigtechnik

Die Steigtechnik ist die am leichtesten zu erlernende Klettertechnik; sie ähnelt dem Höhersteigen auf einer Leiter. Der Anwendungsbereich ist Wandkletterei an definierten Griffen und Tritten. Dabei gelten die Prinzipien der Grundtechniken:

- Die Hubarbeit wird primär von den Beinen verrichtet.
- Kraftsparendes Klettern durch unbelastetes Antreten, Stützpositionen und Froschstellung.
- Der Körperschwerpunkt befindet sich im geneigten bis annähernd

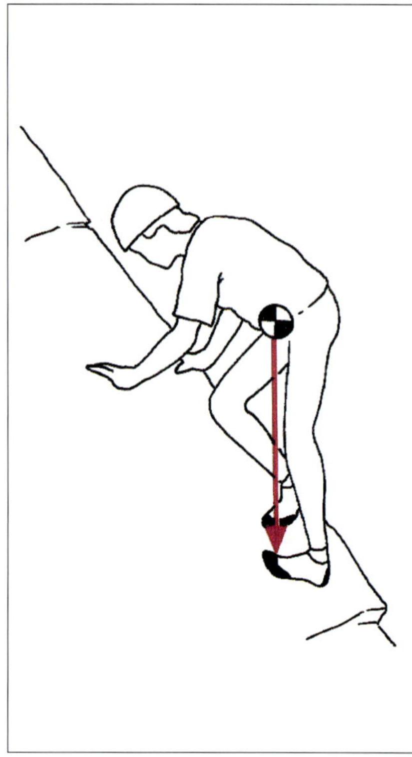

Abb. 63 Reibungstechnik. Der Körperschwerpunkt befindet sich über der Stand- bzw. Trittfläche.

senkrechten Gelände über der Standfläche, bei größerer Steilheit wird er der Standfläche möglichst angenähert.

- Zur Kraftersparnis in überhängendem Gelände wird möglichst viel am gestreckten Arm geklettert.

REIBUNGSTECHNIK

An geneigten Platten ohne ausgeprägte Griffe und Tritte (Plattenkletterei) kommt die Reibungstechnik zur Anwendung. Das Vertrauen und Wissen um die Reibungswerte der Schuhsohlen erleichtert die Ausführung dieser Technik.

Auch hier gilt es, den Körperschwerpunkt über der Standfläche zu halten, um hohe Reibung zu erreichen. Wird zuviel Gewicht auf die Hände verlagert, verringert sich der Anpressdruck der Schuhsohlen und somit die Reibung, die Sohlen beginnen zu rutschen.

Die Reibung verbessert man zusätzlich, indem möglichst viel Sohle durch Niederdrücken der Fersen auf den Fels gebracht wird.

Um ungünstige Schwerpunktverlagerungen zu vermeiden, werden nur kleine Schritte gemacht. Aus demselben Grund wird eine Spreizstellung der Beine vermieden. Ausnahme: wenn Reibungsdellen (= seichte, konkave Trittmöglichkeiten) besseres Stehen erlauben, diese aber nur durch Spreizen ausgenützt werden können.

SPREIZTECHNIK

Die speziellen Anwendungsbereiche der Spreiztechnik sind das Klettern in Verschneidungen und in sehr breiten Kaminen. Da mit Spreizen jedoch in vielen Fällen eine günstige Verlagerung des Körperschwerpunkts möglich ist, benützt man diese Technik auch in steilen Wandstellen und Überhängen.

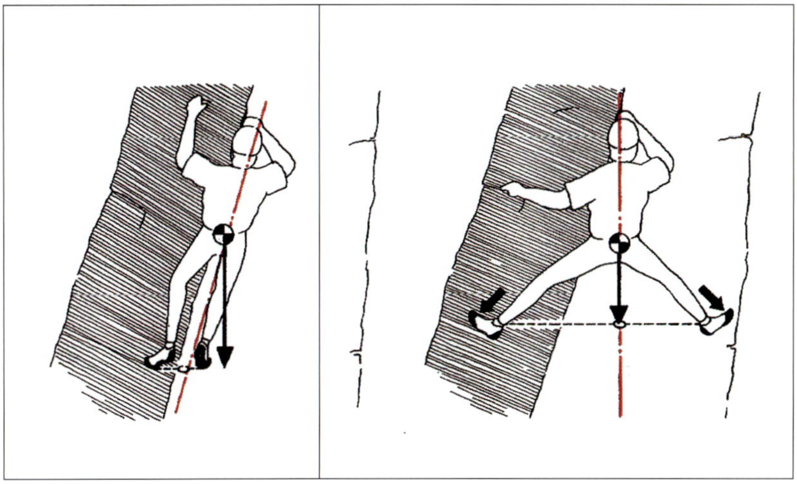

Abb. 64 Günstige Verlagerung der Stand-/Trittfläche unter den Körperschwerpunkt durch Spreizen

Durch Spreizen erreicht man eine größere Standfläche, einen tieferliegenden Schwerpunkt und damit eine günstige Annäherung des Körperschwerpunkts an die Standfläche. Durch den schräg nach außen wirkenden Druck sind auch seitliche Reibungstritte benützbar.

Unbelastetes Antreten wird durch die Anwendung von Zug- und Stützgriffen ermöglicht.

STEMMTECHNIK

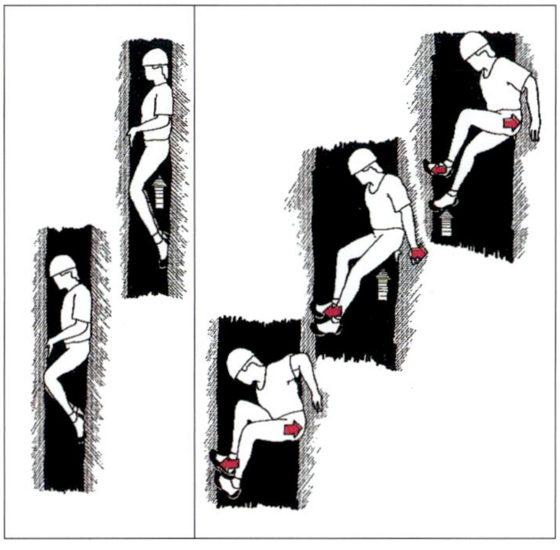

Abb. 65 Stemmtechnik im engen und weiten Kamin

Die Stemmtechnik benützt man in Rissen und Kaminen, die zum Spreizen zu eng und zum Klettern zu weit sind.

Durch Stemmen der Beine an der einen Kaminseite und des Rückens an der anderen wird ein Gegendruck ausgeübt. Diese Position stellt auch die Ruhephase dar. Zur Fortbewegung stemmen die Arme und Füße gegeneinander, so dass der Körper höhergeschoben werden kann. In sehr engen Kaminen oder Rissen kann die Fortbewegung in ein unangenehmes »Rampfen« ausarten.

GEGENDRUCKTECHNIK

Die Gegendrucktechnik wird überall dort angewendet, wo zwar gute Griffe, aber keine ausgeprägten Tritte vorhanden sind.

Gegendrucktechnik an vertikalen Schuppen oder Rissen wird als *Piaztechnik* (»piazen«) und an horizontalen Leisten und Schuppen als *Hangeltechnik* (»hangeln«) bezeichnet.

Bei dieser Technik wird durch Zug mit den Armen Gegendruck auf die Beine erzeugt. Der Körperschwerpunkt befindet sich dabei immer außerhalb der Standfläche. Je steiler die Kletterstelle, um so weiter muss der Körperschwerpunkt nach hinten verlagert werden, um den nötigen Anpressdruck zu erreichen. Dies geschieht durch das Zusammenrücken von Händen und Füßen.

Bei Platten- und Wandkletterei wird die Gegendrucktechnik verwendet, um einzelne Reibungstritte optimal ausnützen zu können. Alle Arten von Zuggriffen, auch Unter- und Seitgriffe, können hierbei verwendet werden.

Da die Gegendrucktechnik äußerst kraftraubend ist, sollte sie nur wenn unbedingt nötig angewendet werden. Vertrauen auf die Sohlenreibung und das Ausnützen von vorhandenen Tritten hilft die Schwerpunktverlagerung so gering wie möglich zu halten und somit Kraft zu sparen.

KLEMMTECHNIK

Beim Klemmen werden Hände, Füße oder auch ganze Körperpartien in Rissen verklemmt; sie bilden dabei die Haltepunkte. Je nach Rissbreite unterscheidet man:

- Fingerriss
- Handriss
- Faustriss
- Schulterriss
- Körperriss

Bild unten links: *Gegendrucktechnik an Piazschuppe*

Bild unten rechts: *Gegendrucktechnik an Untergriffen*

Bild links: *Gegendrucktechnik an Hangelleiste*

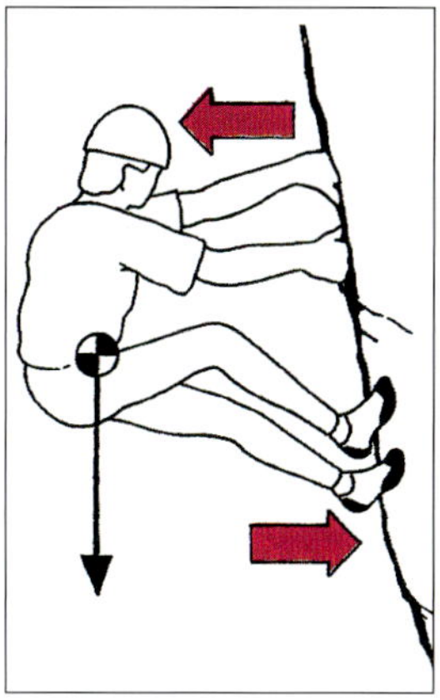

Abb. 66 Gegendrucktechnik

In **Fingerrissen** wird die Hand mit dem Daumen nach unten bis etwa zum Mittelgelenk der Finger eingeführt und durch Drehen des Unterarmes verklemmt. In Rissverengungen kann man die Fingergelenke klemmkeilartig verklemmen, in diesem Fall weist der Daumen nach oben.

Durch das Ausnützen von Trittmöglichkeiten beiderseits des Risses versucht man die Finger möglichst gut zu entlasten.

Beim **Handriss** wird die ganze Hand mit abgespreiztem Daumen im Riss platziert. Die Klemmwirkung erreicht man, indem der Daumen vor die Handfläche geführt und angespannt wird.

Diese Rissstärke erlaubt auch das Verklemmen der Schuhspitzen. Durch seitliches Auswinkeln des Beines wird die Schuhspitze in den Riss geführt und durch Einwärtsdrehen des Knies verklemmt.

Wird der Riss noch breiter, kann man die Faust verklemmen, man spricht vom **Faustriss**. Hierzu wird die Hand in waagrechter Stellung in den Riss geführt und kräftig zur Faust geballt.

Bei der Platzierung der Füße im Riss ist darauf zu achten, dass beim Treten in Rissverengungen eine sehr hohe Klemmwirkung besteht. Das Lösen des Fußes kann mitunter Schwierigkeiten bereiten.

Zum Klettern von **Schulterrissen** wird eine Körperhälfte im Riss platziert. Dabei sollte man sich vorher darüber klar sein, welche Seite die günstigere ist, da ein Seitenwechsel im Riss oft kaum mehr möglich ist. Die Klemmwirkung erreicht man durch Gegendruck von Schulter, Ellenbogen und Hand. Die Außenhand wird an der Risskante unterstützend eingesetzt. Die Beine werden ebenfalls im Riss verklemmt, je nach Rissbreite über Schuhspitze und Ferse oder mit Gegendruck durch Knie und Schuhsohle.

WICHTIG

- Gute Fußtechnik ist die Grundlage für sauberes Klettern
- Tritte nicht zu hoch wählen
- Körperschwerpunktverlagerung übers jeweilige Standbein
- Abklettern üben verbessert die Klettertechnik

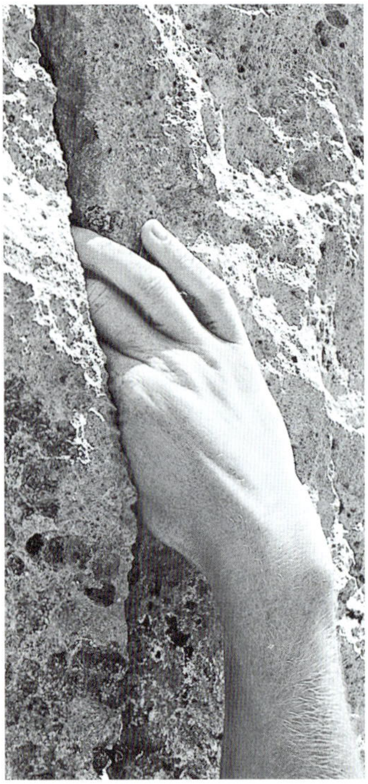

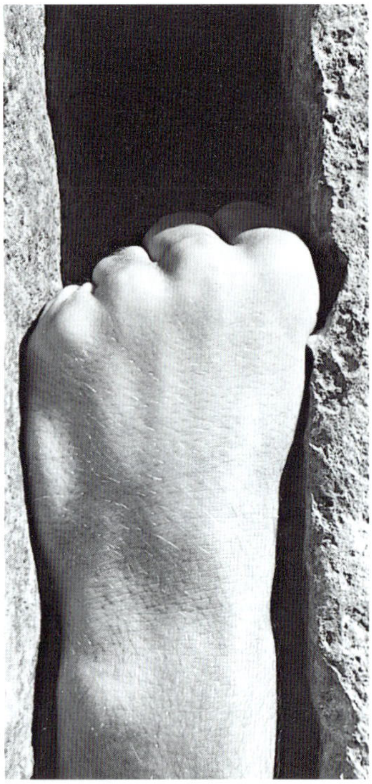

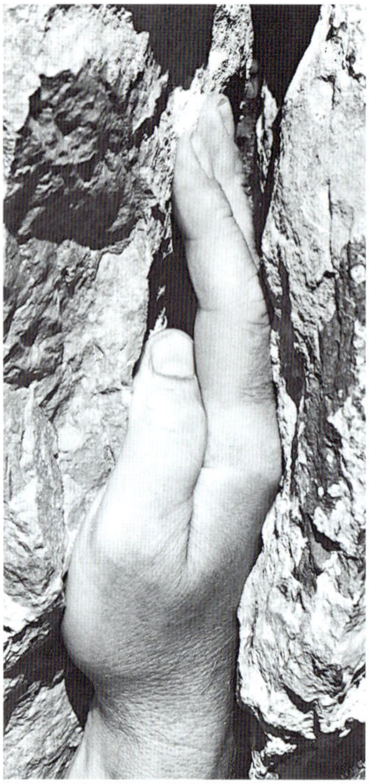

Bild oben links:
Klemmen im Fingerriss

Bild oben Mitte:
Klemmen im Faustriss

Bild oben rechts:
Klemmen im Handriss

Schulterris (VI+)
Schlüsselkar-SO

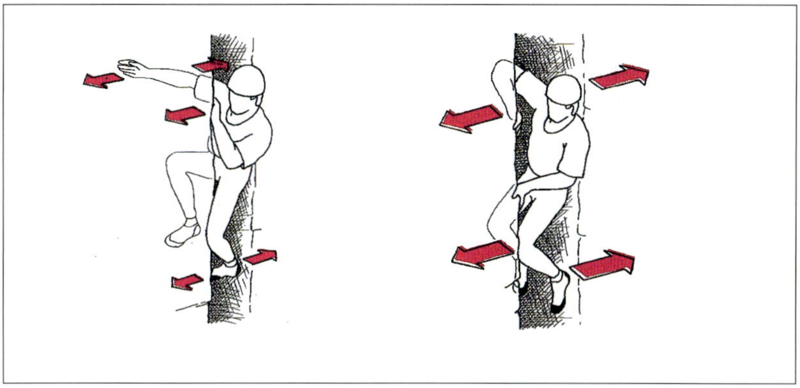

Abb. 67 Klemmtechnik in verschieden breiten Schulterrissen

Zur Fortbewegung klemmen abwechselnd die Schulterpartie und die Beine.

Zur Bewältigung von **Körperrissen** wird die Stemmtechnik (s. o.) angewendet.

Abklettern

Zum Abklettern können grundsätzlich alle Klettertechniken angewandt werden. Die Arme haben dabei in der Regel keine aktive Zugarbeit zu verrichten, sondern wirken stützend oder nachgebend.

Je nach Schwierigkeit des Geländes bieten sich verschiedene Möglichkeiten an:

In leichterem Gelände wird mit dem Rücken zur Wand abgeklettert, also mit dem Gesicht talwärts. Man hat so den größtmöglichen Überblick ins Gelände. Zum Trittfassen werden die Fersen bzw. die Sohlenfläche eingesetzt, die Handballen wirken stützend. Man bezeichnet diese Technik auch als *Krebsgang,* da die Extremitäten (Arme und Beine) den Fels berühren, das Hinterteil jedoch in der Luft bleibt. Absitzen wirkt sich ungünstig aus, weil dadurch der Druck auf die Sohlen verloren geht!

Seitliches Abklettern ist in Querungen oder schräg abwärts ebenfalls mit dem Gesicht talwärts von Vorteil. Es hängt hier vom persönlichen Können des Einzelnen ab, bis zu welcher Schwierigkeit in dieser Technik abgestiegen werden kann. Ein diesbezügliches Training ist anzuraten.

In *schwierigem Gelände* klettert man mit dem Gesicht zur Wand ab. Dabei werden die Griffe möglichst tief gefasst. Danach steigt man bis zur Streckung der Arme tiefer. Zur Bewegungsvorplanung an unübersichtlichen Stellen lehnt man sich am gestreckten Arm weit nach außen, um das Gelände darunter einsehen zu können.

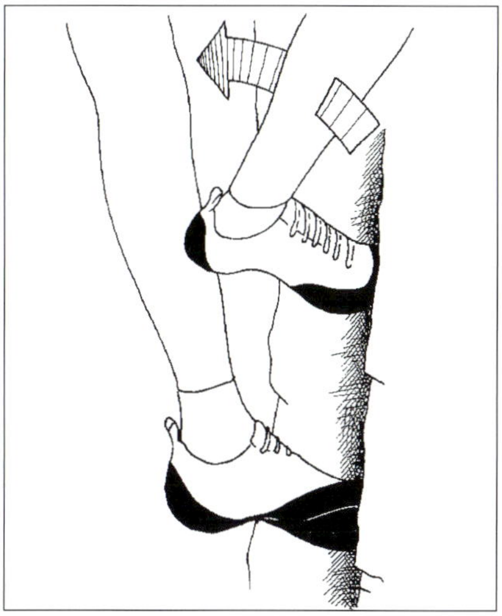

Abb. 68 Verklemmen der Fußspitzen beim Rissklettern

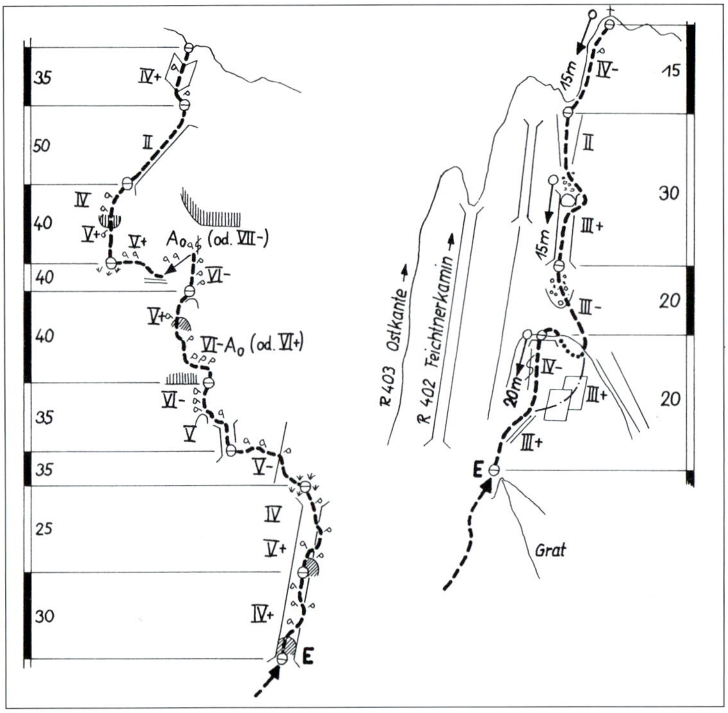

Abb. 69 Routenskizzen (Topos)

11.5 Taktik

Unter Taktik versteht man die Vorbereitung (Tourenplanung) einer Tour und das planmäßige Verhalten während der Unternehmung.

Tourenplanung beim Klettern

Wie bei jeder bergsteigerischen Unternehmung ist auch beim Klettern eine sorgfältige Tourenplanung notwendig. Die Grundregeln zur Tourenplanung sind bereits im Kapitel »Allgemeine Tourenplanung« erläutert. Aufgrund der Ernsthaftigkeit alpiner Felskletterei sind jedoch einige Dinge besonders zu beachten:

Die *Schwierigkeit der Klettertour* wählt man nach seinen persönlichen Kletterfähigkeiten, der Kondition und der psychischen Belastbarkeit. Können und Verfassung des Kletterpartners sind ebenso zu beachten. Die Schwierigkeit der Route ist immer deutlich unter der eigenen Leistungsgrenze anzusiedeln.

Kenntnisse über die Wetterentwicklung und die herrschenden Verhältnisse (z. B. Nässe im Ausstiegskamin) sind ebenfalls in die Routenauswahl mit einzubeziehen. Darüber hinaus ist auch der Zeitfaktor wichtig. Die in der Führerliteratur angegebenen Zeiten gelten für gut aufeinander eingespielte Zweierseilschaften bei guten Verhältnissen. Dreier- oder gar Viererseilschaften müssen mit einem erheblich höheren Zeitaufwand rechnen. Für unvorhergesehene Zwischenfälle müssen Zeitreserven immer mit eingeplant werden!

Ein weiterer Faktor ist die Ausrüstung. Je nach Schwierigkeit, fixer Ausstattung der Kletterroute und nach Zu- und Abstiegsverhältnissen (z. B. vereister Abstieg) ist eine entsprechend umfangreiche Ausrüstung mitzuführen. Ein Zuviel davon kann hinderlich sein (Kraftaufwand, Schnelligkeit), zu wenig oder falsche Ausrüstung stellt ein Sicherheitsrisiko dar.

WICHTIG

- Exakte Zeitplanung mit Reserve
- Kraftsparendes Zustiegstempo
- Bei alpinen Touren unter der persönlichen Leistungsgrenze bleiben
- Aufwärmen macht den Körper leistungsbereit und verringert das Verletzungsrisiko
- Topo rechtzeitig mit der Natur vergleichen

INFORMATIONSMÖGLICHKEITEN ZUR TOURENPLANUNG

Dem Kletterer steht spezielle Führerliteratur in Form von AV-Führern, Topo-Führern und Auswahlführern zur Verfügung.

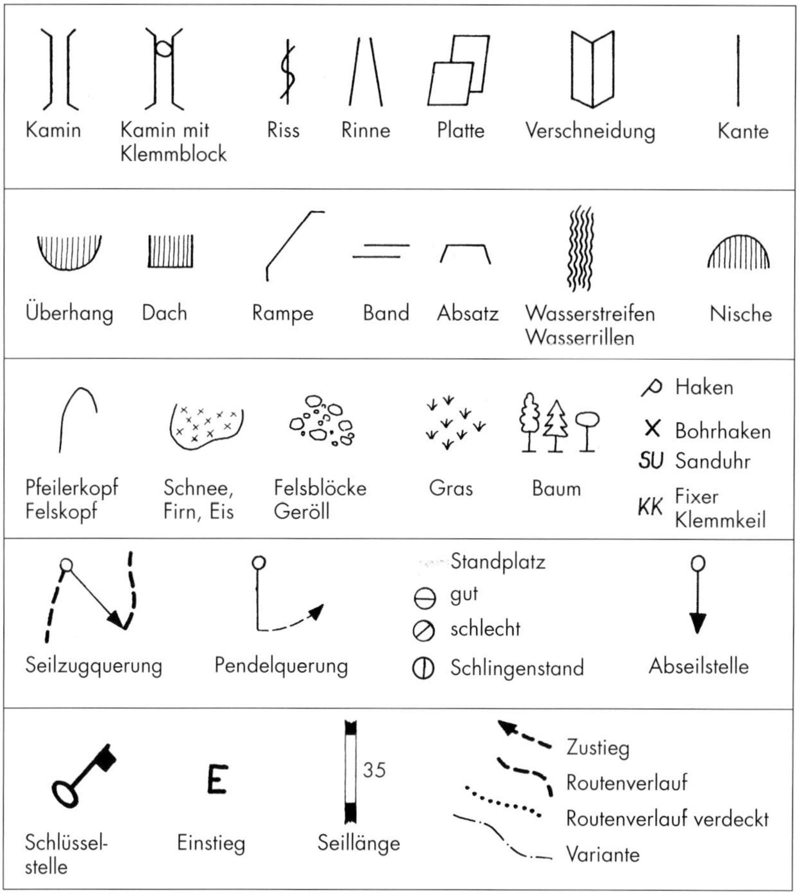

Abb. 70 Zeichenerklärung zu den Routenskizzen (Topos)

Sie enthalten in Form von Anstiegsbeschreibungen, Wandfotos und Routenskizzen (= Topos) alle zur Durchführung der Tour notwendigen Informationen über Schwierigkeit, Absicherung, Zu- und Abstieg, Zeitaufwand und Besonderheiten.

SCHWIERIGKEITSBEWERTUNG IM FELS NACH UIAA

Die Schwierigkeitsgrade beim Klettern sind von der UIAA wie folgt definiert:

I Geringe Schwierigkeiten

Einfachste Form der Felskletterei, jedoch kein leichtes Gehgelände! Die Hände sind zur Unterstützung des Gleichgewichts erforderlich, Anfänger müssen am Seil gesichert werden. Schwindelfreiheit ist erforderlich.

II Mäßige Schwierigkeiten

Hier beginnt die Kletterei, welche die Drei-Haltepunkte-Regel erforderlich macht.

III Mittlere Schwierigkeiten
Zwischensicherungen an exponierten Stellen empfehlenswert. Senkrechte Stellen oder gutgriffige Überhänge verlangen bereits Kraftaufwand.

IV Große Schwierigkeiten
Hier beginnt die Kletterei schärferer Richtung. Erhebliche Klettererfahrung notwendig. Längere Kletterstellen dieser Schwierigkeit bedürfen bereits mehrerer Zwischensicherungen.

V Sehr große Schwierigkeiten
Zunehmende Anzahl der Zwischensicherungen ist die Regel. Erhöhte Anforderungen an körperliche Voraussetzungen, Klettertechnik und Erfahrung. Lange hochalpine Routen im Schwierigkeitsgrad V zählen bereits zu den ganz großen Unternehmungen in den Alpen und außeralpinen Regionen.

VI Überaus große Schwierigkeiten
Die Kletterei erfordert überdurchschnittliches Können und hervorragenden Trainingsstand. Große Ausgesetztheit, oft verbunden mit kleinen Standplätzen. Passagen dieser Schwierigkeit können in der Regel nur bei guten Bedingungen bezwungen werden. Häufig kombiniert mit künstlicher (A-) Kletterei.

VII Außergewöhnliche Schwierigkeiten
Ein durch gesteigertes Training und verbesserte Ausrüstung erreichter Schwierigkeitsgrad. Auch die besten Kletterer benötigen ein an die Gesteinsart angepasstes Training, um Passagen dieser Schwierigkeit zu meistern. Neben akrobatischem Klettervermögen ist das Beherrschen ausgefeilter Sicherungstechnik unerlässlich.

VIII, IX, X, XI
Eine verbale Definition erscheint hier nicht mehr notwendig. Es handelt sich um eine weitere kontinuierliche Steigerung der zu bewältigenden Schwierigkeiten, die an Kletterkönnen, Körperbeherrschung und Krafteinsatz immer höhere Anforderungen stellen.

Ab dem III. Schwierigkeitsgrad gelten die Zwischenstufen »–« (minus) und »+« (plus) für die untere und die obere Grenze eines Schwierigkeitsgrades.

Die Schwierigkeitsgrade bezeichnen die anzutreffenden Anforderungen bei guten Verhältnissen (trockener Fels, normale Temperaturen).

Neben der UIAA-Bewertung haben sich national unterschiedliche Bewertungsskalen entwickelt.

BEGEHUNGSSTILE

Beim Freiklettern unterscheidet man zwischen verschiedenen Begehungsstilen, die den sportlichen Wert einer Routenbegehung charakterisieren:

- *On Sight* = sturzfreie Vorstiegsbegehung einer unbekannten Route im ersten Versuch.

Klettern im Urner Granit

- *Flash* = sturzfreie Vorstiegsbegehung einer unbekannten Route; jedoch nach Inspizieren derselben durch Abseilen oder Beobachten eines anderen Kletterers.
- *Rotpunkt* = sturzfreie Vorstiegsbegehung einer zum Beispiel durch mehrmaliges Probieren bereits bekannten Route. Die Zwischensicherungen müssen während des Kletterns angebracht werden, das heißt, nach einem Sturz müssen die Zwischensicherungen entfernt werden, das Seil abgezogen und wieder von unten begonnen werden.
- *Pink Point* = sturzfreie Vorstiegsbegehung einer Route, in der sich vorbereitete Zwischensicherungen befinden.

Darüber hinaus gibt es noch die sportlich eher unbedeutenden Begehungsstile wie:

- *Rotkreis* = das Seil wird nach einem Sturz in der letzten Zwischensicherung belassen, jedoch am Anfang der Seillänge neu begonnen.
- *Hangdogging* = nach einem Sturz wird von der letzten Zwischensicherung weitergeklettert.
- *a. f.* = Durchsteigen der Route mit ein- oder mehrmaligem Ruhen an den Fixpunkten.
- *Rotkreuz* = freie Begehung im Nachstieg.

Von den genannten Begehungsstilen ist im klassischen Freiklettern aus Sicherheitsgründen (schlechtes Hakenmaterial, sturzfeindliches Gelände, Zeitfaktor) nur die »On-Sight«-Begehung von Bedeutung. Da hier auch häufig in Wechselführung gegangen wird, ist auch die Nachstiegsbegehung (Rotkreuz) zu akzeptieren.

Im alpinen Klettergelände kann das Weiterklettern nach einem Sturz von der letzten Zwischensicherung und auch das Ruhen an den Fixpunkten ein zwar nicht sportlicher, aus Sicherheitsgründen jedoch akzeptabler Stil sein. Letztendlich ist es jedem freigestellt, welchen Begehungsstil er wählt.

Eine Sonderstellung unter den Begehungsstilen nimmt das *»Free-Solo«-Klettern* ein. Damit bezeichnet man die seilfreie Durchsteigung einer Kletterroute. Die Konsequenzen im Falle eines Sturzes sind in der Regel entsprechend endgültig! Ein seilfreier Alleingang ist daher nur physisch und psychisch besttrainierten Kletterern vorbehalten, wobei immer noch das Risiko der objektiven Gefahren bleibt.

Taktisches Verhalten beim Klettern

Das taktische Verhalten beim Klettern beginnt bereits mit dem Zustieg.

Das *Gehtempo* ist so zu wählen, dass nicht bereits am Einstieg die Kräfte verbraucht sind. Skistöcke zum Gehen weiten den Aufwärmeffekt des Anmarsches auch auf die Arm- und Oberkörpermuskulatur aus.

Sobald der Wandbereich, in dem sich die geplante Route befindet, gut einsehbar ist, orientiert man sich über den Routenverlauf. Hierzu vergleicht man Routenskizze, Anstiegsbeschreibung und Wandfoto mit dem Original. Ein leichtes Fernglas kann dabei gute Dienste leisten. Ist der Zustiegsbereich steinschlaggefährdet, trägt man schon hier den Steinschlaghelm.

Am Einstieg ist zur Vorbereitung auf das Klettern ein geeigneter *Anseilplatz* zu wählen. Er sollte steinschlagsicher und nicht absturzgefährdet sein. Das Klettermaterial (Expressschlingen, Keile usw.) bringt man übersichtlich geordnet am Anseilgurt an, und die Routenbeschreibung, am besten in Form einer Kopie, steckt man in die Hosentasche. Nicht benötigtes Material wird im Rucksack verstaut. Ebenso verfährt man, wenn der eigentliche Einstieg nur über einen Schrofenvorbau zu erreichen und dort kein Anseilplatz vorhanden ist.

Vor Beginn der Kletterei einigt man sich, im Hinblick auf die Schwierigkeiten der einzelnen Seillängen, wer den Vorstieg übernimmt oder ob in Wechselführung gegangen wird. Beim Klettern selbst wird dann ein reversibler Kletterstil praktiziert.

Kletterrouten bis zum 6. Grad bieten aufgrund ihrer Felsstruktur immer mehr oder weniger gut ausgeprägte Rastpunkte. Diese werden als Basis zur weiteren Orientierung, zur Bewegungsvorplanung vor schweren Stellen, zum Anbringen von Zwischensicherungen und eventuell auch zur Erholung der beanspruchten Muskulatur benützt.

Nicht zuletzt ist es auch notwendig, bei eventuell auftretenden Komplikationen (z. B. Abkommen von der Route, Unfall) mit entsprechenden Lösungen reagieren zu können.

Anpassung an die Felsarten

Die verschiedenen Gebirge sind oft aus völlig unterschiedlichen *Gesteinsarten* aufgebaut. Sie entstanden teils aus Tiefengesteinen (erstarrtes Magma, sog. Urgestein: Granite, Gneise, vulkanische Gesteine u. a.) oder aus Sedimenten, das sind Meeresablagerungen (Kalkgestein u. a.) oder terrestrische Ablagerungen (Sandstein, Nagelfluh u. a.), die meist in Schichten abgelagert sind. Die Gesteine wurden unter dem Druck der darüber liegenden Schichten gefaltet und zu Gebirgen gehoben.

Die unterschiedlichen Gesteinsarten verlangen meistens auch angepasste Klettertechniken. So kann man im quarzhaltigen, rauen Granit hervorragend auf Reibung klettern, Kalkgestein (insbesondere Dolomit) wird sich im wesentlichen besonders grifffreundlich präsentieren. Die fantastische Wasserrillen-Kletterei in Kalkplatten wird man im Urgestein vergeblich suchen, während man dort zyklopisch anmutende Rissreihen, Blockverschneidungen oder lange Piazschuppen vorfinden kann.

Auch auf das Anbringen von Fixpunkten hat die Gesteinsart Auswirkungen: So sind Friends im Granitfels öfter und leichter zu setzen als im Kalk, während beispielsweise Sanduhren die Ausnahme sein werden. So sollte man im Kalk aufgrund der gekrümmten Risse Weichstahlhaken verwenden, in den geradwandigen Granitrissen halten Hartstahlhaken besser.

Die Unterschiedlichkeit der Gesteine, die Festigkeit des Felsens, bei Sedimentgesteinen auch die Ablagerung in Schichten, die die Erosion herauspräpariert hat, sind oft dafür verantwortlich, ob ein Gebiet besonders kletterfreundlich ist oder nicht, ob überwiegend fester oder brüchiger Fels vorherrscht und welche Klettertechniken dominant sind.

Über die am Aufbau der Gebirgsgruppen maßgeblich beteiligten Gesteine und ihre Eigenschaften informieren zum Beispiel die Alpenvereinsführer in ihren Einführungskapiteln.

11.6 Technisches Klettern

Mit Aufkommen der Rotpunktbewegung ist das technische Klettern stark in den Hintergrund getreten. Was heute zählt, ist die freie Begehung einer Route, Fixpunkte werden dabei nur zur Sicherung benützt. Dennoch hat die technische Kletterei ihren Platz im klassischen Freiklettern:

- Viele klassische Kletterrouten weisen kurze technische Kletterstellen auf, die frei geklettert weit schwieriger als der Rest der Route wären. Um solche Routen begehen zu können, werden manchmal kurze technische Passagen in Kauf genommen.
- Es kann vorkommen, dass man wider Erwarten den Schwierigkeiten einer Kletterstelle nicht gewachsen ist, ein Rückzug aber zu umständlich wäre. Auch hier wird man sich technisch weiterhelfen. Ein Schlechtwettereinbruch mit Regen, Schnee oder Vereisung kann die Kletterschwierigkeiten so erhöhen, dass sie frei nicht mehr zu bewältigen sind.
- Eine Besonderheit stellt das Erklettern von so genannten Techno-Routen an den Bigwalls dar. Hier ist Technisches Klettern noch Selbstzweck. Dabei werden jedoch äußerst hohe Ansprüche an Können, Kraft und vor allem an die Psyche gestellt.

Unter technischem Klettern versteht man die Benützung von Haken, Klemmkeilen und sonstigen künstlichen Hilfsmitteln zur Fortbewegung.

Das technische Klettern ist in den letzten Jahren in den Hintergrung getreten.

Ausrüstung

Neben der allgemeinen Kletterausrüstung gibt es noch die spezielle Ausrüstung zum technischen Klettern. Im Bereich des klassischen Freikletterns beschränkt sich diese in erster Linie auf ein Hilfsseil zur Bewältigung von Seilquergängen und auf die *Trittleiter* mit *Fifihaken*. Außerdem kann ein Fifihaken, mit kurzer Schlinge am Hüftgurt befestigt, zur Selbstentlastung im Haken dienen. Moderne Trittleitern sind aus Bandmaterial gefertigt, wodurch das aufdringliche Geklimper der herkömmlichen Trittleitern aus Reepschnur mit Metallsprossen vermieden wird. Mittels Fifihaken und Fangschnur hängt sich die Trittleiter beim Weiterklettern selbständig aus. In den meisten Fällen genügt eine Trittleiter je Kletterer, bei schwierigeren technischen Passagen werden zwei Leitern je Kletterer benötigt.

Für Bigwall-Klettereien sind besondere technische Hilfsmittel nötig, sie werden hier nicht näher aufgeführt.

Schwierigkeitsbewertung

Technisches Klettern wird in Bewertungsstufen von A0 bis A5 eingeteilt; »A« steht für »artifiziell« (= technisch).

Mit A0 werden alle Methoden mit Seilzugbenützung sowie die Verwendung von Fixpunkten als Griffe und Tritte bewertet.

Kommen Trittleitern zum Einsatz, wird mit den Graden A1 bis A5 bewertet, wobei höhere Grade abnehmende Hakenqualität, größere Abstände und schwierigeres Anbringen der Fixpunkte bedeuten. Die psychischen Anforderungen steigen analog dazu, ebenso die Gefährlichkeit der Kletterei.

Die Techniken

AUSRUHEN AM FIXPUNKT

Zur Erholung der beanspruchten Muskulatur kann man sich am Fixpunkt entlasten, indem man Sitzgurt und Fixpunkt mittels Expressschlinge verbindet. Diese Art der Bewältigung einer Kletterstelle wird auch als »a.-f.-Begehung« bezeichnet.

FIXPUNKT ALS GRIFF ODER TRITT

Dies ist die am häufigsten vorkommende Art der technischen Kletterei zur Überwindung von meist nur kurzen griff- oder trittarmen Stellen. Als Griff benützt man in der Regel den Karabiner der bereits als Zwischensicherung eingehängten Expressschlinge.

Wird ein Haken als Tritt benützt, ist zu beachten, dass die Reibung der Schuhsohlen auf Metall wesentlich geringer ist als am Fels. Es besteht also Abrutschgefahr. Fixpunkte, speziell alte Normalhaken, die zur Fortbewegung benützt werden, sollte man generell kritisch betrachten.

SELBSTZUG

Eine andere, kraftsparendere Methode zum Hochziehen am Fixpunkt ist der Selbstzug. Das Funktionsprinzip ist mit einem einfachen Flaschenzug vergleichbar. Dazu bieten sich zwei Methoden an: Selbstzug mit dem Sicherungsseil und Selbstzug mit Seilschwanz.

Beim *Selbstzug mit Sicherungsseil* klinkt man eine Expressschlinge in den Fixpunkt und hängt das Seil ein. Die Expressschlinge wird dazu in der Regel bereits als Griff benützt. Am umgelenkten Seilstrang gibt man sich dann Selbstzug. Diese Methode ist angebracht, wenn man eine Kletterstelle wider Erwarten mit Selbstzug bewältigen muss.

Geht man von vornherein davon aus, Kletterstellen technisch überwinden zu müssen, bietet sich der kraftsparendere *Selbstzug mit Seilschwanz* an, insbesondere für den Seilzweiten. Dazu bindet man sich so ein, dass am Anseilknoten ein ca. 1,5 m langes Seilstück übersteht.

Diesen Seilschwanz klinkt man dann in die Expressschlinge und gibt sich Selbstzug, danach hängt man das Sicherungsseil ein.

Damit der Seilzweite die Zwischensicherungen aushängen kann, wird der Seilschwanz durch die Hakenöse gefädelt. Den Seilschwanz kann man auch provisorisch mit einer Reepschnur oder Prusikschnur herstellen.

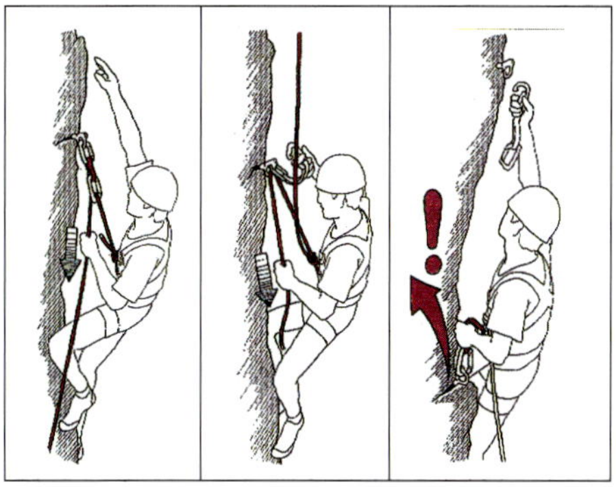

Abb. 71 Der Selbstzug

Die Gefahr eines Hakenausbruchs ist hier besonders groß.

Achtung!

Versucht man mittels Selbstzug oder Verwendung des Fixpunktes als Griff weit entfernte Haken oder Griffe zu erreichen, so kann dies zu äußerst ungünstigen Belastungen des Fixpunktes führen (Abb. 71 rechts).

Abb. 72 Überwindung von kurzen Quergangspassagen mit Selbstzug
Links: Vorsteiger
Rechts: Nachsteiger mit Seilschwanz

SEILQUERGÄNGE

Eine weitere Möglichkeit, Kletterstellen mittels Seilzug zu überwinden, ist der Seilquergang. Je nach Länge des Quergangs und der Geländebeschaffenheit bieten sich verschiedene Methoden an:

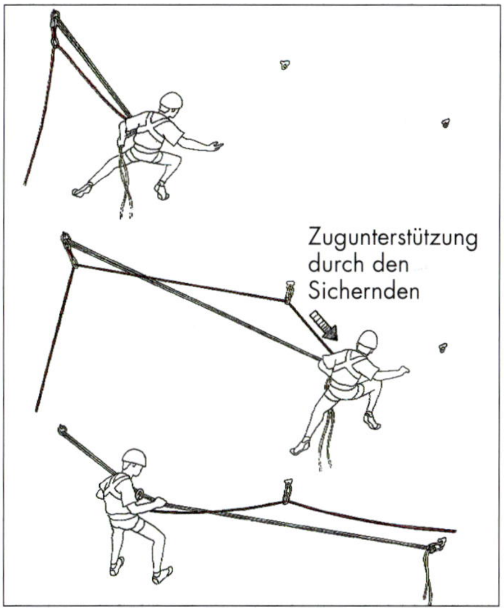

Abb. 73 Seilquergang (Dülfer-Quergang)

1. Selbstzug

Kurze Quergangstellen überwindet man mit Selbstzug. Der Nachsteiger benützt dazu den Seilschwanz.

2. Seilquergang

Die wohl bekannteste Methode dürfte der Dülfer-Quergang sein. Dazu benötigt man ein Quergangsseil von mindestens der doppelten Quergangslänge. Klettert man mit Doppelseil, kann einer der beiden Stränge als Quergangsseil verwendet werden.

Am Beginn des Quergangs wird das Quergangsseil, wie beim Abseilen, im Fixpunkt angebracht und mittels Abseilachter schräg abwärts abgeseilt. Durch Einhängen des Sicherungsseils in die Zwischensicherungen besteht die Möglichkeit zur Zugunterstützung durch den Seilzweiten.

Am Ende des Quergangs wird das Quergangsseil fixiert (Abziehprobe!), der Seilzweite klinkt sich mit Karabiner in das Quergangsseil und hangelt sich daran hinüber.

Seilquergang in der Fleischbank-Südostwand

Speziell in sehr steilem Gelände kann das schräge Abseilen Probleme bereiten. In diesem Fall kann man versuchen, das Quergangsende mittels Pendeln zu erreichen (*Pendelquergang*).

Trittschlingen – Trittleiter

Abb. 74 Klettern mit Trittschlingen

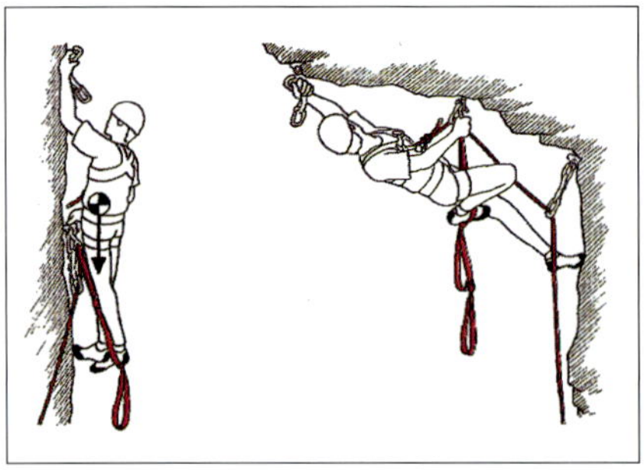

Steiler, trittloser Fels erfordert die Verwendung von Trittschlingen oder -leitern. Die einfachste Form ist eine im Fixpunkt befestigte Bandschlinge, in die man hineinsteigt und sich so einen künstlichen Tritt schafft. Für den Seilzweiten kann es nach Überwinden dieser Stelle schwierig sein, die Schlinge auszuhängen. Bei Trittleitern mit Fifihaken stellt sich dieses Problem nicht.

Das Klettern mit Trittschlingen oder -leitern verlangt einige Übung. Um im senkrechten Fels dem Kippmoment nach hinten zu begegnen, überkreuzt man die Beine. Dadurch wandert die Trittfläche nach hinten, und der Körperschwerpunkt kann günstig über die Trittfläche verlagert werden.

In Überhängen kann man Kraft sparen, indem man in der Leiter absitzt.

11.7 Rückzugsmethoden und behelfsmäßige Bergrettung

Der Rückzug

Plötzliche Wetterverschlechterung, ungünstige Routenverhältnisse, schlechte Verfassung eines Seilpartners o. ä. können einen Rückzug aus der Kletterroute notwendig machen. Im günstigsten Fall ist dies durch einfaches Abseilen möglich. Bei kompliziertem Routenverlauf (Überhänge, Quergänge u. ä.) kann jedoch die Anwendung der *Rückzugsmethode* notwendig sein, um den nächsten Standplatz/Abseilstelle zu erreichen. Die Rückzugsmethode hat dabei den Vorteil, dass der Felskontakt erhalten bleibt und die Seilpartner jederzeit gesichert sind.

Generell ist beim Rückzug und bei der behelfsmäßigen Bergrettung auf verlässliche Fixpunkte an den Standplätzen/Abseilstellen zu achten. Um diese gegebenenfalls zu verbessern, ist es in der Regel nötig, Ausrüstung (Haken, Klemmkeile, Schlingen) zu opfern.

Ablauf nach der Rückzugsmethode:

Ein Kletterpartner wird mit HMS abgelassen, wobei er das Seil in alle taktisch wichtigen Zwischensicherungen einhängt. Wird es schwierig, den Felskontakt zu erhalten, behilft er

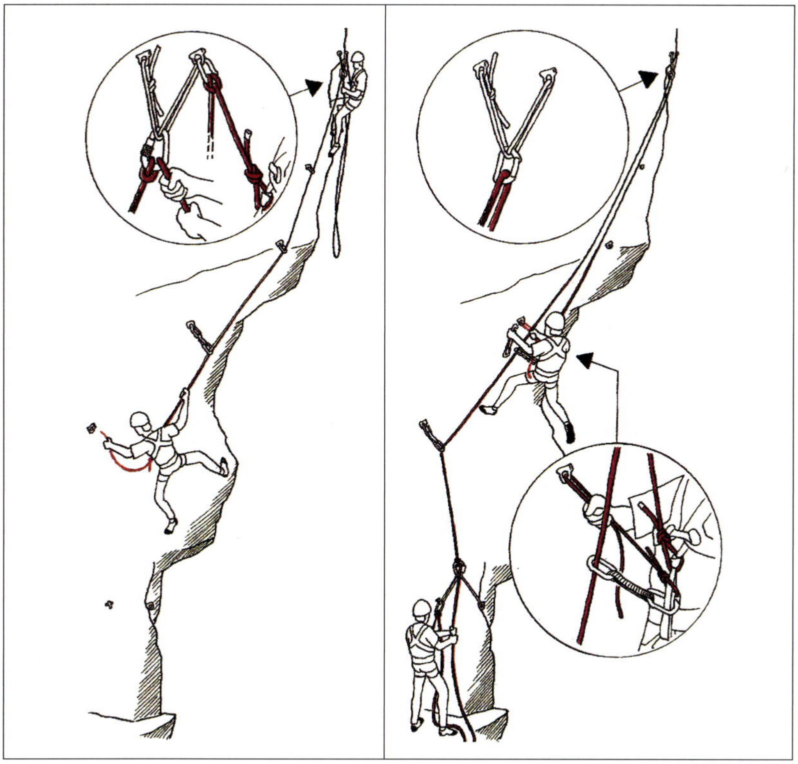

Abb. 75 Rückzugsmethode

sich mit einer Zusatzreepschnur, die als Seilschwanz (= Zughilfe) dient. Der nächste Standplatz muss spätestens nach der Hälfte der Seillänge eingerichtet werden. Jetzt wird der andere Kletterpartner abgelassen. Hierbei ist wichtig, dass das Seil in der Umlenkung durch einen Karabiner läuft und keinesfalls durch eine Schlinge (Durchschmelzgefahr!). Während des Ablassens ist der Kletterer mit dem in den Zwischensicherungen befindlichen Seil durch eine Expressschlinge verbunden. Ein Seilschwanz ist ihm beim Aushängen der Zwischensicherungen behilflich.

Behelfsmäßige Bergrettung im Gehgelände

Um einen Leichtverletzten im Gehgelände abtransportieren zu können, bieten sich verschiedene Möglichkeiten an:

DER SEILSITZ

Er wird mittels eines geteilten Bergseils gebildet. Der Oberkörper kann mit einer Reepschnur oder langen Bandschlinge fixiert werden.

Ein zusätzlich angebrachtes Halte- bzw. Zugseil (aus Reepschnüren oder den Seilenden) bringt wertvolle Hilfe, wenn mehrere Helfer dabei sind. Man kann dann auch steiles und ruppiges Gelände auf- und absteigend bewältigen und den Träger entscheidend entlasten.

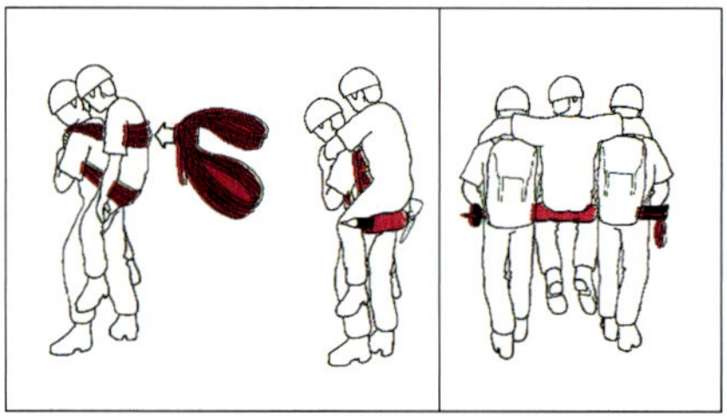

Abb. 76 Seilsitz und Stocktrage

DIE STOCKTRAGE

Diese Methode ist anzuwenden, wenn kein Seil, jedoch ein langer Eispickel oder Skistöcke zur Verfügung stehen. Man achte darauf, die Sitzflächen gut mit Kleidungsstücken zu polstern, um ein zu starkes Einschneiden und die damit verbundene Abschnürung der Blutzirkulation zu vermeiden. Auf breitem Weg und mit zusätzlichem Helfer lässt sich der Verletzte damit auch zu zweit tragen.

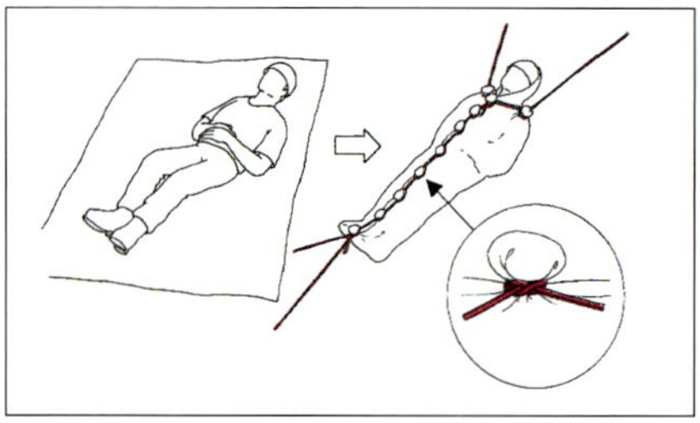

Abb. 77 Biwaksack-Schlitten

DER BIWAKSACK-SCHLITTEN

Dies ist das ideale Abtransportmittel auf Schnee- und Firnfeldern. Auf flachen Gletschern kann man allein den Verletzten leicht ziehen, wird es steiler, muss unbedingt ein Bremser hinzu.

Auf dem ausgebreiteten Biwaksack schafft man eine möglichst dicke Unterlage aus Bekleidung, Isomatten usw. Der Verletzte wird nun diagonal auf den Biwaksack gelegt, dessen Seiten ähnlich einer Faltlasche nach innen geschlagen werden. Nun werden feste Gegenstände oder auch Schneebälle wie Knöpfe mittels Mastwurf und Prusikschnüren an den Rändern eingebunden und fest miteinander verschnürt. Das Zugseil kann an den Beinen gut befestigt werden.

Behelfsmäßige Bergrettung im Klettergelände

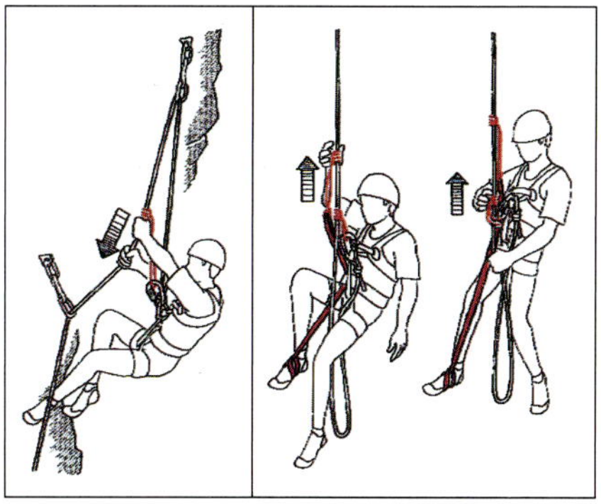

Abb. 78 Selbstseilrolle und Prusikverfahren

Kein Kletterer kann einen Sturz mit Verletzungsfolge ausschließen. Um in solchen Situationen reagieren zu können, ist es notwendig, einige wichtige Rettungsmöglichkeiten zu beherrschen. Besonders bei leichten Verletzungen oder Erschöpfungszuständen kann mit Kenntnis dieser Möglichkeiten eine Tour, ob in Fels oder Eis, nach oben oder unten beendet werden. Man unterscheidet hierbei Methoden zur *Selbstrettung* und zur *Kameradenrettung*.

Es ist klar, dass mit dem hier vorgestellten Bergeverfahren nur Leichtverletzte über eine längere Strecke geborgen werden können. Ein Schwerverletzter ist zu versorgen, bestens zu lagern und unter größtmöglicher Schonung durch eine planmäßige Rettungsmannschaft oder per Helikopter zu bergen.

Natürlich muss ein Schwerverletzter durch eine Sofortbergung aus einem unmittelbar lebensbedrohenden Gefahrenbereich geborgen und an den nächstmöglichen, einigermaßen sicheren Platz gebracht werden.

SELBSTRETTUNG

Selbstrettungsmethoden dienen dem Wiederaufstieg am Seil, um nach einem Sturz die Kletterei fortzusetzen. Dazu bieten sich zwei Methoden an, die *Selbstseilrolle* und die *Prusiktechnik*.

1. Selbstseilrolle

Die Selbstseilrolle wird angewendet, wenn Felskontakt möglich ist. Das Zugseil wird mit dem Anseilpunkt durch eine Prusikschlinge verbunden, sie dient als Rücklaufsperre (Selbstsicherung).

Die Selbstseilrolle wirkt noch kraftsparender und effektiver, wenn man Zusatzgeräte wie eine Steigklemme zur Verfügung hat.

2. Prusiktechnik

Im überhängenden Gelände (z. B. aus einer Gletscherspalte oder an einer Abseilstelle) ist die Selbstrettung durch Aufsteigen am Seil mit Hilfe von Prusikschlingen möglich. Dazu benötigt man eine lange und eine kurze Prusikschlinge. Die kurze Schlinge wird am Anseilpunkt bzw. Sitzgurt befestigt, in die lange Schlinge steigt man mit dem Bein. Man achte darauf, dass die lange Schlinge körpernah hinter den Anseilgurten geführt wird. Durch abwechselndes Be- und Entlasten der Prusikschlingen kann die jeweils entlastete Schlinge höher geschoben werden.

Beim Felsklettern schneiden die dünnen Prusikschnüre in die weichen Kletterschuhe sehr stark ein. Eine eingeknüpfte Bandschlinge hat eine breitere Auflagefläche und schafft hier Abhilfe. Ein Ankerstich um den Schuh verhindert, dass sich die Schlinge beim Höhersteigen vom Fuß löst.

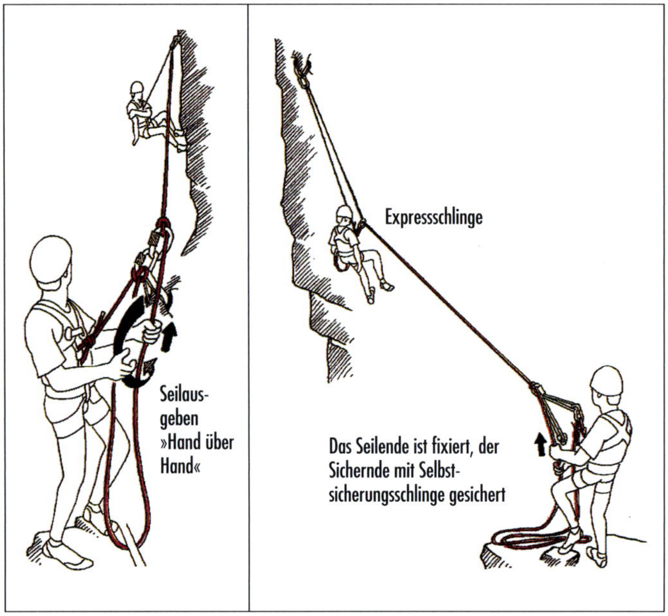

Abb. 79 Ablassen eines verletzten Vorsteigers zum Standplatz (links) und Ablassen eines Verletzten bei Standplatz außerhalb der Falllinie (rechts)

KAMERADENRETTUNG

Ist ein Kletterer erschöpft oder verletzt, muss er sich auf die Hilfe seines Seilkameraden verlassen können. Situationsbedingt stehen verschiedene Möglichkeiten zur Rettung nach unten oder nach oben zur Verfügung.

1. Ablassen nach unten

Die Technik hierbei ist dieselbe wie beim Abseilen in unbekanntes Gelände: Der verletzte Seilpartner wird langsam und kontrolliert abgelassen. Das Eingeben des Seils in die HMS-Bremse geschieht *Hand über Hand*. Ist der Seilpartner an der nächsten Abseilstelle angelangt, so muss er seine vorbereitete Selbstsicherungsschlinge einhängen. Danach seilt sich der Retter ab (auf die Seillänge achten!).

Ist der Verletzte nicht in der Lage, einen Standplatz einzurichten, muss sich der Retter zuerst abseilen und den Stand einrichten. Der Verletzte wird dann von unten abgelassen (Seil in der Umlenkung unbedingt durch Karabiner oder Metallöse laufen lassen). Befindet sich der Standplatz außerhalb der Falllinie, muss der Anseilpunkt des Verletzten durch einen Karabiner mit dem Seil, das zum Retter führt, verbunden werden.

Seilverlängerung

Muss man den leicht verletzten oder erschöpften Partner über eine längere Strecke ablassen und hat man zwei oder mehr Seile zur Verfügung, so kann man diese zusammenbinden und so die Abseilstrecke verlängern.

Dazu stoppt man ca. 2 m vor dem Seilende (dieses muss gesichert sein!) den Ablassvorgang und fixiert das Seil mit Schleifknoten an der HMS-Bremse. Die Seile werden nun mit einem Sackstich verbunden (wobei man die Seilenden etwa 30 cm überstehen lässt). Danach wird der Schleifknoten wieder gelöst. Beim weiteren Ablassen läuft der Sackstich durch die HMS-Bremse, wobei eventuell mit etwas Drücken nachgeholfen werden muss, bzw. man fädelt die überstehenden Seilenden durch und zieht (reißt) den Knoten kräftig durch.

Abb. 80 Seilverlängerung

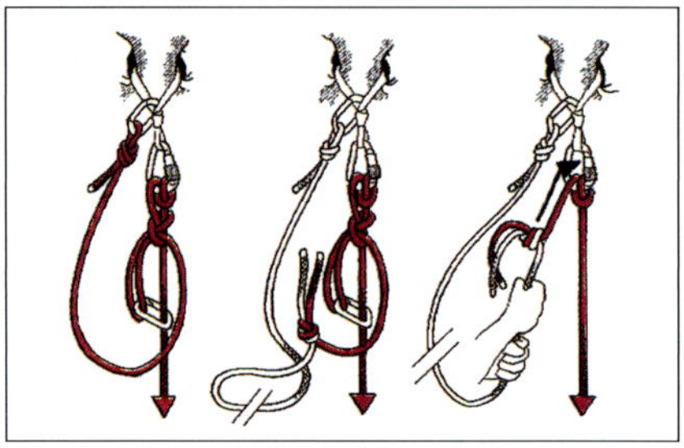

2. Aufziehen nach oben

Ist ein Ablassen nach unten aufgrund komplizierter Routenführung nicht möglich oder ist der Weg zum Gipfel kürzer und weist günstigeres Gelände auf, empfiehlt sich das Aufziehen nach oben.

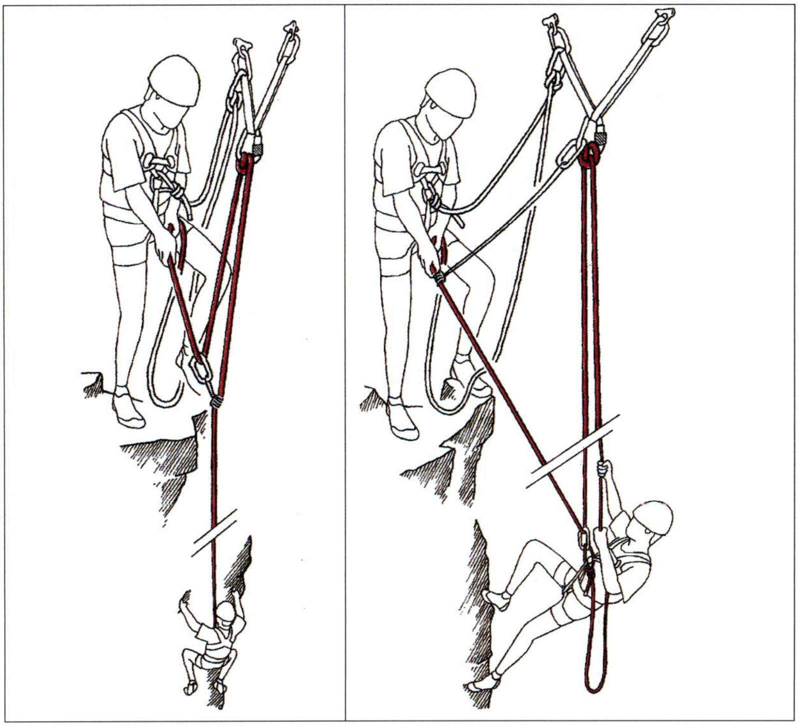

Abb. 81 Express-Flaschenzug (links) und »lose Rolle« mit Unterstützung durch den Gestürzten (rechts)

Express-Flaschenzug

Der Express-Flaschenzug ist im engeren Sinn eigentlich nur eine Zughilfe und wird angewendet, wenn der Verletzte aktionsfähig ist und unterstützend mitwirken kann. Falls der Kletterpartner eine Kletterstelle aus eigener Kraft nicht überwinden kann und Unterstützung braucht, wird ebenso der Express-Flaschenzug eingesetzt.

Lose Rolle

Sie dient zum Hochziehen eines gestürzten, erschöpften oder verletzten Kletterers, der noch halbwegs aktionsfähig ist. Mittels der losen Rolle zieht man die Last mit der halben Kraft zusätzlich der Reibungswerte. Zum Aufbau der losen Rolle ist jedoch soviel Seilreserve nötig, dass das doppelt genommene lose Seil zum Partner hinabreicht.

Die lose Rolle kommt auch bei der Spaltenbergung zum Einsatz.

Seil-Rücklaufsperre

Für verschiedene Methoden braucht man eine Seil-Rücklaufsperre, die das bisher eingezogene Seil festklemmt und ungewollten Seilrücklauf verhindert.

Dazu eignen sich mechanische Seilklemmen, der *Prusikknoten* und die *Gardaklemme*.

Die Gardaklemme erhält man folgendermaßen: Man fixiert in einer Expressschlinge oder in einer Bandschlinge mittels Ankerstich zwei gleiche

WICHTIG

Zur behelfsmäßigen Bergrettung benötigt man
- Diverse Prusik- und Bandschlingen
- Zusätzliche Schraubkarabiner
- Die Sicherheit, diese Techniken geübt zu haben

Karabiner, klinkt das Seil durch beide und führt das Zugseil noch einmal durch den Karabiner des Lastseils. Beim Hochziehen läuft so das Seil durch, das Lastseil wird jedoch abgeklemmt und verhindert das Zurückgleiten des belasteten Seils.

Flaschenzug

Ist der Verletzte nicht in der Lage mitzuhelfen oder steht nicht genügend Seil für die lose Rolle zur Verfügung, muss ein Flaschenzug gebaut werden. Von mehreren Flaschenzug-Varianten hat sich der *Schweizer Flaschenzug* als die wirkungsvollste herauskristallisiert.
Der Aufbau gestaltet sich folgendermaßen:

- Absicherung der Halbmastwurf-Sicherung mit Schleifknoten.
- Lastübertragung auf lange Prusikschlinge (mit HMS und Schleifknoten).
- Einbau der Gardaklemme und Lastübertragung auf das Seil.
- Weiterer Aufbau des Flaschenzuges mit Hilfsschlinge. Als Hilfsschlinge eignet u. a. sich die lange Prusikschlinge oder auch eine aufgeknüpfte und an beiden Enden mit einer Sackstichschlaufe versehene lange Bandschlinge. Hat man keine passende Schlinge zur Verfügung, kann man auch den Rest des Kletterseils verwenden.

3. Einmann-Bergemethode (Modell Schuhmann)

Alle oben genannten Bergemethoden setzen eine gewisse Aktionsfähigkeit des Verletzten voraus. Mit der Einmann-Bergemethode kann der aktionsunfähige Verletzte vom Partner abtransportiert werden. Dabei wird gemeinsam abgeseilt.

Die Methode »Schuhmann« hat gegenüber anderen Einmann-Bergemethoden entscheidende Vorteile:

- Der Materialaufwand kann gering gehalten werden, da in der Umlenkung kein Karabiner benötigt wird.
- Es kann mit Doppelseil gearbeitet werden (größere Abseillänge).

Die verschiedenen Rettungsmethoden, insbesondere die Einmann-Bergemethode, stellen hohe Ansprüche an die Eigenverantwortung des Anwenders. Da sie im Notfall immer in Stresssituationen angewandt werden müssen, bergen sie stark die Gefahr von Fehlerquellen mit u. U. nicht mehr gutzumachenden Konsequenzen. Sie sollten daher möglichst unter Anleitung eines Bergführers erlernt werden.

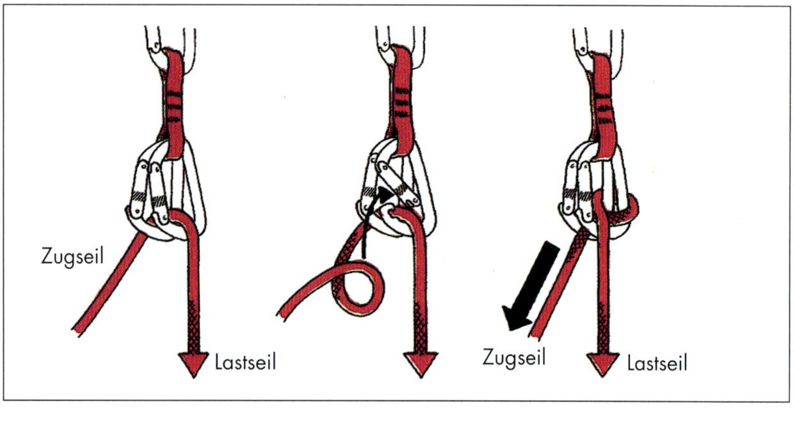

Abb. 82 Legen der Gardaklemme

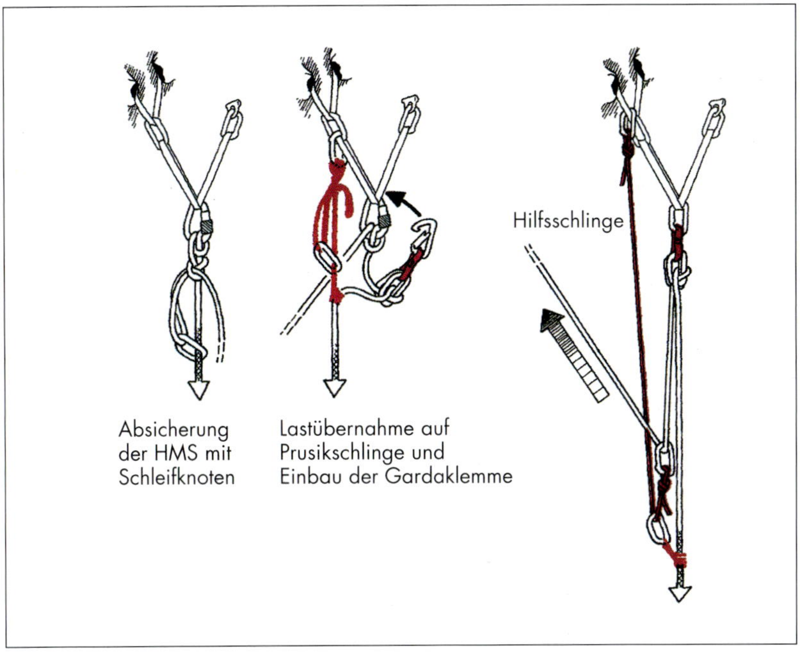

Abb. 83 Schweizer Flaschenzug

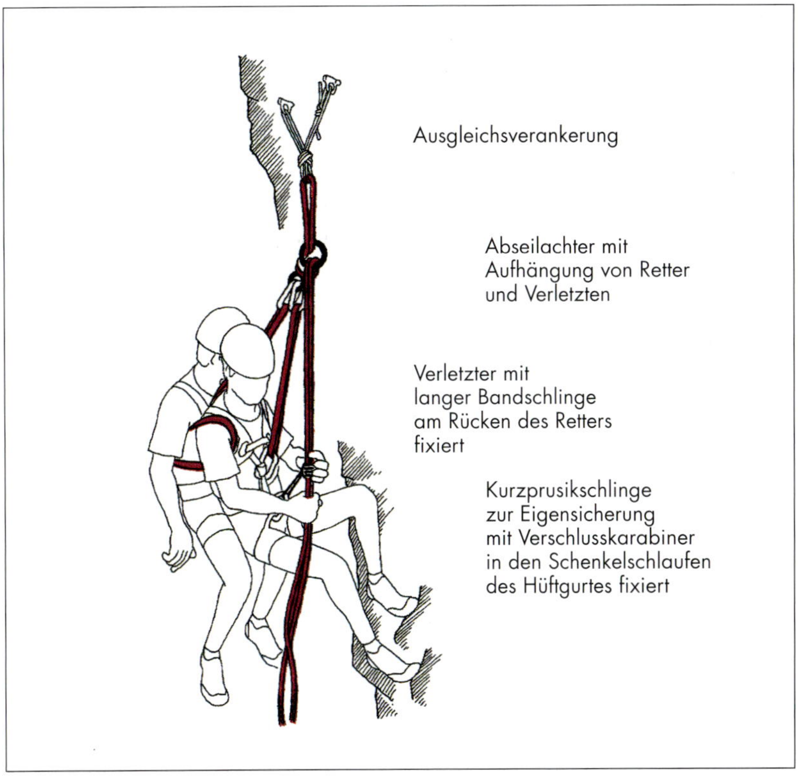

Abb. 84 Einmann-Bergemethode (nach Schuhmann)

12. Eistouren

12.1 Gletscherkunde

»Wenn's dem Esel zu wohl wird, geht er aufs Eis«. – Beim Bergsteiger kann man das so sagen: Wenn sich der Bergsteiger im Fels wohl fühlt, zieht es ihn irgendwann auf eine Gletschertour.
Und da ist es gut, wenn vor einer Eistour schon bergsteigerische Erfahrungen gesammelt wurden, bewegt man sich doch in größerer Höhe und unwirtlicherem Gelände. Gletscher und Schneegelände bergen neue Gefahren. Deshalb ist es wichtig, sich intensiv damit zu befassen.

Links:
Persgletscher (Bernina)

Eis ist eine Materie, die im Gegensatz zu Fels verformbar ist und sich bearbeiten lässt. Man unterscheidet *Gletschereis* und *Wassereis*. Letzteres ist Oberflächeneis, das aus Wasser oder Feuchtigkeit gefroren und sehr spröde ist.

Gletschereis entsteht aus Firn. Durch den stetigen Druck der darüber gelagerten Jahresschichten entsteht nach 1 bis 3 Jahren *Firneis* (grobkörnig, enthält noch viel Luft). Nach weiteren 3 bis 5 Jahren erfolgt die Umbildung zu blauem *Gletschereis* (grünes Gletschereis ist mit Algen angereichert).

6 bis 10 m frischer Lockerschnee ergibt 1 m Firneis, dieses wiederum ergibt lediglich 10 cm reines Gletschereis. Die Umwandlung zum Gletschereis erfolgt in den einzelnen Gebieten unterschiedlich schnell und in verschiedenen Tiefen. Die wechselnden Eisqualitäten sind oft durch Eisumschichtungen erklärbar.

Ein Gletscher fließt aufgrund seiner Masse und der Schwerkraft talwärts. Gletschereis verhält sich auf Zugbeanspruchung spröde und bei Druck plastisch. Der Gletscher fließt in der Mitte schneller als an seinen Rändern. Aufgrund dieser Gegebenheiten (unterschiedliche Fließgeschwindigkeit, Versprödung auf Zug) kommt es zur Spaltenbildung.

Gletscherspalten entstehen nahezu immer an den gleichen Stellen, wenn sich das Eis über im Untergrund befindliche Hindernisse bewegen muss. Gletscherspalten werden im Winter vom Schnee bedeckt, zugeweht, und apern zum Sommer hin langsam aus. So sind die darüber befindlichen *Schneebrücken* mehr oder weniger tragfähig, was eben der Bergsteiger nur selten erkennen kann. Ist der Firn morgens hartgefroren, wird eine Brücke meist sicher zu begehen sein, in der Mittagswärme geht die Kornbindung zwischen den Eiskristallen verloren, die Brücke verliert ihre Tragfähigkeit.

Aus diesem Grund ist bei Eistouren ein zeitiger Aufbruch am Tag geboten, um entsprechend früh wieder zurück zu sein.

Gletscherspalten, die man sieht, sind wenig gefährlich. In offene Spalten fällt man zum Beispiel nur, wenn man sich mit den Steigeisen verhakt.

Offene. Gletscherspalten sind für Bergsteiger nicht die größte Gefahr.

Gefährlich sind alle Spalten, die man nicht sieht, also der schöne, glatte, weiß verschneite Gletscher, der so harmlos aussieht. Niemand weiß, was unter der trügerischen Oberfläche verborgen ist! Darum gilt die eiserne Regel:

Gletscher werden nur angeseilt betreten! Unangeseilte und Alleingänger handeln selbstmörderisch.

Spalten lassen sich durch die Strömungsverhältnisse des Gletschers, angedeutete Vertiefungen und andere Färbung der Oberfläche erkennen oder auch erahnen. Durch Sondieren mit dem Eispickel oder Skistock kann man sich in Einzelfällen Gewissheit verschaffen.

Aufgrund der Geländebedingungen unterscheidet man die folgenden **Spalten-Typen:**

- *Querspalten* brechen über querliegende Hangversteilungen auf (beginnen oft schon weit vor der Gefällzone!);

Rechts: *Bergschrund*

- *Längsspalten* brechen über einem in Fließrichtung liegenden Wulst des Untergrundes auf;
- *Kreuzspalten* brechen sternförmig nach allen Seiten über einem Buckel auf;
- *Rand- und Radialspalten* bilden sich am Gletscherrand und an der Gletscherzunge;
- *Randkluft* ist die ausgeschmolzene Kluft zwischen Eis und Fels;
- *Bergschrund* ist die Spalte zwischen fließendem und stehendem (am Fels festgefrorenem) Eis (unter Eiswänden und Graten).

Spalten, die sich über Bodenerhebungen bilden, laufen in der Tiefe V-förmig (*V-Spalte*) zusammen. Spalten, die oben eng sind und nach unten auseinanderlaufen, bezeichnet man als *A-Spalten*. Auch durch Überwechtung können die Ränder oben enger zusammenstehen.

Spaltensichere Bereiche findet man in Mulden (Staudruckbereiche) und ebenso in langen, gleichmäßig geneigten Bereichen. Nicht spaltensicher sind, entgegen weitverbreiteter Ansicht, vergletscherte Gipfelkuppen, Pässe und Löcher. Hier fließt das Eis in verschiedene Richtungen ab, muss also zwangsläufig auseinanderreißen.

Moränen sind die abgelagerten, vom Gletscher herabtransportierten Schuttmassen. An den Moränen lassen sich gut die Vorstoßzeiten der Gletscher erkennen und die Geschichte von

Bild rechts: *Tschierra-Gletscher (Bernina) mit Seitenmoränen*

Gletschern ablesen. So sind Moränen der letzten, vor 13 000 Jahren zu Ende gegangenen Eiszeit noch im Alpenvorland südlich von München zu erkennen. Auch die oberbayrischen Seen sind Relikte dieser Epoche. Es ist interessant zu wissen, dass damals die durchschnittliche Jahrestemperatur nur ca. 5 bis 6 Grad Celsius niedriger war als heute. Dies genügte zur Bildung der Eismassen, die sich bis in das Alpenvorland geschoben haben. Derzeit ist eine Zunahme der mittleren Jahresdurchschnittstemperatur zu verzeichnen (man spricht von 0,5 bis 0,8 Grad in den letzten Jahren), womit sicher der rasante Gletscherrückgang in dieser Zeit zu erklären ist.

Moränen haben steile Flanken und bestehen aus lose »zusammengebackenem« Sand und Schutt, wodurch sie besonders steinschlaggefährlich sind. Sie werden zweckmäßigerweise meist oben am Moränenkamm began-

WICHTIG

- Schneebedeckte Gletscher grundsätzlich nur angeseilt begehen
- Frühzeitiger Aufbruch, da Schneebrücken mit fortschreitender Tageserwärmung an Tragfähigkeit verlieren
- Moränen sind besonders steinschlaggefährdet
- Evtl. veränderte Wegführungen infolge Gletscherrückgangs bedenken

Abb. 85
Die wichtigsten Formen alpiner Vergletscherung

gen, bei Übergängen bzw. Abstiegen auf den Gletscher sollte man sich an Steigspuren halten oder sich die ungefährlichste Stelle sorgfältig aussuchen.

Bei der Tourenplanung ist unbedingt darauf zu achten, aus welchem Jahr der Gletscherstand auf der Karte gezeichnet ist. Es kann sein, dass eine Gletscherzunge heute 200 m höher zu finden ist als auf der Karte vermerkt, was bei schlechter Sicht zu gravierenden Orientierungsproblemen führen kann. Gletscher sind veränderlich!

WICHTIGE BEGRIFFSERKLÄRUNGEN FÜR GLETSCHERGEHER

Schneegrenze

Oberhalb dieser fällt die Jahresniederschlagsmenge überwiegend als Schnee. Sie bildet beim Gletscher die Nährzone und liegt in den Alpen bei ca. 3500 m.

Firngrenze

Oberhalb der Firnlinie bleibt der Gletscher auch den Sommer über von Firnschnee bedeckt, unterhalb apert das Eis aus, der Gletscher wird »blank«.

Gletschersumpf
Schmelzwasser, das nicht abfließen kann, sammelt sich in flachen Gletschermulden. Kann oberflächlich gefrieren und auch mit Neuschnee bedeckt sein.

Eisbruch
Der Gletscher bricht über eine höhere Geländestufe ab. Dabei entsteht ein Gewirr von Seracs, Spalten und Eisstufen.

Hängegletscher oder *Eisbalkon*
Hängt in einer Steilflanke. Gefahr durch schwer abschätzbare Eislawinenabbrüche.

Toteis
Kargletscher, abschmelzendes Gletschereis ohne Fließbewegung.

Gletschermühle
Das auf dem aperen Gletscher abfließende Oberflächenwasser fließt an Gletscherspalten wasserfallartig zum Felsgrund und bildet dort, unterstützt durch eingeschwemmte Gesteinsbrocken, Aushöhlungen im Fels. Gefährlich, man kann darin ertrinken.

Gletschertisch
Felsplatten auf einem Eissockel, der durch die schützende Felsplatte nicht abgeschmolzen ist. Durch die größere Wärmestrahlung in Sonnenrichtung (Süden) geneigt.

Gletschermilch
Unterflächenwasser des Gletschers, das durch Gesteinsabrieb trüb und milchig gefärbt ist.

Gletschertor
Öffnung an der Gletscherzunge, aus der der Gletscherbach (die Gletschermilch) herausfließt.

Büßerschnee
Besteht aus mehr oder minder hohen Hartschnee- oder Eispyramiden bzw. -nadeln, deren Spitzen der Sonne zugeneigt sind. Die Begehung solcher Büßerschneefelder kann äußerst mühsam sein. Vorkommen hauptsächlich in Gebirgen südlicher Breiten (Anden, Hindukusch).

12.2 Ausrüstung

Eispickel

Der Eispickel sollte nicht zu kurz gewählt werden: Hält man den Pickel in der gestreckten Hand, soll die Pickelspitze gerade noch den Boden berühren. Einen zu kurzen Pickel kann man auf den oft stundenlangen Gletscherbegehungen nicht mehr als Gehhilfe (»Spazierstock«) oder zum Sondieren einsetzen. Beim Anlegen eines Fixpunktes mittels Rammpickel oder T-Anker vermindert ein kurzer Pickelschaft die Sicherheit ganz erheblich.

Allround-Eispickel, Leicht-Eispickel, Wechselsystem-Geräte für extremes Steileis

Mit einer geraden Hauenform kann man gut Stufen schlagen (Führerpickel), eine stark gekrümmte Haue eignet sich besonders gut zum Klettern (Ankertechnik). Der Normalbergsteiger wird mit einer Allroundhaue gut bedient sein, mit der man noch einigermaßen gut Stufen schlagen kann und die sich auch für Eiskletterei bis 50 Grad noch eignet.

Die *Schaufel* muss gerade (also nicht gekrümmt) sein, damit sie beim Schlagen oder Graben nicht hakt.

Pickelhandschlaufen sind ungünstig. Beim Gehen verliert man keinen Pickel, und bei einem Sturz ist es besser, der Pickel fliegt weg. Zum Eisklettern bringt man eine passende Bandschlinge an.

Für extreme Eistouren werden *Eisgeräte* verwendet (ähnlich dem früheren Eisbeil). Mittels Wechselsystemen können unterschiedliche Hauen eingesetzt werden, ein gebogener Schaft schützt die Finger.

Steigeisen

Steigeisen gehören zur Grundausrüstung des Bergsteigers im vergletscherten und winterlichen Gebirge, aber auch beim Begehen sommerlicher, harter Schneefelder. Steigeisen benützt man bereits oft, wenn das Seil noch im Rucksack bleibt.

Man unterscheidet Steigeisen nach:

Anzahl der Zacken

- 12-Zacker: für extremste Anforderungen geeignet.
- 10-Zacker: für Gletscherbegehungen und Skibergsteiger.
- Behelfs-Steigeisen mit 6 bis 8 Zacken: für gelegentliche Schneefelder im Wandergelände und auf Grashängen.
- Grödel: nur für Grasgelände.

Art der Befestigung

- Kipphebelbindung: ahnlich einer Skibindung, perfekter Sitz, schnelles An- und Ausziehen, erfordert steife Schuhsohlen und ausgeprägte Sohlenränder.
- Riemenbindung: für alle Schuhe, auch ohne steifen Sohlenaufbau, geeignet sowie bei Verwendung von Expeditionsgamaschen. Man achte darauf, dass die Neopren-Beriemung

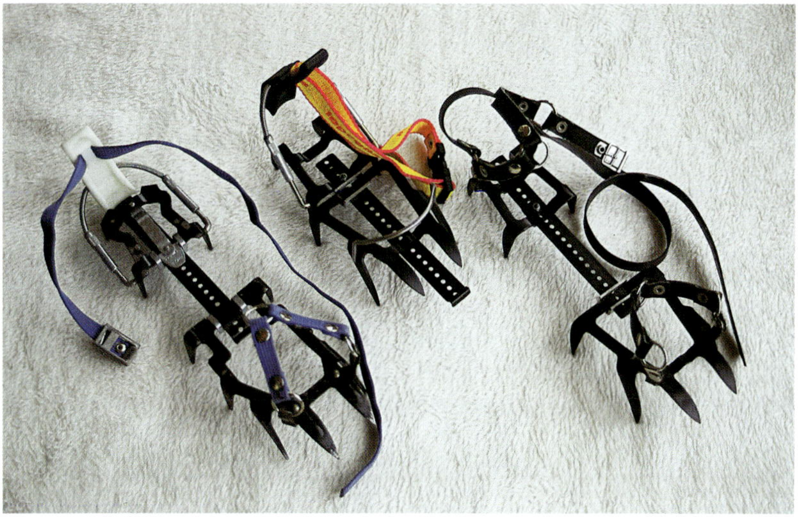

Allround-Steigeisen (12-Zacker) mit Kipphebel-Bindung, Leichtsteigeisen (10-Zacker) mit Kipphebelbindung (klein zusammen geschoben), dasselbe Steigeisen mit spezieller Neoprenberiemung (auch für Leichtbergschuhe geeignet)

im Fersenbereich so konstruiert ist (Kreuzberiemung), dass selbst ein leichter Trekkingschuh nicht herausfallen kann.

Für schwierigste Eisfallklettereien gibt es Spezialsteigeisen mit senkrecht gestellten Frontzackenpaaren oder Monofrontzacken sowie mit Fersendorn zur Anwendung extremer Klettertechniken.

Ein Problem bei Steigeisen ist die gefährliche *Stollenbildung*. Diese tritt insbesondere bei starren Steigeisen und hochkant gestelltem Rahmen auf. Sie wird vermindert, je beweglicher das Steigeisen ist. Sogenannte Antistollplatten aus Gummi helfen wenig, das Abschlagen der Schneestollen mit dem Pickelschaft muss man üben.

Rohreisschrauben, Rohreishaken

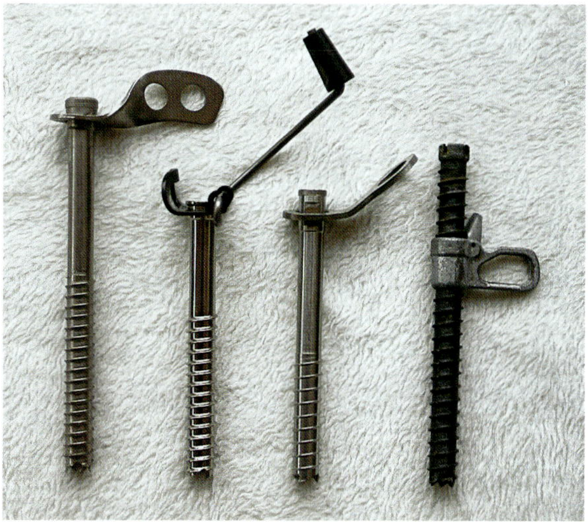

Eissicherungsmittel (Rohreisschrauben) in verschiedenen Längen, mit Kurbel und verstellbarer Karabineröse

Rohreisschrauben sind hohl, müssen ein scharfes Gewinde aufweisen und vor allem eine geschliffene, geschränkte Zahnung, damit sie auch in hartes und sprödes Eis kraftsparend eingedreht werden können.

Schlagschrauben (Rohreishaken) werden eingeschlagen und herausgedreht und finden hauptsächlich beim extremen Eisklettern Verwendung. Zu beachten ist, dass diese Eissicherungsmittel nur im optimalen Setzwinkel ihre volle Festigkeit bringen und auch nur in gut gewachsenem Eis.

Blättriges und sprödes Firneis muss vorher entfernt werden.

Im Schnee oder auch in hartem Firn, wo eine Schraube nicht halten kann, muss als Sicherungspunkt ein *T-Anker* gegraben werden. Firnanker, wie sie früher verwendet wurden, sind umständlich zu setzen und weisen wenig Haltekraft auf. Bei Expeditionen kommen zum Fixseilbau noch sog. Schneehaken (ca. 60-cm-Alu-Kantschienen) zum Einsatz.

12.3 Sicherungstechnik

Anseilen am Gletscher

Wie beim Anseilen im Fels wird die Hüft-Brustgurt-Kombination mit Achterband zusammengebunden. Darin wird ein großer Karabiner mit Verschluss (Schraube oder Twistlock) eingehängt, worin das Bergseil eingeklinkt wird.

Der Abstand voneinander richtet sich nach der Anzahl der Personen und soll in Abhängigkeit zur momentanen Situation (harter Firn, Neuschnee, Aufstieg, Abstieg, flacher oder steiler Gletscher) gewählt werden. Kleine Seilschaften oder kritische Verhältnisse erfordern größere Abstände. Entscheidend ist immer der »Bremsweg«.

Abb. 86 Anseilen am Gletscher und Seilabstände bei normalen Verhältnissen

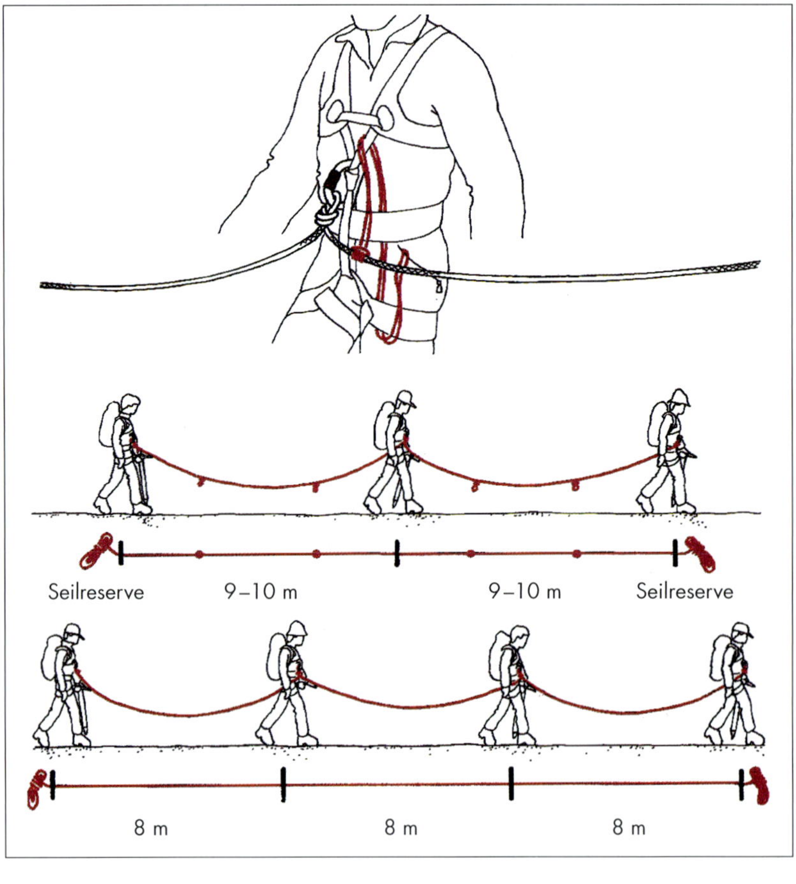

Seilschaft unter der Aiguille du Midi, Mont-Blanc-Gebiet

Eine ins Seil geknüpfte *Prusikschlinge* wird hinter Anseilgurt und Schenkelschlaufen durchgeschoben und in der Hosentasche verstaut. Hängt man nach einem Spaltensturz frei in der Luft, zieht man sie heraus, stellt ein Bein in die Schlinge und kann dadurch den Körper entlasten.

Auf Gletschern ist grundsätzlich am Seil zu gehen.

Ausnahmen gibt es nur dann, wenn das Gletschereis aper oder blank zutage liegt, die Spalten also voll eingesehen werden können. Sobald das Eis mit Firn oder gar Neuschnee bedeckt ist, gilt die Seilpflicht.

Eine Seilschaft am Gletscher sollte mindestens aus drei Bergsteigern bestehen, Obergrenze sind fünf Personen. Ausnahmen gibt es auf sog. »leichten« Gletschern bei entsprechender Länge des Bergseils.

Eine Zweierseilschaft ist ungünstig, da bei einem Spaltensturz für den Zweiten eine große Mitreißgefahr entsteht. Der Seilzweite kann das Mitreißen bei sehr günstigen Voraussetzungen (weicher, sich in die Tiefe verfestigender Firnschnee) stoppen, wenn man etwa 4 m nach dem Seilersten einen übergroßen Bremsknoten ins Seil knüpft, nach weiteren 3 m noch einen. Bei sehr weichem Schnee und »sturzträchtigen Verhältnissen« kann man in den Knoten noch zusätzlich einen Handschuh mit einknüpfen! Man geht davon aus, dass sich das Seil am Spaltenrand einschneidet und

WICHTIG

- Begehen von Gletschern in Zweierseilschaft ist risikoreich
- Am Gletscher keinesfalls Seilschlingen in der Hand tragen
- Am Firngrat Seilschlingen in die Hand nehmen, um im Fall des Falles reagieren zu können
- Bei Wechten entsprechenden Sicherheitsabstand halten

Gehen am Seil

der dicke Knoten im Seileinschnitt hängen bleibt. Mehrere kleine Knoten hintereinander sind ungünstig, da sie wie eine Säge wirken. Bei hartgefrorenem Firn nützen Knoten nichts, die Spaltensturzgefahr ist dann aber geringer.

Aus den oben beschriebenen Gründen darf eine Zweierseilschaft am Gletscher nur ausnahmsweise gebildet werden, zum Beispiel für Kletterer auf dem Weg zum Einstieg einer Route oder im Abstieg. Hier sollte ein besonders langer Bremsweg einkalkuliert werden (Abstand mindestens 12–15 m und mehr).

Ein in die Spalte gestürzter Bergsteiger muss die Techniken der Selbstrettung beherrschen, da es dem Haltenden u.U. nicht möglich ist, eine Verankerung zustande zu bringen.

Gehen am Seil

Auf Gletschern geht man immer am leicht gespannten Seil, so dass es zwischen den Seilpartnern gerade noch die Schneeoberfläche berührt (um unangenehmes Schwingen zu vermeiden). Es dürfen jedoch keine Schlingen aufgenommen oder Seilschlingen am Boden nachgezogen werden. Das Seil zum Hintermann (beim Abstieg zum Vordermann) wird mit einer Halbschlinge in die Hand genommen, um bei einem unvermuteten Sturz rasch reagieren zu können.

Fixpunkte in Firn und Eis

Fixpunkte benötigt man:

- zum Bau des Standplatzes und als Zwischensicherung beim Eisklettern,
- als Seilfixierung bei der Spaltenrettung,
- zum Abseilen im Eis.

Im harten Eis wird der Fixpunkt mittels Rohreisschraube erstellt. Dabei ist zu beachten, dass diese ihre optimalen Haltekräfte nur im gesunden Eis und bei richtigem *Setzwinkel* erreichen. Der Setzwinkel sollte ca. 90 Grad zur Zugrichtung betragen.

Im Firn und in weicher Schneeauflage muss ein *T-Anker* gegraben werden. Die Grabtiefe richtet sich hier nach der Schneebeschaffenheit. Im harten Firn genügen 30 cm, bei weicher Beschaffenheit muss entsprechend tiefer gegraben werden (50-80 cm).

Als Anker eignet sich der Eispickel (nicht zu kurz!), Skistöcke (evtl. mit Anorak umwickeln). Bei ganz weichem Schnee vergräbt man am besten einen gefüllten Rucksack. Entscheidend ist außerdem, dass die Bandschlinge vom Anker nach unten wegläuft, also keine Umlenkung nach oben erfahren darf! Der Schneekeil unterhalb des Ankers darf nicht beeinträchtigt werden, den senkrecht verlaufenden Kabelgraben zieht man so schmal wie möglich. Von oben wird der querliegende Anker am Schluss mit Schnee zugetreten.

Achtung: Über einen senkrecht *eingerammten Eispickel* zu sichern, ist äußerst gefährlich, die Haltekräfte sind minimal.

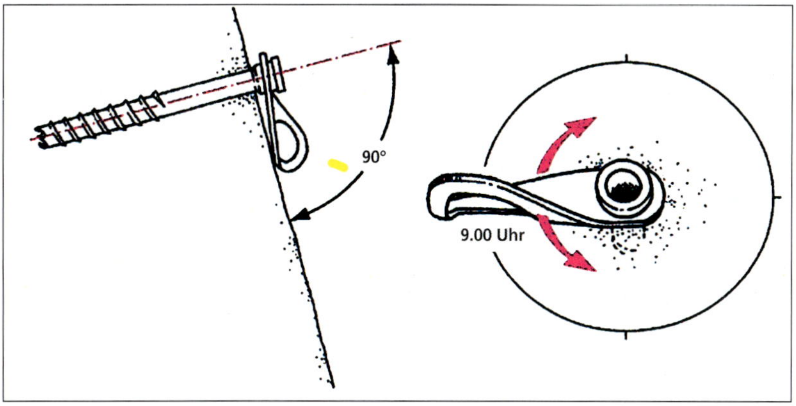

Abb. 87 Setzwinkel von Eisschrauben. Die Karabinerlasche muss auf »9.00 Uhr« gestellt werden

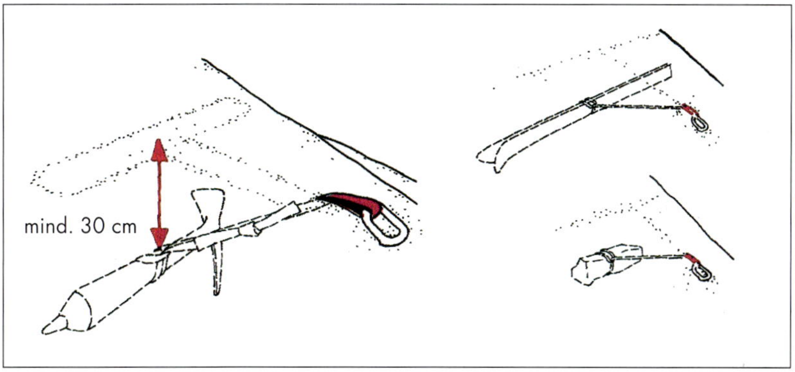

Abb. 88 T-Anker mit Pickel, Ski oder Felsplatte

Der **Rammpickel** als Fixpunkt kann nur im Ausnahmefall angewendet werden und nur bei hartem Firn, wenn man den Pickel mit erheblichem Kraftaufwand einschlagen muss! Der Setzwinkel des Rammpickels ist gleich dem eines Eishakens.

Standplatzbau im Eis

Noch bevor die Seillänge ausgegangen ist (Seilreserve für dynamische Sicherung! Siehe Abschnitt Sicherungstechnik im Kapitel Felsklettern), wird eine kleine Standstufe gefertigt, in die man tritt. Aus dieser setzt man den

- ersten Fixpunkt: Eis säubern, Schraube/Haken setzen, Selbstsicherung einklinken (mittels Seilstrang und Mastwurf oder fixer Selbstsicherungsschlinge). Kommando zum Seilpartner: *»Stand!«*
- Nun wird eine zweite bequeme Standstufe geschlagen, anschließend ein
- *zweiter Fixpunkt* leicht versetzt, ca. 80 cm oberhalb, gesetzt: Mit einer langen Bandschlinge bildet man die *Ausgleichsverankerung* (abgebunden). Darin wird nun der Zentralpunktkarabiner eingeklinkt, in diesen die Selbstsicherung und die Partnersicherung. Kommando zum Seilpartner: *»Nachkommen!«*
- Beim Kommando *»Stand«* kann der Seilzweite bereits mit dem Abbau der Ausgleichsverankerung beginnen, mit dem Kommando *»Nachkommen«* erst wird der letzte Fixpunkt abgebaut.

Gehen am Firngrat

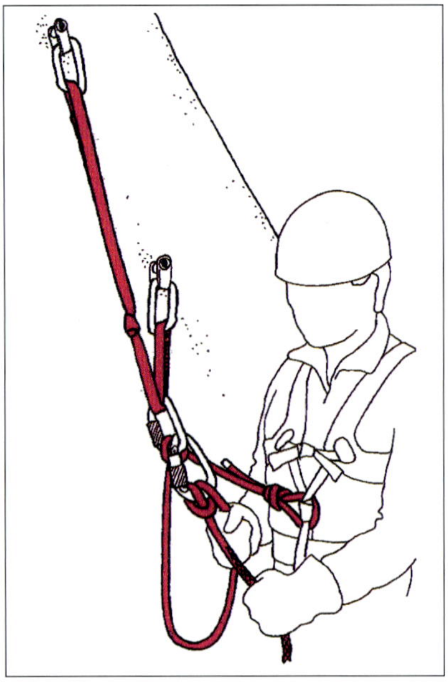

Abb. 89 Standplatz im Eis mit abgebundener Ausgleichsverankerung

Einen Schnee-, Firn- oder Eisgrat begeht man am verkürzten Seil, je nach Steilheit und Beschaffenheit sind die Bergsteiger etwa drei bis acht Meter voneinander entfernt. Es ist zweckmäßig, dass jeder mehrere Seilschlingen in der Hand trägt: Stürzt der Partner, so kommt der Sturzzug nicht sofort auf den anderen. Es verbleibt ihm durch das Freiwerden der Seilschlingen die Zeit, auf die andere Seite des Grates zu springen und dadurch den Absturz der Seilschaft zu verhindern.

Probleme kann es geben, wenn Wechten den Grat säumen. Da die Bruchlinie von Wechten nie senkrecht über dem Gratkamm liegt, sondern in der Verlängerung des festen Untergrunds, muss die Spur in genügendem Sicherheitsabstand in der Flanke geführt werden. Hier ist das Sprin-

Am Firngrat

gen auf die andere Seite meistens nicht mehr möglich und die Sicherung der Seilschaft ein Problem. In einem solchen Fall kann es notwendig werden, vom kurzen Seil wieder auf volle Seillänge zu gehen.

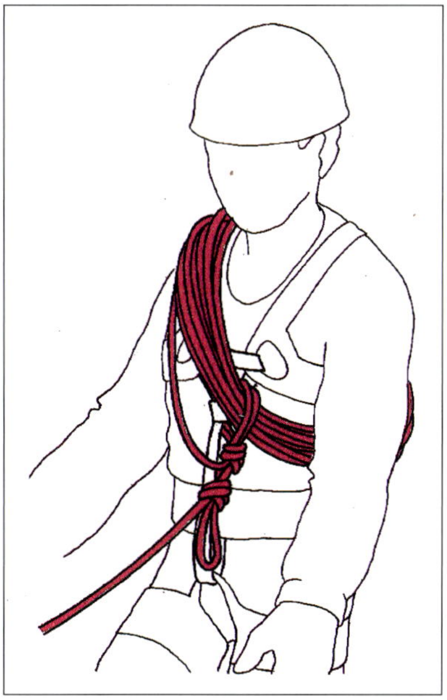

Abb. 90 Abbinden des aufgenommenen Restseils

Gehen am verkürzten Seil

Spaltenfreie, mittelsteile Eis- und Firnflanken, die aufgrund ihrer günstigen Beschaffenheit (griffiger Firn, weiches Eis) und geringeren Steilheit (bis etwa 40 Grad) keine Partnersicherung über einen Standplatz erfordern, *sollten seilfrei begangen werden*.

Stürzt ein Seilpartner, so ist es dem andern so gut wie unmöglich, den Sturz zu halten!

Beim *gemeinsamen Gehen am verkürzten Seil* (wenn also nicht gesichert wird!) besteht eine erhebliche *Mitreißgefahr*.

Eispickel als Steigehilfe

Ist es aus psychischen Gründen erforderlich, einen schwächeren Partner am Seil zu führen, sollte das am ganz kurzen Seil (Abstand zwei Meter oder kürzer) erfolgen. Trotzdem hat man beim Sturz des Partners wenig Chancen, nicht mitgerissen zu werden. Je mehr Bergsteiger sich an einem Seil befinden, um so geringer sind die Chancen.

Dieses *Gehen am kurzen Seil* ist eine Domäne der Berufsbergführer, die sich darüber im Klaren sind, dass dieses ihr Berufsrisiko ist, und die sich durch entsprechendes Training und Augenmerk darauf einrichten.

Geht oder klettert man am kurzen Seil, so muss das Restseil exakt in kurzen Schlingen um den Oberkörper gelegt und ordnungsgemäß abgebunden werden, um bei einem Sturz eine Strangulierung zu vermeiden. Diese Abbinde-Methode ist auch im Fels anzuwenden! (Abb. 90)

Gehen am Fixseil

Die Anlage von Fixseilen empfiehlt sich dort, wo absturzgefährdete Passagen mit Gruppen begangen werden sollen und die individuelle Sicherung des Einzelnen zu zeitaufwendig wäre. Dies ist beispielsweise bei Hochtouren der Fall, wenn auf eine Gletscherbegehung noch ein kurzer Gipfelaufschwung mit leichtem Felsgrat oder steilem Eishang folgt.

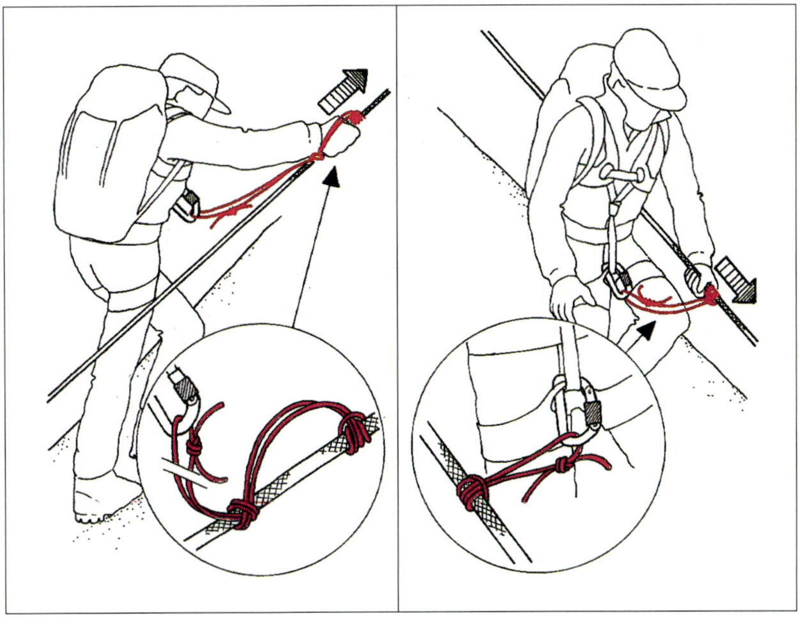

Abb. 91 Aufstieg und Abstieg am Fixseil

Zur Befestigung des Fixseiles ist ein zuverlässiger Fixpunkt notwendig. Dazu verwendet man je nach Gelände Eisschrauben, den T-Anker, Felshaken, Klemmkeile oder auch zuverlässige Felszacken (diese nach unten absichern, um ein versehentliches Abheben der Köpfelschlingen zu vermeiden). Werden mit dem Fixseil Quergangspassagen gesichert, muss entsprechend alle paar Meter eine Zwischenverankerung angebracht werden.

Zur Sicherung am Fixseil beim Auf- und Abstieg verwendet man die Prusikschlinge, bei Querungen wird wie am Klettersteig vorgegangen. Ist ein kurzer Eis- oder Felshang mit Fixseil zu überwinden, bleibt der Schließende am Seilende eingebunden. So kann er das Seil straff halten, wodurch der Aufstieg mit der Prusikschlinge für die restlichen Gruppenmitglieder erleichtert wird. Haben diese die Passage überwunden, wird der Schließende mit Halbmastwurfsicherung nachgeholt.

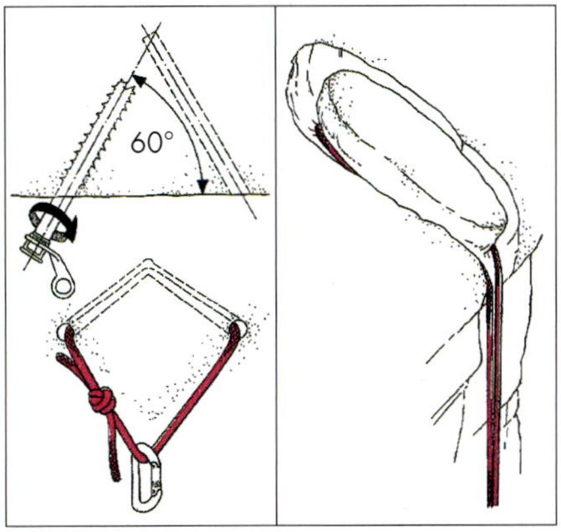

Abb. 92 Abalakow-Eissanduhr und Eisbirne

Abseilen im Eis

Für das Abseilen im Eis gelten dieselben Grundsätze wie im Fels.
Ein *Rückzug aus einer Eisflanke* oder Abseilen über Eisstufen ist mit erheblichem Materialverlust verbunden. Für Notsituationen sind nachfolgend drei Möglichkeiten vorgestellt:

1. Die *Eisbirne* wird aus kompaktem Eis oder hartgefrorenem Firn geschlagen, die Kehlung sollte mindestens 30 cm tief sein, die Breite mindestens 50 cm.

Abseilen im Eis

2. Mit einer länglichen *Felsplatte* lässt sich ein T-Anker vergraben.

3. Mittels einer langen, ausreichend dicken Eisschraube und eines etwas längeren, an einem Ende gebogenen Drahtstücks lässt sich die *Abalakow-Eissanduhr* herstellen. Man bohrt mit der Schraube zwei Kanäle ins Kompakteis (etwa 90°-Winkel) und fädelt mit dem Drahthaken eine Reepschnur (mind. 7 mm Durchmesser) ein.

12.4 Geh- und Klettertechnik

Gehen im Firn

Harte Firnfelder werden mit Steigeisen begangen. Ist die Schneeoberfläche jedoch weich, tritt man Stufen in den Schnee. Dazu ist natürlich ein guter Bergschuh mit einer alpintauglichen Sohle und entsprechender Torsionssteifigkeit nötig. Die Stufen sollen möglichst viel Sohlenfläche aufnehmen und hangeinwärts geneigt sein. Zwischen den Stufen ist ein geeigneter Abstand zu halten, um ein Ausbrechen zu vermeiden. Man steigt auf *Schneefeldern* zweckmäßigerweise diagonal auf. Wird der Hang so steil, dass nicht mehr genügend Sohlenfläche Platz findet, geht man zum Vertikalaufstieg über.

Steile, diffizile Querungen beginnt man – sofern möglich – etwas tiefer als der Zielpunkt, da es sich im Schräganstieg leichter gehen lässt.

Bremsen eines Sturzes im Firn

Stürze über harte Schneefelder enden oft böse. Hat man einmal genügend »Fahrt drauf«, kommt man kaum noch zum Halten!

Es gilt also, so rasch wie möglich abbremsen zu können.

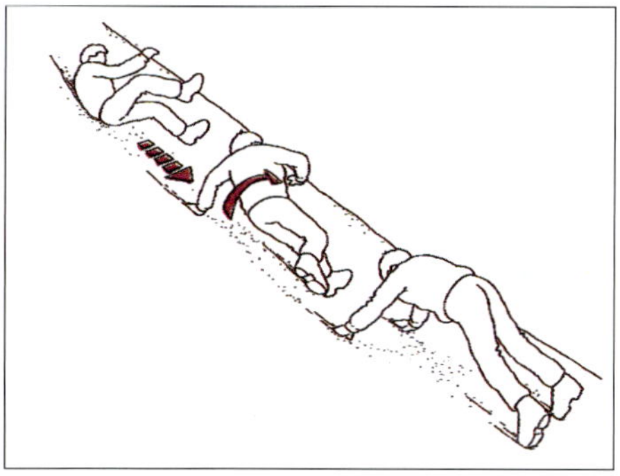

Abb. 93 Bremsen eines Sturzes im Firn

Bauchlage mit Kopf nach oben, leichte Grätschstellung, mit den Armen hochdrücken (Liegestütz). Dadurch wird an den Schuhspitzen ein Punktdruck erzeugt.

Abrutschen am Rücken: Sofort schnellend in Bauchlage bringen, dabei benützt man vorteilhaft einen Arm als Schwunghebel.

Stürzt man kopfüber: Ellbogen unter den Körper auf Nabelhöhe, Knie ruckartig zum Bauch anziehen – dadurch dreht der Körper.

Entscheidend ist, dass es keine Schrecksekunde gibt und **sofort** mit der Selbstrettung begonnen wird! Das funktioniert jedoch nur, wenn die Techniken bekannt sind und **eingeübt** wurden!

WICHTIG

- Bremsen bei Sturz am Firnfeld muß intensiv geübt werden
- Sturzursache Nr. 1 beim Gehen mit Steigeisen ist das Hängenbleiben am anderen Bein
- Breitbeinige Gehtechnik verhindert die Gefahr des Verhakens
- Vertikalzackentechnik ist kraftsparender
- Schuhe mit flexiblem Schaft erleichtern den Einsatz der Vertikalzacken

Gehen und Klettern mit Steigeisen

Auf hartem Firn und Eis sowie auf aperen Gletschern geht man mit Steigeisen. Es ist einleuchtend, dass der Halt um so besser ist, je mehr Zacken der Steigeisen man auf den harten Untergrund bringt. Ist dies im flacheren Gelände problemlos möglich, so wird es um so schwieriger, je mehr der Hang aufsteilt. Um auch hier den Einsatz aller Vertikalzacken zu gewährleisten,

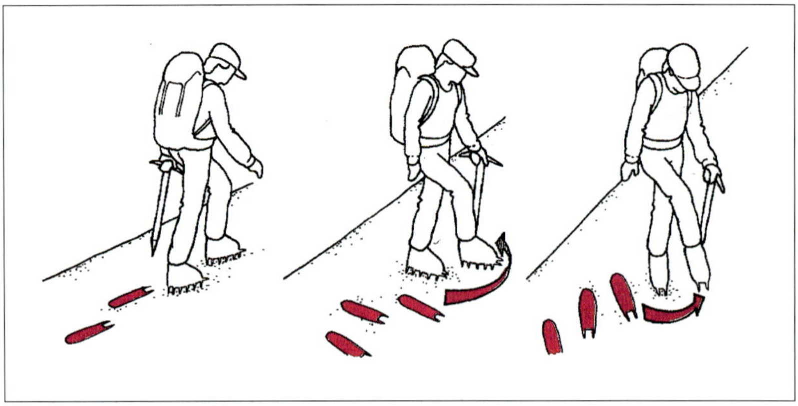

Abb. 94 Gehen mit Steigeisen bei zunehmender Steilheit

dreht man die Fußspitzen mit zunehmender Steilheit seitlich bis hangabwärts. Beim Schräganstieg in Serpentinen muss somit »übersetzt« werden. Um ein Hängenbleiben der Zacken am Hosenbein zu verhindern, wird das jeweilige Bein sichelförmig ausgeschwenkt bzw. nachgezogen. Der Mindestabstand zwischen linker und rechter Ferse muss schuhbreit sein. Das Beherrschen der **Vertikalzackentechnik** ist besonders wichtig beim Absteigen!

Wird der Hang so steil, dass ein flüssiges Gehen nicht mehr möglich ist, stellt man auf die **Frontalzackentechnik** um (siehe Kapitel 13.3 Klettertechnik/Steileisklettern, Seite 148 ff.). Diese Technik beansprucht sehr stark die Wadenmuskulatur. Man ermüdet weniger, wenn man die Fersen leicht hängen lässt – dadurch greift auch noch das erste Vertikalzackenpaar, was den Stand zusätzlich stabilisiert.

Beide Technikformen haben **gemeinsame Grundregeln:**

1. *Hüftbreite Beinstellung:* bessere Standfestigkeit, Verhindern des gefährlichen Verhakens und Hängenbleibens am anderen Bein.
2. *Viele kurze Schritte* sind besser als wenige lange Schritte, dadurch ganz erhebliche Kraftersparnis, kein Aushebeln der Steigeisen.
3. *Exakte Gewichtsverlagerung* auf das nächste Standbein, dadurch dringen die Steigeisenzacken maximal ins Eis.

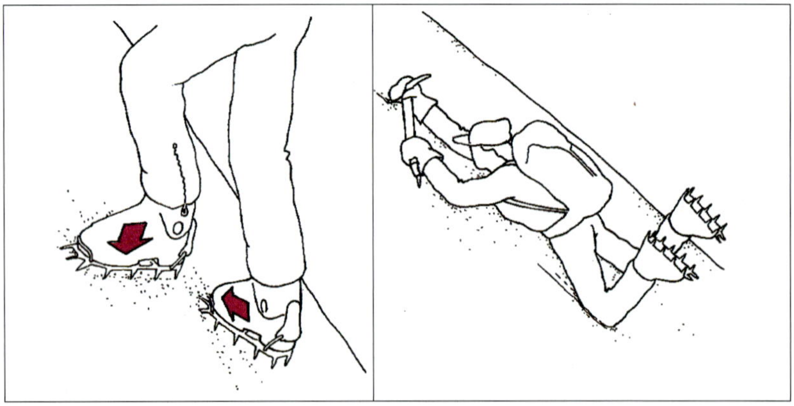

Abb. 95 Mischtechnik (links), Bremsen bei Sturz mit Steigeisen (rechts)

Selbstverständlich kann man auch mittels **Mischtechnik** klettern, wodurch man häufig Kraft spart: rechtes Steigeisen frontal, linkes Steigeisen vertikal eingesetzt, nach einer gewissen Strecke wird gewechselt.

Stürzt man mit Steigeisen an den Füßen, darf man keinesfalls versuchen, mit den Steigeisen abzubremsen. Ein Überschlagen wäre die Folge! Das Abbremsen muss allein mit dem Pickel erfolgen. (Abb. 95)

Unfallursachen beim Steigeisengehen sind:

- Abfallen der Steigeisen vom Schuh.
  Vorbeugen: exaktes Anpassen, Riemenbindungen besonders im Fersenbereich prüfen, Kipphebelbindungen müssen eine Feineinstellung haben.
- Verhaken bzw. Hängenbleiben eines Steigeisens am anderen Bein.
  Vorbeugung: Breitbeinige Gehweise bei jeder Technik, auch im Abstieg und bei Ermüdung!
- Aufsetzen nur einer Zackenreihe bei der Vertikalzackentechnik, dadurch Ausbrechen des Trittes oder auch Umkippen des Steigeisens.

Gebrauch des Pickels

Der Eispickel wird gebraucht:

- als wertvolle Stützhilfe beim Gehen im Eis (als »Spazierstock«);
- als Stützpickel bei der Vertikalzackentechnik, insbesondere beim Queren, beim Schräganstieg und beim Abstieg über kurze Steilstufen;

Aufstieg zum Finsteraarhorn, Berner Oberland

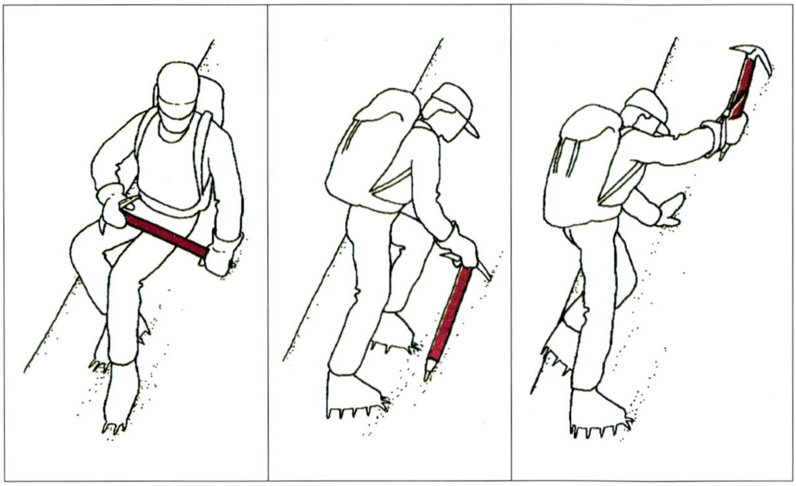

Abb. 96 Einsatz des Pickels als Seitstützpickel, Kopfstützpickel und als Schaftzugpickel

- beim Klettern im steilen Eis (Ankertechnik: Schaftzug- und Kopfstütztechnik);
- zum Abbremsen eines Sturzes im Eis und harten Firn;
- als Fixpunkt (Graben und Herstellen eines T-Ankers) im Firn;
- zum Setzen von Eisschrauben im Eis (Entfernen von lockerem Oberflächeneis, Pickelstiel als Hebelarm beim Eindrehen);
- zum Schlagen von Stufen in Blankeis und hartem Firn;
- zum Sondieren von Gletscherspalten.

12.5 Behelfsmäßige Bergrettung am Gletscher

Spaltenbergung

LOSE ROLLE

Beim Einbrechen in eine Gletscherspalte halten die übrigen Seilschaftsmitglieder den Sturz, indem sie sich in die Gegenrichtung stemmen. Straffe Seilführung, Aufmerksamkeit und das Einschneiden des Seils am Spaltenrand lassen keinen »Sturz«, sondern höchstens einen »Spaltenrutsch« zu, den man leicht unter Kontrolle bringt.

Die nachfolgende Bergung, das Hochziehen des Gestürzten mittels des Bergeverfahrens *lose Rolle,* muss programmgemäß ablaufen.

- Die Hintermänner übernehmen den Seilzug und halten den Gestürzten.
- Der Nächste am Spaltenrand sichert sich mittels Prusikschlinge, löst sich aus dem Anseilknoten, geht gesichert zum Spaltenrand und nimmt Kontakt mit dem Gestürzten auf.
- Dann baut er drei bis vier Meter vom Spaltenrand entfernt einen Fixpunkt und verankert dort das belastete Seil mittels einer zweiten Prusikschlinge.

- Die Hintermänner lassen nun auf Zuruf das Seil langsam nach, die Verankerung übernimmt die Last, die Seilschaftsmitglieder sind frei und kommen nach vorne. Inzwischen kann das Seil zusätzlich mittels Mastwurf am Fixpunkt verankert werden.
- Das frei gewordene Restseil wird nun doppelt in die Spalte hinuntergelassen, der Gestürzte hängt es mit einem Karabiner in seinen Seilring.
- Die Retter unterlegen das hinuntergegebene Seil am Spaltenrand mit einem Rucksack oder Pickel, um das Einschneiden zu vermeiden.
- Nun kann der Gestürzte hochgezogen werden, nachdem das Zugseil mit einer Rücklaufsperre (Prusikknoten oder Seilklemme) gesichert wurde.
- Besondere Vorsicht bei überhängendem Spaltenrand, unbedingt Sprechkontakt mit dem Gestürzten aufrecht erhalten!

  Bei diesem Bergeverfahren ziehen die Retter lediglich die Hälfte des Gewichts des Gestürzten zuzüglich der Reibungswerte, die man so gut es geht verringern sollte: Rolle in den Karabiner des Gestürzten und Zugposition direkt am Spaltenrand einnehmen.

FLASCHENZUG

Das Verfahren der losen Rolle kann nicht angewendet werden, wenn der Gestürzte aktionsunfähig ist oder nicht genügend Seil vorhanden ist, um es doppelt hinablassen zu können. In diesem Fall muss das *Flaschenzug*-Verfahren angewendet werden.

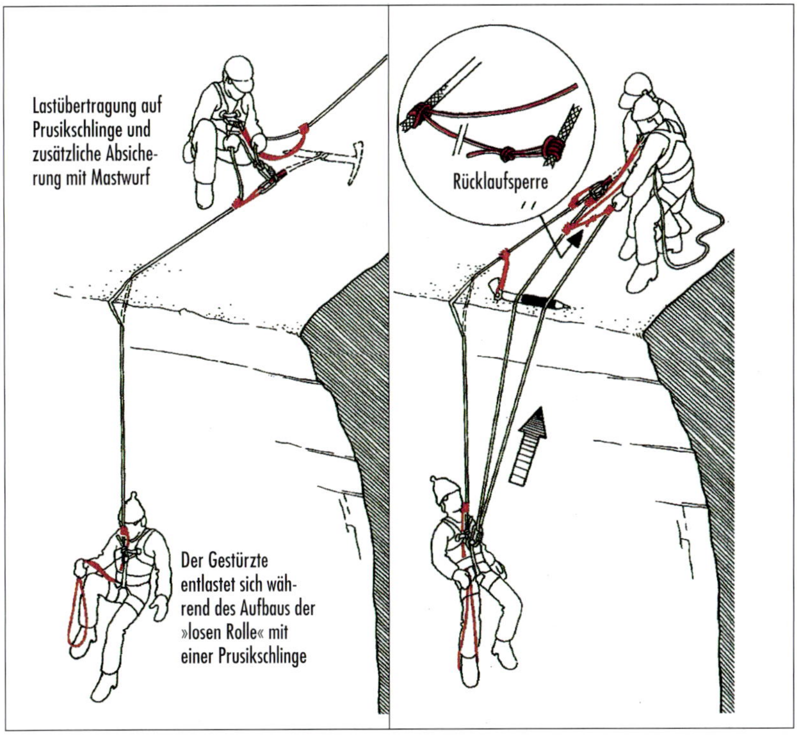

Abb. 97 Spaltenbergung mit der »losen Rolle«

Abb. 98 Selbstrettung mit der Raupentechnik

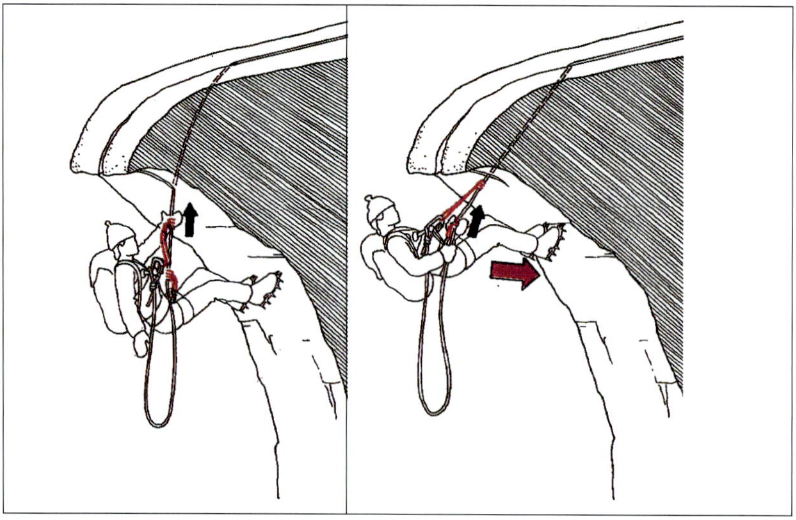

Maßnahmen wie bei der losen Rolle: Verankerung bauen, Seil fixieren, Hintermann kommt nach vorn. Der weitere technische Ablauf ist im Abschnitt »Kameradenrettung«, Kapitel 11.7, beschrieben.

Selbstrettung

PRUSIKVERFAHREN – RAUPENTECHNIK

Bricht der Seilschaftsführer in eine Spalte und die übrigen Seilschaftsmitglieder können ihn nicht befreien, muss er sich selbst helfen. Dazu eignet sich das herkömmliche *Prusikverfahren*, modifiziert durch Kurzprusikschlingen, die *Raupentechnik*. Man hängt den längeren Kurzprusik (ca. 20 cm) in den Brustgurt, den kürzer abgebundenen direkt in den Sitzgurt (so tief wie möglich). Durch raupenartiges Krümmen und Strecken werden die Klemmknoten unterschiedlich belastet und entlastet und können so wechselseitig verschoben werden.

Gleichzeitig sind die Beine frei und können den Körper von der Spaltenwand abstützen, insbesondere beim Ausstieg an einem überhängenden Spaltenrand und bei Seileinschnitt am Spaltenrand.

Rettungsmaßnahmen – ob Kameradenrettung oder Selbstrettung – finden immer unter absoluten Stressbedingungen statt, oft auch bei schlechtestem Wetter. Der Erfolg aller Rettungsversuche hängt entscheidend davon ab, ob die Techniken nicht nur erlernt, sondern auch weiterhin trainiert und geübt wurden, wie eben bei anderen Sportarten auch. Im Ernstfall kommt's drauf an, da bleibt keine Zeit mehr zum Üben!

13. Steileisklettern – Eisfallklettern

Steileisklettern ist sportliches Klettern im extremen Eis. Es verlangt Mut, Können, Kraft und eine stabile Psyche. Dem Eiskletterer bieten sich die vielfältigsten Möglichkeiten an: von steilsten Eisrinnen an hochalpinen Wänden, überhängenden Eiswänden in Gletscherbrüchen bis zum Klettern an gefrorenen Wasserfällen (= Eisfallklettern).
Die extremste Spielform des Eiskletterns sind so genannte Mixed Climbs, das sind Felswände, die im Winter mit einer mehr oder weniger dünnen Eisschicht überzogen sind. Mixed Climbs sind aufgrund ihrer extremen Anforderungen an Können und Psyche wenigen Spezialisten vorbehalten, sozusagen der X. Grad im Eis.

13.1 Spezielle Ausrüstung

Neben der allgemeinen Ausrüstung wird auch zum Steileisklettern die spezielle alpintechnische Ausrüstung benötigt. Dazu gehören Anseilgurte, Helm, Bandschlingen für die Ausgleichsverankerung, Prusikschlingen, Abseilachter, HMS- und Schraubkarabiner. Darüber hinaus benötigt man:

Doppel- oder Zwillingsseile

Wegen der besseren Rückzugsmöglichkeiten sind im Steileis Doppelseile mit einer Länge von mindestens 50 m empfehlenswert. Gerade in langen Eiskletterrouten erspart man sich damit auch den Bau eines Teils der Standplätze und somit Zeit. Imprägnierte Seile vereisen deutlich weniger und lassen sich daher besser handhaben.

Eisgeräte (Eispickel – Eisbeil)

Moderne Eisgeräte haben die Leistungssteigerung im Steileisklettern erst möglich gemacht. Zum Klettern werden zwei Eisgeräte benutzt. Ein im Griffbereich *gebogener Schaft* schützt die Finger vor dem Anschlagen am Eis. Diverse Bohrungen zum Anbringen der *Handschlaufen* sind obligatorisch. Bei der Wahl der Handschlaufe ist darauf zu achten, dass die Hand auch mit Handschuh problemlos aus der Schlaufe zu lösen ist. Ein Kapitel für sich sind die *Pickelhauen*. Sie gibt es in gebogener, gerader und in Bananenform, ebenso als Rohrhaue. Um auch in senkrechtem und überhängendem Eis gute Ankerwirkung zu erzielen, müssen sie steil nach unten weisen. Da sich keine der verschiedenen Hauen für alle Eissorten gleich gut eignet, ist die Anschaffung von *Wechselsystemgeräten* zu empfehlen.

Steigeisen (Wechselsystem) Grivel "Rambo" zum Steileisklettern

Steileisgeräte (Wechselsystem) Simond "Piranha" mit fixer Handschlaufe und Grivel "Machine" mit lösbarer Handschlaufe

Steigeisen

Grundsätzlich eignet sich jedes moderne *Zwölfzacker-Steigeisen* auch zum Steileisklettern. Es gibt jedoch zum extremen Eisklettern spezielle Steigeisen mit zwölf oder mehr Zacken. Senkrecht gestellte Frontzacken oder Monozacken ermöglichen einen pickelähnlichen »Biss«, eine Kipphebelbindung sorgt für sicheren Halt am Schuh. Es gibt auch *Wechselsystem-Steigeisen*, bei denen die Frontzacken je nach Art der Eiskletterei ausgewechselt werden können.

Rohreisschrauben, Rohreishaken

Rohreisschrauben und -haken gibt es in den unterschiedlichsten Ausführungen. Um für Steileiskletterei geeignet zu sein, sollten sie leicht und schnell zu setzen sein, Eisschrauben möglichst von Hand. Eisschrauben mit verstellbarer Karabinerlasche sind auch für Passagen geeignet, in denen sie nicht bis zur Öse eingedreht werden können (z. B. Fels mit Eisauflage). 8 bis 12 Eisschrauben und -haken je Seilschaft genügen in der Regel.

Felshaken, Klemmkeile

Sowohl alpines Eisklettern wie auch Eisfallklettern weisen häufig vom Fels begrenzte oder felsdurchsetzte Passagen auf. Hier kann ein kleines Felshaken- und Klemmkeilsortiment zur Absicherung hilfreich sein.

Expressschlingen

Zur Zwischensicherung im Steileis sollten Expressschlingen verwendet werden, da das Schlingenmaterial einen (allerdings nur geringen) Teil der Sturzenergie aufnimmt.

Reepschnur- und Bandschlingen

Für eventuelle Rückzüge oder zum Einrichten von Abseilstellen ist es empfehlenswert, Reepschnur- und Bandschlingen dabei zu haben. Ein an der Spitze gebogenes Drahtstück zum Fädeln von Abalakow-Eissanduhren gehört ebenso dazu.

Handschuhe

Zum Eisklettern haben sich Fingerhandschuhe mit Polsterung bewährt. Sie schützen einigermaßen die Finger beim Anschlagen am Eis, und man kann damit ausreichend hantieren, ohne die Handschuhe ausziehen zu müssen. Aufgespritzte Gumminoppen in der Innenhand machen den Handschuh griffiger.
Dem Problem der nassen und kalten Finger (speziell beim Wasserfallklettern) begegnet man, indem mindestens zwei Paar Handschuhe mitgeführt werden.

13.2 Sicherungstechnik

Anbringen von Fixpunkten im Steileis

Neben den bereits im Kapitel »Eisgehen« erwähnten Grundsätzen zum Anbringen von Sicherungsmitteln gelten im Steileis einige Besonderheiten.

- Das *Stehen im Steileis* ist ohne Zuhilfenahme der Hände nicht möglich. Um die Hände zum Setzen eines Fixpunktes freizubekommen, gibt es zwei Möglichkeiten:

1. Bei der herkömmlichen Methode wird ein Eisgerät (Pickel) möglichst gut verankert und mit dem Sitzgurt verbunden. Während des Hakensetzens hängt man in diesem Gerät, der Eishammer steht zum Schlagen des Eishakens oder zum Eindrehen der Schraube zur Verfügung. Das Mitführen eines dritten Eisgeräts erlaubt das Hängen in zwei Geräten, wodurch die Sicherheit wesentlich erhöht wird.

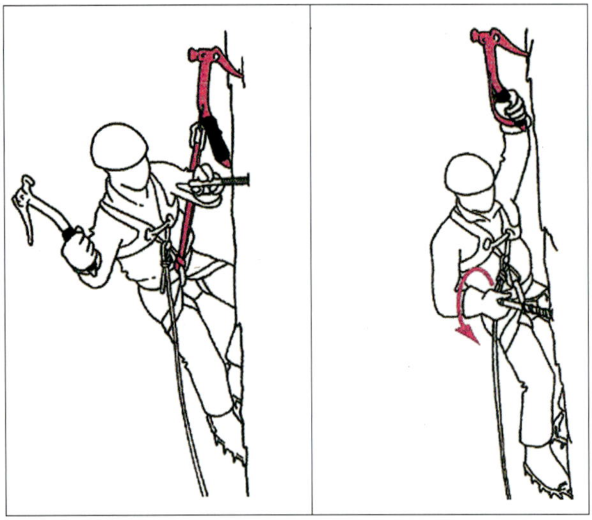

Abb. 99 Anbringen von Fixpunkten im Steileis in herkömmlicher und in Rotpunktmethode (rechts)

2. Beim Rotpunktklettern im Steileis ist das Absitzen in die Eisgeräte während des Anbringens von Fixpunkten nicht erlaubt. Man hält sich mit gestrecktem Arm am Eisgerät und kann so mit der freien Hand in Hüfthöhe mit geringem Kraftaufwand die Eisschraube eindrehen.

- Kann die *Eisschraube* nicht bis zur Öse eingedreht werden, ist sie mittels Ankerstich abzubinden. Besser ist hier jedoch die Verwendung von speziellen Eisschrauben mit verstellbarer Karabinerlasche.
- Aufgrund des niedrigen Gewindeganges besteht bei Verwendung von *Rohreishaken* eine erhöhte Gefahr der Lockerung durch Ausschmelzen. *Rohreisschrauben* bieten hier wesentlich größere Sicherheit.

Der Standplatz im Steileis

Zum Standplatzbau im Steileis wird die abgebundene Ausgleichsverankerung mit Zentralpunkt verwendet. Der Aufbau gestaltet sich folgendermaßen:

- Ist der erste Fixpunkt gesetzt, hängt man die Selbstsicherung mit etwas Schlappseil ein.
- Der zweite, obere Fixpunkt wird gesetzt und die kurz abgebundene Ausgleichsverankerung eingehängt.
- In den Zentralpunkt kommt die Selbstsicherung und die HMS-Partnersicherung.

Das Körpergewicht des Sichernden lastet beim Standplatzbau und während des gesamten Sicherungsvorganges in den Handgeräten; die Selbstsicherung im Zentralpunkt ist nicht ge-

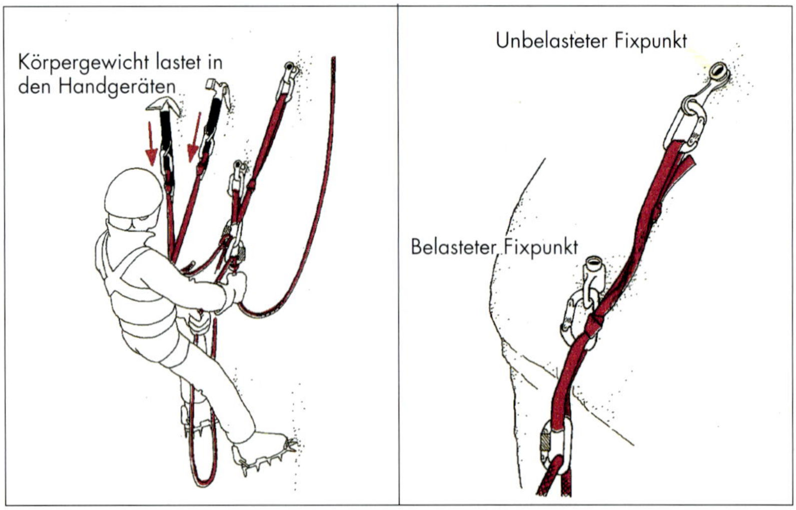

Abb. 100 Standplatz im Steileis (links); Umlenkung zum Toprope-Klettern (rechts)

Eisfallklettern

spannt. Damit wird ein Lockern der Schrauben/Haken durch Druckschmelzung verhindert. Die Eisgeräte dagegen ziehen sich durch die Belastung immer fester ins Eis.

Umlenkung beim Toprope-Klettern

Zum Training der Eisklettertechnik bietet sich das stressfreie, weil von oben gesicherte Toprope-Klettern an kurzen Steilstufen in Gletscherbrüchen und Eisfällen an. Dazu muss eine verlässliche Verankerung für die Umlenkung geschaffen werden. Um ein Ausreißen der Verankerung durch *Druckschmelzung* zu verhindern, werden generell Eisschrauben mit hohem Gewindegang verwendet und in Reihe geschaltet. Hat sich die erste Schraube gelockert, übernimmt die zweite die Last (Abb. 100).

Durch das Abdecken der Schrauben mit Schnee wird ein Ausschmelzen der Eisschrauben durch Sonneneinstrahlung verhindert.

Beim Toprope-Klettern an kurzen Eisfällen bieten sich oft Bäume zum Bau der Umlenkung an.

Partnersicherung

Der Ablauf der Partnersicherung gestaltet sich ebenso wie im Fels. Da die Haltekraft der Fixpunkte im Eis jedoch sehr stark von der Eisqualität abhängig ist, muss die Belastung der Stand- und Zwischensicherungen durch besonders »weiches« (= dynamisches) Sichern möglichst gering gehalten werden.

Aus demselben Grund sollte bereits kurz oberhalb des Standplatzes die erste Zwischensicherung gesetzt werden. Die weiteren Zwischensicherungen werden nach dem persönlichen Sicherheitsbedürfnis gesetzt, man muss sich jedoch im Klaren sein, dass Stürze im Steileis immer mit hohem Verletzungsrisiko (durch Eisgeräte/Steigeisen) verbunden sind.

13.3 Klettertechnik

Im Steileis wird die Frontalzackentechnik in Verbindung mit zwei Eisgeräten angewendet. Wie beim Felsklettern ist auch hier eine gute Fußtechnik (Steigeiseneinsatz) der Schlüssel zum kraftsparenden Klettern.

Setzen der Steigeisen

Durch das Verlagern des Körperschwerpunkts über das Standbein wird das höher zu setzende Bein entlastet. Der Einsatz der Frontalzacken wird dann durch eine Pendelbewegung des Unterschenkels erreicht. Es ist darauf zu achten, dass die Frontalzacken (oder auch der Monozacken) rechtwinklig zur Eisoberfläche stehen. Ein leichtes Hängenlassen der Fersen spart Wadenkraft und bringt auch noch das erste Vertikalzackenpaar zum Einsatz.

Die einmal eingenommene Beinstellung sollte nicht mehr verändert werden, da dies ein Lockern der Frontalzacken im Eis zur Folge hätte. Die Hubarbeit wird auch im Steileis weitgehend mit den Beinen geleistet. Um kraftsparend zu klettern, dürfen keine zu hohen Schritte gemacht werden, zu kleine Schritte sind jedoch ebenfalls nicht rationell.

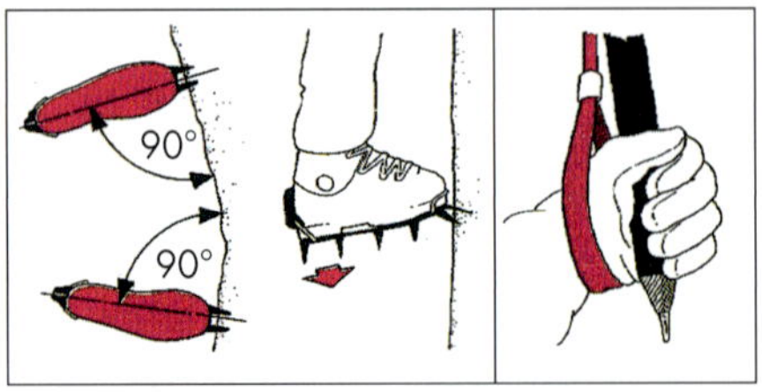

Abb. 101 Links: Setzen der Steigeisen Rechts: Richtige Länge der Handschlaufe

Setzen der Eisgeräte

Im geneigten bis annähernd senkrechten Eis dienen die Eisgeräte in erster Linie zur Erhaltung des Gleichgewichts, erst im steileren Gelände wird zunehmend Zugarbeit geleistet.

Um mit den Eisgeräten kraftsparend arbeiten zu können, sind richtig angepasste Handschlaufen nötig. Die Länge sollte so bemessen sein, dass der Dorn bei belasteter Schlaufe knapp unterhalb der Handkante liegt (Abb. 101 rechts). Dabei wird die Hand einfach durch die Schlaufe gesteckt, wodurch man sich ohne Kraftaufwand am Gerät halten kann.

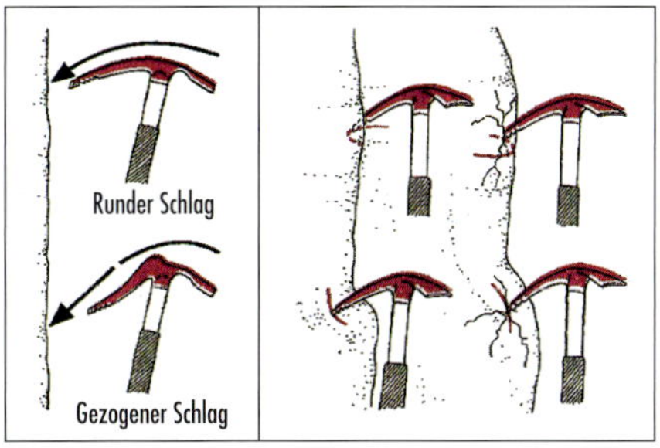

Abb. 102 Schlagtechnik beim Setzen der Eisgeräte

Die *Schlagtechnik* ist in erster Linie abhängig von der Form der Pickelhaue. Geräte mit runder Hauenform werden mit einem runden Schlag gesetzt, der in etwa der Krümmung der Haue entspricht. Hauen in Bananenform oder steile gerade Hauen werden mit gezogenem Schlag gesetzt, das heißt, die runde Schlagbewegung geht im Moment des Auftreffens am Eis in eine zur Hauenspitze gerichtete Zugbewegung über. Um das nun gesetzte Gerät nicht durch falsche Bewegung zu lockern, muss die Belastung in Richtung des Pickelschaftes erfolgen.

Speziell bei sprödem Eis sind mehrere behutsame Schläge einem einmaligen kraftvollen Schlag vorzuziehen. Eisschlag auf den unterhalb befindlichen Partner durch Absprengen größerer Schuppen lässt sich so weitgehend vermeiden.

Ist die Eisoberfläche wellig geformt (meist in Eisfällen), kann durch Setzen der Geräte in Mulden und Vertiefungen ebenfalls ein Großteil des Eisschlages vermieden werden, zudem ist der Halt der Geräte dort wesentlich besser. Wie fest das Gerät gesetzt wird, hängt stark von der Eisqualität ab, man muss sich jedoch im Klaren sein, dass sehr fest gesetzte Geräte auch schwer zu lösen sind.

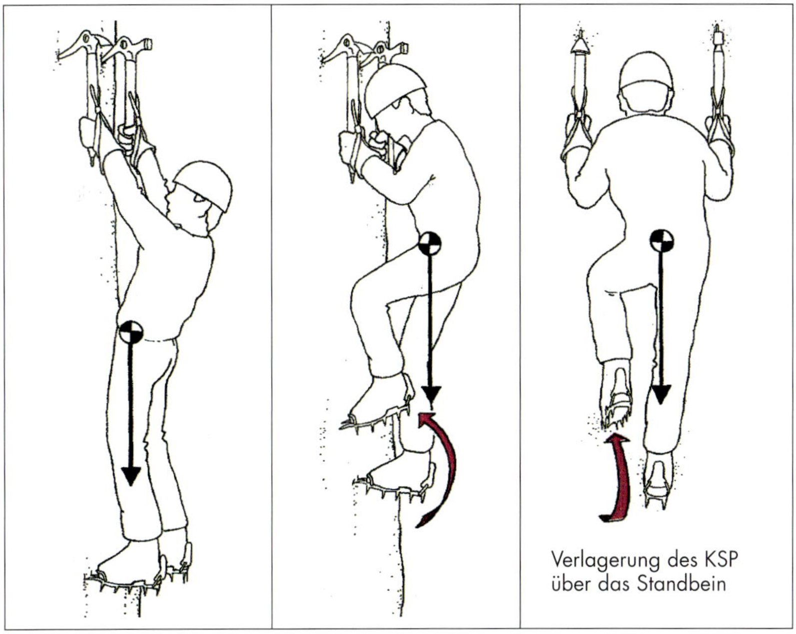

Abb. 103 Die richtige Körperstellung in der Ruheposition und während der Bewegungsphase

Extremes Eisklettern

Die meisten Geräte sind durch leichtes Drehen zu lockern und anschließend nach oben herauszuheben. Beim Lösen festsitzender Geräte muss darauf geachtet werden, dass man dabei das Gleichgewicht nicht verliert.

Körperstellung beim Eisklettern

Die Körperstellung ist für kraftsparendes Klettern von großer Bedeutung. Man unterscheidet zwischen der Ruheposition und der Bewegungsphase.

In der *Ruheposition* sind die Beine leicht gespreizt, der Körperschwerpunkt befindet sich über der Standfläche. Die Handgeräte sind etwa schulterbreit am nicht ganz gestreckten Arm gesetzt. Der Körper bildet eine leichte Bogenstellung.

Während der *Bewegungsphase* wird an den möglichst hoch eingeschlagenen Eisgeräten in mehreren Schritten (Hüfte weg vom Eis – Körperschwerpunkt wandert über das jeweilige Standbein) hochgestiegen, bis die Arme angewinkelt sind. Jetzt wird die Hüfte wieder ans Eis gedrückt, das erste Gerät gelöst und wieder möglichst hoch gesetzt, danach folgt das zweite Gerät. Nun befindet man sich wieder in der Ruheposition.

13.4 Taktik im Steileis

Tourenplanung

Neben den allgemeinen Kriterien zur Tourenplanung wie persönliches Können und Können des Partners, Schwierigkeit der Route, Zu- und Abstieg, Wetterentwicklung und Zeitplanung kommt beim Steileisklettern dem richtigen Einschätzen der Routenverhältnisse eine besondere Bedeutung zu. Die *Eisqualität* ist sehr stark abhängig von der *Temperatur*. Sie wirkt sich direkt auf die Schwierigkeit sowie die objektive Gefährlichkeit einer Route aus. Bei großer Kälte ist das Eis spröde und hart, jedoch objektiv sicher. Erwärmung bringt die Gefahr von Stein- und Eisschlag mit sich. Bei leichten Minustemperaturen dagegen ist die Eisbeschaffenheit zum Klettern am besten geeignet. Die *aktuelle Lawinensituation* muss ebenfalls in die Tourenplanung mit einbezogen werden.

Die *Schwierigkeitsbewertung* von Steileis-Kletterrouten ist nicht einfach, da sie sehr stark von der *Eisqualität* abhängig ist. In der Regel wird eine Bewertung nach der *Steilheit*, der

Länge der Route und der *Absicherungsmöglichkeiten* gegeben werden; die jeweils momentan herrschenden Verhältnisse müssen dazu noch berücksichtigt werden:

Schwierigkeitsbewertung im Steileis

I = Steilheit bis 45°, Schnee, technische Geräte sind nicht notwendig.
II = Kurze Route, etwa 5 m, mit 60°
III = Längere Abschnitte (bis 45 m) mit 60° oder
Kürzere Abschnitte (bis 10 m) mit 70° oder
Stellen bis 2 m mit 90°
IV = Längere Abschnitte (bis 45 m) mit 70° oder
Kürzere Abschnitte (bis 15 m) mit 80° oder
Kurze Stellen bis 5 m mit 90°
V = Längere Abschnitte (bis 45 m) mit 80° oder
Kürzere Abschnitte (bis 20 m) mit 90°
VI = Mindestens eine Seillänge mit 90°

Darüber hinaus gibt es moderne Topoführer, in denen die einzelnen Passagen nach Steilheit und Länge bewertet sind.

Liskamm und Matterhorn im letzten Abendlicht von der Signalkuppe (4556 m), Monte Rosa

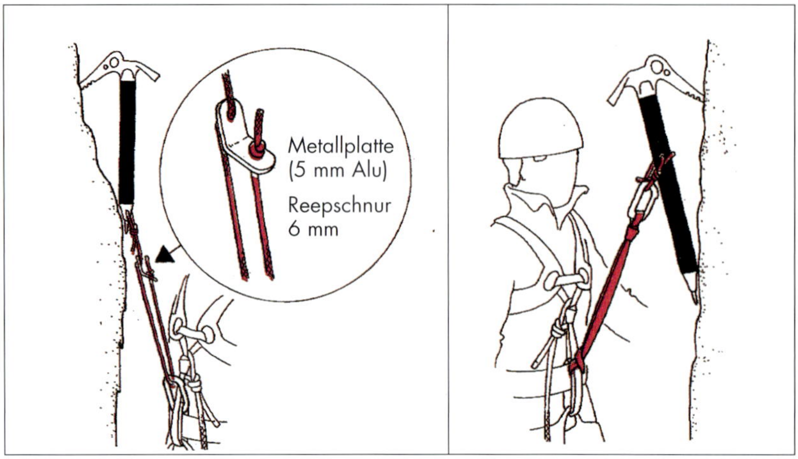

Abb. 104 Verschiedene Methoden zur Selbstsicherung am Eisgerät

Taktik beim Klettern

Die grundsätzliche Überlegung ist anzustellen, ob die *Eisgeräte durch Fangschnüre gegen Verlust gesichert* werden sollen oder nicht.

Eine Möglichkeit der Sicherung gegen Verlust stellt die längenverstellbare Reepschnurschlinge dar. Sie kann gleichzeitig zur Selbstsicherung beim Setzen von Eisschrauben/-haken und am Standplatz verwendet werden.

Gegen eine Sicherung der Geräte mit Fangschnüren spricht die große Verletzungsgefahr durch umherfliegende Geräte beim Sturz. Außerdem verheddern sich die Schnüre gern mit anderen Ausrüstungsteilen. Die Selbstsicherung beim Setzen von Fixpunkten und am Stand erfolgt in diesem Fall vorteilhaft mit einer separaten Selbstsicherungsschlinge und Karabiner.

Um das Hantieren mit den Handschuhen zu erleichtern, befinden sich nicht mehr als zwei Eisschrauben in einem Karabiner. Nicht benötigtes Material (z. B. Abseilschlingen, Prusikschlingen) wird im Rucksack verstaut.

Während des Kletterns muss auf die Eisschlaggefahr für den/die Nachsteiger durch das Setzen der Eisgeräte geachtet werden. Durch entsprechende Routenführung (etwas seitlich versetzte Standplätze) kann diese Gefahr häufig reduziert werden.

Standplätze sind nach Möglichkeit an objektiv sicheren Stellen einzurichten. Die erste *Zwischensicherung* sollte möglichst bald oberhalb des Standplatzes angebracht werden, um einen Sturz direkt in die Standplatzsicherung zu vermeiden. Die weiteren Zwischensicherungen werden nach Bedarf gesetzt, auf jeden Fall aber vor schwierigen Stellen und, wenn erkennbar, vor Passagen mit schlechter Eisqualität.

Die besondere Situation in Eisfällen

Da Eisfälle naturgemäß im Winter begangen werden, ist auf folgendes zu achten:

- In die Zeitplanung ist die kurze *Tageslichtdauer* mit einzubeziehen.

- Die aktuelle *Lawinensituation* ist entscheidend für die Auswahl der Routen, da das Einzugsgebiet von Wasserfällen häufig Geländeformen aufweist, die die Lawinenbildung begünstigen (steile Hänge, Kessel, Rinnen). Ebenso können Zu- und Abstiege lawinengefährdet sein. Man beobachte am besten schon einige Tage vor einer geplanten Eisfallbegehung die Entwicklung der Wetter- und Lawinensituation.
- Die *Eisqualität* ist abhängig von der Temperatur, vom Witterungsverlauf während der Eisbildung und zum Teil von der Steilheit.
  Die *Temperatur* hat den direktesten Einfluss auf die Eisqualität. Sehr kaltes Eis ist spröde, bei leichten Minustemperaturen ist das Eis am besten kletterbar. Wärmeeinbrüche (z. B. Föhn) lösen die Verbindung des Eises zum Fels und können zum Kollaps des ganzen Eisfalles führen. Die tageszeitliche Sonneneinstrahlung ist ebenfalls zu beachten. Südexponierte Eisfälle weisen meist sehr morsches Eis auf.
  Inversionswetterlagen können in den Tälern günstige Voraussetzungen zum Eisfallklettern schaffen, während es in höheren Lagen zu warm dazu ist.
  Vom *Wetter während der Eisbildung* abhängig sind zum Beispiel vom Eis überzogene Schneeablagerungen, die man an ihrer hellen Farbe erkennt. So schlecht sie zum Klettern sind, so gut können sie beim Standplatzbau als Standstufe genützt werden.
  Aus der *Form der Eisfallgebilde* kann man annähernd auf ihre Steilheit schließen. An Stufen, über die das Wasser frei fällt, entstehen sog. Eiskerzen. Sie weisen meist sehr schlechtes Eis auf und sind daher auch schwer abzusichern.
- Bevor man einen Eisfall erklettert, sollte man sich über die Abstiegsmöglichkeit im Klaren sein. Ist dazu Abseilen nötig, muss man entsprechendes Material (Schlingen, Haken) dabei haben.

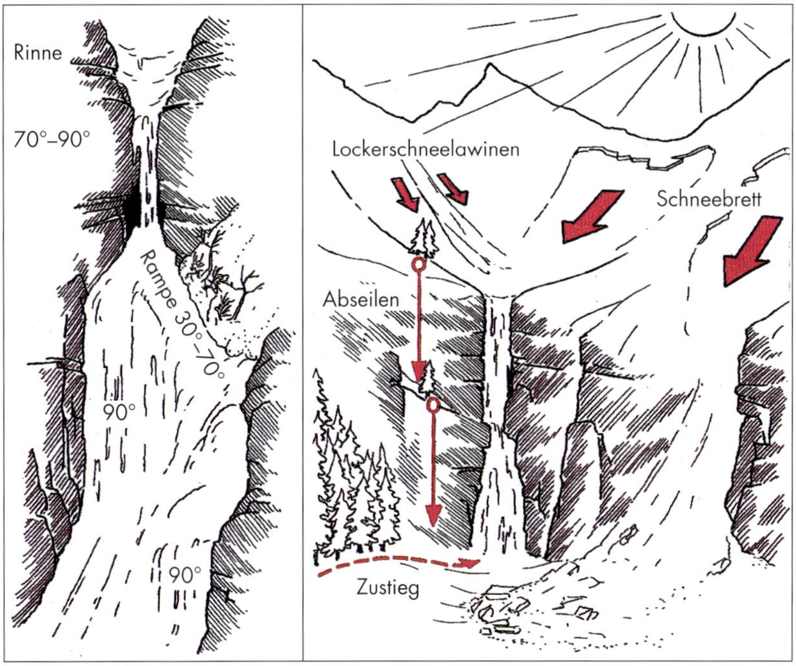

Abb. 105 Einschätzen von Steilheit, Lawinensituation sowie Zu- und Abstieg beim Eisfallklettern

14. Skitouren

Überfüllte Pisten, Wartezeiten an Lift und Seilbahn, technisch immer besser werdende Skifahrer, langweilige Ski-Autobahnen – kein Wunder, dass immer mehr Skifahrer den Ausweg in die Natur – zur Skitour – suchen. Den rechten Spaß an Skitouren hat man allerdings nur dann, wenn die Voraussetzungen stimmen: eine entsprechende Grundkondition, solide Technik für Aufstieg und Abfahrt und eine für den Zweck geeignete Ausrüstung.

14.1 Ausrüstung

Tourenbindung

Die Tourenbindung muss nicht nur die exakte Kraftübertragung vom Schuh zum Ski gewährleisten und die sicherheitstechnischen Elemente einer Pistenbindung besitzen, sie muss auch in der Aufstiegsstellung eine *Fersenfreiheit* von 90 Grad geben, um möglichst natürlich gehen zu können. *Weitere wichtige Kriterien sind:*

Sie sollte möglichst leicht, robust und im Notfall schnell zu öffnen sein. Eine mehrstufige Steighilfe sowie die Möglichkeit eine Skibremse anzubinden sind Standard.

Ski

Die Ski wählt man nach Körpergröße, Gewicht, Alter und insbesondere nach der Fahrweise (verhalten bis sehr sportlich). Kürzere Ski lassen sich in schwierigem Schnee leichter drehen, reduzieren das Verletzungsrisiko, lassen sich besser am Rucksack tragen. Die Nachteile, insbesondere des zu kurzen Ski: weniger richtungsstabil, schlechtere Dämpfung bei hartem Untergrund, tiefes Einsinken beim Spuren, oft unnatürliche Skitechnik.

Die Ski sollten torsionssteif sein, eine weiche Schaufel und eine ausgewogene Taillierung aufweisen. Der teuerste Ski bringt jedoch wenig, wenn er nicht gepflegt wird.

Carvingski erleichtern durch ihre starke Taillierung wesentlich das Drehen der Ski, die breitere Schaufel lässt den Ski im Tiefschnee und bei schlechten Schneeverhältnissen besser »aufschwimmen«.

Steigfelle

Gute Steigfelle sind heute aus Mohair und als *Klebefelle* verwendbar. Felle gibt es in verschiedenen Breiten, es sollte das für den Ski breitestmögliche Fell (bei Carvern passend engeschnittene Carvingfelle) gewählt werden. Die Klebefelle werden an den Skispitzen eingehängt und mit Handballendruck auf die Lauffläche gestreift: je niedriger die Temperaturen, um so mehr Druck!

Kombifelle haben zusätzlich einen Haken, mit dem sie am Skiende eingehängt werden. Klebefelle sollte man sorgfältig behandeln, vor Verschmutzung schützen und von Zeit zu Zeit mit Kleber nachbeschichten, besonders an den Fellenden. Beim Wechsel von feuchten in kalten Schnee kann es zur unangenehmen *Stollenbildung* kommen. Rechtzeitige Behandlung mit Imprägniermitteln ist hier angesagt, notfalls hilft auch das Aufbringen von Skiwachs auf das Fell.

Skitourenstöcke

Selbstverständlich kann man mit ganz normalen Skistöcken Touren unternehmen. Es gibt spezielle Tourenstöcke, die man mit wenigen Handgriffen zu einer Lawinensonde umfunktionieren kann. Teleskopstöcke bieten auf Skitouren keinerlei Vorteile.

WICHTIG

- Die Tourenbindung muss 90° Fersenfreiheit gewährleisten
- Carvingski erleichtern das Skifahren in schwierigem Schnee
- Bei Skitourenschuhen auf genügende Zehenfreiheit achten
- Bei Steigfellen die Klebeflächen rechtzeitig erneuern
- Bei Beginn der Skitourensaison neue Hochleistungsbatterien ins VS-Gerät

Skitourenschuhe

Man kann übliche Skitouren natürlich auch mit einem Pistenskischuh angehen. Voraussetzung ist, dass dieser bequem sitzt, nirgends drückt und genügend Zehenfreiheit gewährt. Für Touren mit langen Anstiegen zu Fuß, im Frühjahr und überall dort, wo es über schneefreies Gelände oder auch Fels geht, ist ein guter Tourenschuh vorzuziehen. Der *Skitourenschuh* hat Profilgummisohlen. Durch den so genannten Sprung (= Biegung der Schuhsohle im Mittel- und Vorfußbereich) wird die Gehfähigkeit deutlich verbessert und das Abrollen des Fußes ermöglicht. Entscheidend sind Passform und Kälte-Isolierung, Bedienbarkeit der Schnallen, Einsteigen bei Kälte, Verarbeitung des Innenschuhs und vor allem das Gewicht.

Zusätzliche Sicherheitsausrüstung

Neben der allgemeinen Ausrüstung (siehe Kapitel 4.1) ist für Skitouren außerdem noch folgende Sicherheitsausrüstung erforderlich:

- Verschütteten-Suchgerät (VS)
- Lawinenschaufel (auch zum Bau einer Schneehöhle geeignet)
- Lawinensonde
- Biwaksack (der sowieso in jeden Rucksack gehört!)
- Der ABS-Lawinenballon gewährt ein gutes Stück zusätzlicher Sicherheit. Im Falle eines Lawinenabgangs wird mittels Reißleine ein Ballon gefüllt, der soviel Auftrieb bringt, dass der Skifahrer an der Oberfläche der Lawine bleibt bzw. die Verschüttungstiefe gering ist.

14.2 Aufstiegstechnik

Gehen mit Steigfellen

Der Ski wird beim Gehen nach vorne geschoben, die Fellfläche bleibt auf der Schneefläche. Der Ski selbst wird also nicht abgehoben!

Die *Aufstiegsspur* legt man mäßig steil und vor allem in gleichbleibender Neigung an, wodurch enorm viel Kraft gespart werden kann. Als Vorbild dient die Vorstellung, wie eine Eisenbahntrasse angelegt werden würde. Durch Verzicht auf die Steighilfe beim Spuren ist gewährleistet, dass die Spur nicht zu steil wird. Die Aufstiegsspur sollte nicht zu eng, etwa hüftbreit, angelegt werden, so dass zwischen den beiden Ski ein schmaler Steg stehen bleibt.

Bei hartem Schnee (Firn, Vereisung) und steilem Gelände werden *Harscheisen* benützt. Sie verhindern das seitliche Abrutschen und dienen deshalb auch der Sicherheit. Harscheisen sind in flachem Gelände hinderlich, da man den Ski heben muss und nicht schleifen kann.

Skitourengehen wird immer beliebter.

Richtungsänderungen

Bei Richtungsänderungen läuft man einen Bogen, beschreibt also eine *runde Kehre*. Das funktioniert auch noch gut, wenn es steiler wird. Dabei setzt man das Skiende des bogenäußeren Ski nach außen und stellt den bogeninneren Ski parallel, wobei der Gehrhythmus nicht unterbrochen wird. Der Vorteil dieses »Bogenlaufens« liegt darin, dass das Fell immer plan aufliegt und das Abrutschen dadurch verhindert wird.

Wird der Hang zu steil (25-30°), geht es in *Spitzkehren* weiter. Diese muss man lernen und bis zur Meisterschaft üben. Da Spitzkehren immer im steilen und sehr steilen Gelände angebracht sind, wirkt sich dort eine Unsicherheit unangenehm aus. Bei Spitzkehren wird oft die meiste Kraft verschwendet, weil die richtige Technik nicht beherrscht wird, von Abrutschern und Absturz ganz abgesehen.

Die Spitzkehre sollte man nach folgenden Punkten aufbauen (siehe Abb. 106):

1. Ebene Ausgangsposition, fester Stand, richtige Stockstellung.
2. Schwunghaftes Hochbringen des bergseitigen Ski, Einsetzen des Skiendes als Drehhilfe, Beinstellung »Charly Chaplin«, Belastungswechsel auf den in die neue Richtung gedrehten Ski.

3. Schwunghaftes Zurückführen des bisherigen Standski (durch Hochklappen der Ferse) und gleichzeitiges Drehen der Skischaufel um den Unterschenkel in die neue Richtung.

Abb. 106 Spitzkehre

Ski tragen

Beim Aufstieg über Steilstufen oder durch enge Rinnen, am Gipfelgrat, im Frühjahr bei hartem steilem Firn oder beim aperen Anmarsch trägt man die *Ski am Rucksack* (siehe Abb. 107):

a) seitlich an den am Rucksack angebrachten Zurrgurten oder

b) quer unter der Deckeltasche (günstige Lastverteilung, vorteilhaft im Steilhang oder am Grat) oder

c) senkrecht hinten am Rucksack (vorteilhaft beim Klettern, da man kaum hängen bleibt, schnelle Methode).

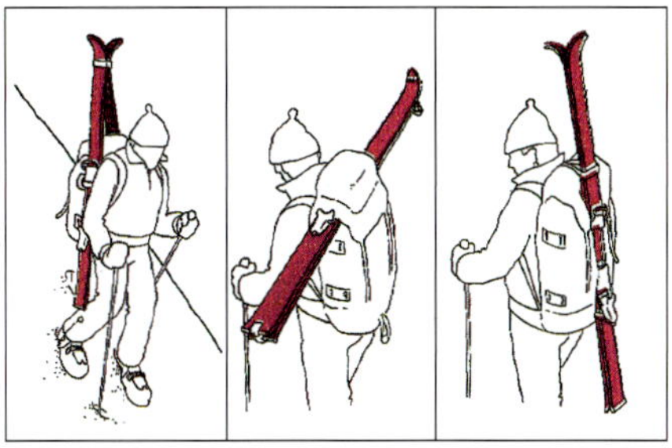

Abb. 107 Tragen der Ski am Rucksack

14.3 Abfahrtstechnik

Viele Skifahrer haben im freien unpräparierten Gelände, im sog. Tiefschnee, Schwierigkeiten mit der richtigen Abfahrtstechnik. Ständig wechselnde Schneehöhen und Schneefestigkeiten (hart, weich, ruppig, Pulver, Feuchtschnee usw.) erfordern größte Aufmerksamkeit und ständiges Beurteilen der Schneedecke. Die Schneedecke setzt also dem Skifahrer einen mehr oder minder großen und unterschiedlichen Widerstand entgegen (bei der Pistenpräparierung wird dieser durch Einebnen gebrochen), den der Skifahrer mittels geeigneter Technik überwinden kann. Die wichtigsten Abläufe seien nachfolgend kurz stilisiert.

Schwingen in schwierigem Schnee

Ein kontrollierter Schwung in schwierigem Schnee lässt sich in drei Phasen einteilen:

1. Entlastung der Ski und damit Dreheinleitung

Um die Ski in eine andere Richtung bewegen zu können, muss der Druck, die Belastung weggenommen werden. Das kann durch Hoch- oder Tiefentlastung erfolgen, wobei erstere die beste und am häufigsten angewandte Methode ist. Der Umfang reicht hier vom Sprung in die Luft bis zur kaum wahrnehmbaren Streckung (Hochbewegung) beim Könner. Der gezielte Einsatz des Skistocks auf der Talseite dient hier als ideale Auslösehilfe.

Tiefschneefahren erfordert eine perfekte Skitechnik.

2. Das Drehen der Ski

Schon während der Entlastung bzw. unmittelbar danach beginnt das Drehen durch die Belastung der Ski, Veränderung der Körperhaltung, Drehen der Knie vor- und bergwärts. Das kann bereits vor dem Erreichen der Falllinie stattfinden! Eine gewisse Fahrtwucht (Geschwindigkeit) hilft entscheidend mit, leichter »um die Ecke« zu kommen. Apropos »Ecke«: Je runder der Bogen gefahren wird, um so leichter gelingt er.

3. Das zunehmende Belasten der Ski (die Steuerphase)

Bereits in der Falllinie beginnt die Steuerphase. Durch Druckverstärkung auf die Skischaufel, Knie vorwärts-bergwärts, dreht der Ski aufgrund seiner Geometrie (Taillierung) aus der Falllinie in die neue Richtung. Je mehr sich der Druck verstärkt, um so mehr Geschwindigkeit wird abgebaut, man hat also den Ski und das Tempo unter Kontrolle.

Je schneller und intensiver man die Knie druckverstärkend zum Hang dreht, um so engere Schwünge (kürzere Radien) fährt man. Wenn das Beinedrehen langsamer, dosierter ausgeführt wird, werden die Schwünge weiter. Entscheidend ist jedoch, dass immer druckverstärkend gefahren wird! Untätiges Verharren auf dem Ski führt zum Geradeausfahren und zur Unterbrechung des Fahrtrhythmus. Carvingski erleichtern das Drehen der Ski in allen Schneearten.

Abb. 108
Hochschwung

Vielfach wird als »Patentrezept« empfohlen, im Tiefschnee mit Rücklage zu fahren. Das ist falsch. Rücklage bedeutet meistens, keine Kontrolle über die Ski zu haben, da der Schaufeldruck fehlt und somit die Steuerungsmöglichkeit. Auch im Tiefschnee wird in Mittellage gefahren, d. h. der *Körperschwerpunkt* bleibt über der Sohlenmitte. Die Fußsohle wird also flächig belastet. Bei *Vorlage* wird der Druck zunehmend auf die Ballen verlagert, *Rücklage* ist vorhanden, wenn mit Fersenbelastung gefahren wird.

Rücklage wird in besonderen Situationen zu Hilfe genommen, zum Beispiel zur Schwungauslösung bei schwerem Schnee, um die Skispitzen anzuheben, und im flachen Gelände. *Vorlage* hilft zum Beispiel bei harten Schneeverhältnissen, den Kantendruck zu erhöhen.

Zwei funktionelle Schwungformen seien hier kurz vorgestellt:

Der Hochschwung

Starke Hochentlastung durch beidbeinigen Drehabstoß. Beidbeinige Belastung der parallel geführten Ski erzeugt einen gleichmäßigen Flächendruck, wodurch die Einsinktiefe und damit der Widerstand verringert wird. Der Hochschwung ist ein eleganter, sportlicher Schwung, der Spaß macht und funktionell ist, jedoch eine gewisse Grundgeschwindigkeit erfordert.

Die Bergstemme

Der modifizierte alte »Stemmbogen« – *Stemmschwung* – hat nach wie vor seine Berechtigung im Skilauf. Vor allem bei schlechten Schnee- und Sichtverhältnissen, bei Ermüdung, schwerem Rucksack und langsamer Fahrweise ist die Bergstemme der ideale Schwung.

In der Schrägfahrt wird bei gleichzeitigem Beugen des talseitigen Beins der Bergski in die neue Richtung ausgewinkelt. Vom talseitigen Stockeinsatz unterstützt, erfolgt der kräftige Abstoß vom Talski mit Umsteigen auf den Bergski. Der Innenski (bisheriger Talski) wird parallel beigesetzt, während gleichzeitig das Drehen des Außenski mit zunehmender Belastung beginnt. Die nun folgende Steuerphase erfolgt wie beim Hochschwung und mündet in die Schrägfahrt.

Abb. 109
Bergstemme

Rechts:
Skitour im Gran Paradiso Gebiet

14.4 Tourenplanung Skitour

Gerade bei Skitouren ist auf sorgfältigste Tourenplanung gesteigerter Wert zu legen. Das Wettergeschehen, die Sichtverhältnisse, das Fehlen natürlicher Orientierungspunkte, die Abhängigkeit von den ständig sich verändernden Schneebedingungen und der damit sich ebenso verändernden Lawinensituation müssen absolute Beachtung finden.

Die Tagestour ist am leichtesten in den Griff zu bekommen, da sich die *Schnee- und Wettersituation* sowie der *Lawinenlagebericht* aktuell umsetzen lassen.

Bei einer Tourenwoche von einer Hütte aus wird es schwieriger, besonders dann, wenn man sich in fremdsprachigen Gebieten befindet, kein Radio zur Verfügung steht oder man im unbewirtschafteten Winterraum Quartier bezogen hat.

Echte Probleme können bei Hochgebirgsdurchquerungen auftreten, bei denen es Etappen gibt, wo kein Talabstieg möglich ist.

Wichtige Faktoren der Skitourenplanung sind:

- Wetter- und Lawinenlagebericht.
- Zeitberechnung unter Berücksichtigung der Schneesituation, der Leistungsfähigkeit, der im Winter umfangreicheren (und damit schwereren) Ausrüstung, des Fahrkönnens.
- Information über Übernachtungsmöglichkeiten, Hüttenöffnungszeit, Winterraumschlüssel, Kochmöglichkeit usw.
- Vollständige Ausrüstung unter Berücksichtigung von Notfällen.

14.5 Lawinen

Die größte Gefahr in den winterlichen Bergen ist die Lawinengefahr, da diese am wenigsten erkennbar und nicht leicht einzuschätzen ist. Der beste Schutz ist genaue Sachkenntnis, ständige Vorsicht und entsprechende Auswahl des Zieles, der Route sowie die Bereitschaft, umkehren zu können oder eine geplante Tour nicht anzutreten.

Etwa 90% aller Unfall-Lawinen werden von den Skifahrern ausgelöst. Von diesen wiederum sind nahezu alle Schneebrettlawinen. Das heißt im Klartext, dass der Tourengeher in erster Linie von der *Schneebrettlawine* gefährdet ist und sich speziell mit dieser auseinandersetzen sollte.

Lawinenbildende Faktoren

1. DAS WETTER

- **Niederschlag** (Schneemenge)

  Bei Neuschneefall (ohne Wind) von:

– mehr als 30 cm: beginnende Lawinengefahr
– mehr als 50 cm: allgemeine Gefahr in Tourengebieten

Schneebrett im Grialetsch-Gebiet

– mehr als 80 cm: große Lawinengefahr
– mehr als 120 cm: höchste Gefahr, Großlawinen möglich

- **Wind**

Unter Windeinfluss kann bereits bei geringem Neuschneezuwachs akute Schneebrettgefahr entstehen.

Der Wind ist der Baumeister der Schneebrettlawine!

Wind verfrachtet Neuschnee auf die Leeseite, wodurch im kammnahen Bereich, unter Felsabbrüchen, nach Hangkanten in Hangversteilungen, in Rinnen und Mulden gefährliche *Triebschneeansammlungen* entstehen. Der gleiche Effekt tritt ein, wenn während einer Schönwetterperiode starke Winde herrschen (Schneefahnen an Graten und Gipfeln). Hierbei hobelt der Wind feine Schneekristalle von der Altschneedecke und verfrachtet sie auf die windabgewandten Hangbereiche!

Es gilt für den Skibergsteiger, Windeinfluss auf den Schnee sowie die Windrichtung zu erkennen!

- **Temperatur**

Wärme nach Neuschneefall bringt erst eine Zunahme der Lawinengefahr, führt dann aber durch schnellere Setzung der Schneedecke zu einer Entspannung der Lage. Im Frühjahr dagegen führt Wärme durch Sonneneinstrahlung ab der Mittagszeit zu vermehrter Gefahr. Starke Durchfeuchtung der Schneedecke durch Föhneinbruch oder Regen bewirkt ebenfalls eine Stabilitätsminderung und somit Erhöhung der Lawinengefahr!

Kälte und tiefe Temperaturen können eine vorhandene Gefahr konservieren (Schattenhänge!).

Folgt eine *Abkühlung auf eine Warmperiode*, so ist damit eine Verfestigung der Schneedecke und Abnahme der Lawinengefahr verbunden.

2. DAS GELÄNDE

- **Steilheit**

Hangneigungen zwischen 30 und 40 Grad ergeben zwar bestes Skigelände, jedoch auch ideale Gleitbahnen für Lawinen. Über 45 Grad Neigung bleibt Neuschnee in größerer Mächtigkeit nicht mehr liegen. Ist man in flacherem Gelände unterwegs, z. B. beim Anmarsch durch ein Tal, sind immer die Hänge »darüber« in Betracht zu ziehen (Tourenplanung!).

- **Himmelsrichtung**

Für die Beurteilung der Schneebrettgefahr ist die *Hangexposition* von entscheidender Bedeutung: Handelt es sich um einen Luv- (windzugeneigt) oder einen Leehang (windabgewandt), um einen Sonnen- oder einen Schattenhang?
Die Unfall-Statistik zeigt auf, dass etwa 70% der Unfälle in den *Expositionen Nordwest bis Südost* zu verzeichnen sind, der Rest verteilt sich auf die Hangrichtungen West und Süd. Das wird verständlich, wenn wir wissen, dass die Hauptwetterrichtung von Nordwest über West bis Südwest gegen die Alpen gerichtet ist und somit auch die Windrichtung.

- **Geländeform**

Wind und Schnee haben das Bestreben, einen sog. *Hangausgleich* zu schaffen. Das heißt, der Wind weht den Schnee von vorspringenden (konvexen) Punkten wie Hangrücken, Graten, Rippen, Felsen weg und füllt damit tiefere (konkave) Geländeteile wie Mulden, Rinnen auf. Mehr Schnee bedeutet mehr Gewicht, was zu vermehrtem Abgleiten und zu *Spannungen* führen kann.

Für den Skifahrer bedeutet das, dass er auf vorspringenden Geländeteilen in der Regel sicherer ist, was in der Routenwahl (sowohl Aufstieg wie auch Abfahrt) berücksichtigt werden muss.

- **Untergrundbeschaffenheit**

Eine gewisse Rolle spielt auch die *Bodenbeschaffenheit*, die jedoch vom Skifahrer meistens nicht beurteilt werden kann. So wird sich z. B. auf mit Alpenrosen bedeckten Hängen leichter der gefürchtete *Schwimmschnee* entwickeln oder auf glatten Grashängen die ganze Schneedecke abgleiten (besonders nach Durchfeuchtung im Frühjahr). Latschenbewuchs ist auch keine Lawinenbremse und ein lichter Lärchenwald ebenso wenig!

3. DER SCHNEEDECKENAUFBAU

Neben der Hangneigung ist der Schneedeckenaufbau entscheidend für die Schneebrettbildung. Die Schneedecke besteht aufgrund der verschiedenen Schneefall- und Witterungsperioden aus unterschiedlichen Schichten.
Wesentlich dabei ist die Bindung **in** der (den) schneebrettbildenden Schicht (Schichten) – und die oft schlechte Bindung **zwischen** den übereinander liegenden Schichten. Auf solchen Schichtgrenzen oder labilen Zwischenschichten können nach einer Belastung (z. B. Skifahrer) die darüber liegenden Schichten abgleiten.

Durch Abstechen und Prüfen eines Schneeprofils kann man eventuell kritische Schichten und Schichtgrenzen erkennen und mittels Rutschkeil/-block die tatsächliche Stabilität an dieser Stelle testen. Eine Aussage über die Stabilität des gesamten Hanges ist damit jedoch nicht zu erhalten.

Beurteilung der Lawinensituation

Die Beurteilung der Lawinensituation erfordert umfassendes Wissen und große Erfahrung, da viele Faktoren (Wetter, Schneedecke, Gelände, Mensch) zu berücksichtigen sind. Der Schweizer Bergführer Werner Munter hat sich mit dieser Thematik eingehend befasst und bietet mit der »Formel 3 x 3« und der »Reduktionsmethode« viel versprechende Lösungsansätze, ebenso die sog. »SnowCard« und der „Faktoren-Check« des Allgäuer Bergführers Martin Engler. Darüber hinaus wird dringend empfohlen, diese Fertigkeiten und das nötige Grundlagenwissen in einem Lawinenkurs zu erwerben.

Lawinenlagebericht

Vor jeder Skitour muss der *amtliche Lawinenlagebericht* eingeholt werden. Dieser gibt wertvolle Aufschlüsse über die Wetterentwicklung und Veränderung der Lawinengefahr. Der Lawinenlagebericht gibt einen Abriss über die Gesamtsituation und sollte örtlich durch eigene Beobachtungen und Erkenntnisse (Hüttenwirt etc.) ergänzt werden.

Österreich erstellt für die einzelnen Landesteile eigene Lageberichte, die Schweiz berücksichtigt ihre unterschiedlichen Alpen- bzw. Klimaregionen. Der Lawinenlagebericht unterscheidet eine fünfstufige Gefahrenskala. Die Aussage »örtlich« bzw. »allgemein« ist eine wichtige Abgrenzung für die Tourenplanung.

Bayern	Telefon-Tonband	+49 89 92 1412 10
	Persönliche Beratung	+49 89 92 1415 55
	Fax-Abruf	+49 89 92 1411 30
	Videotext	BR – Tafel 646
Österreich		
Tirol	Telefon-Tonband	+43 512 1588
	Persönliche Beratung	+43 512 5818 39
	Fax-Abruf	0043 512 5818 3981
	Videotext	ORF – Tafel 615
Steiermark	Telefon-Tonband	+43 316 1588
	Persönliche Beratung	+43 316 2422 00
	Fax-Abruf	+43 316 2423 00
Schweiz	Telefon-Tonband	+41 1 187
	Persönliche Beratung	+41 81 4170 111
	Fax-Abruf (nur in der Schweiz)	0900 5921
	Videotext	DRS – Tafel 198
Südtirol	Telefon-Tonband	+39 0471 2711 77
	Persönliche Beratung	+39 0471 4147 40
	Fax-Abruf	+39 0471 4147 79
Frankreich	Telefon-Tonband (nur in Frankreich)	0836 6810 20
	Aus dem Ausland	+33 892 6810 20

Gefahrenstufe	Auslösewahrscheinlichkeit	Hinweise für Tourengeher
1 gering	Eine Lawinenauslösung ist nur bei großer Zusatzbelastung**) an sehr wenigen, extremen Steilhängen möglich. Spontan sind nur kleine Lawinen (sog. Rutsche) zu erwarten.	Weitgehend sichere Tourenverhältnisse.
2 mäßig	Eine Lawinenauslösung ist bei großer Zusatzbelastung**) vor allem an den angegebenen*) Steilhängen möglich. Größere spontane Lawinen sind nicht zu erwarten.	Unter Berücksichtigung lokaler Gefahrenstellen*) günstige Tourenverhältnisse.
3 erheblich	Eine Lawinenauslösung ist bereits bei geringer Zusatzbelastung**) vor allem an den angegebenen*) Steilhängen möglich. Fallweise sind spontan einige mittlere, vereinzelt aber auch große Lawinen möglich.	Skitouren erfordern Erfahrung und lawinenkundliches Beurteilungsvermögen. Die Tourenmöglichkeiten sind durch die Gefahrenstellen*) eingeschränkt.
4 groß	Eine Lawinenauslösung ist bereits bei geringer Zusatzbelastung**) an den meisten*) Steilhängen wahrscheinlich. Fallweise sind spontan viele mittlere, mehrfach auch große Lawinen möglich.	Skitouren erfordern großes lawinenkundliches Beurteilungsvermögen. Die Tourenmöglichkeiten sind stark eingeschränkt.
5 sehr groß	Spontan sind zahlreiche große Lawinen, auch in mäßig steilem Gelände, zu erwarten.	Skitouren sind allgemein nicht möglich.

*) Hinweise im aktuellen Lawinenlagebericht
**) Zusatzbelastungen:
- groß: z. B. Skifahrergruppe ohne Abstände, Pistenfahrzeug, Lawinensprengung
- gering: z. B. einzelner Skifahrer, Fußgänger

Vorsichtsmaßregeln auf Skitouren

Ungeachtet dessen, ob Lawinengefahr herrscht oder nicht, müssen gewisse Vorsichtsregeln und Maßnahmen befolgt und eingehalten werden:

- **Mitführen eines VS-Gerätes** (= Verschüttetensuchgerät mit der gültigen Frequenz 457 kHz. Ideal sind Geräte mit Lautsprecher statt Ohrhörer und zusätzlicher ***digitaler*** Ortungsanzeige. Achtung: Zu Beginn der Tourenzeit einen frischen Satz Alkali-Batterien einlegen (halten den ganzen Winter) und im Frühjahr wieder herausnehmen. Grundsätzlich vor Antritt jeder Skitour eine gegenseitige Funktionskontrolle durchführen!
- **Mitführen einer Schaufel.** Aus Praxistests weiß man, dass das Ausschaufeln eines Verschütteten ohne Schaufel fünfmal länger dauert. Bei

WICHTIG

- Vor jeder Skitour Lawinenlagebericht einholen
- Im Gelände auf Windeinflüsse achten
- Steilhänge und Hangversteilungen kritisch beurteilen
- Entlastungsabstände einhalten

12 Minuten Bergungszeit mit Schaufel bedeutet das eine Stunde ohne Schaufel; und somit das wahrscheinliche **Aus** für den Verschütteten!

- **Lawinengerechtes Verhalten** im Aufstieg und bei der Abfahrt: Geländeteile, die man nicht wirklich als hundertprozentig sicher einschätzen kann, werden mit Sicherheitsabstand begangen.

– Die Abfahrt darf nie im Rudel erfolgen! *Einzeln im Abstand* hintereinander zu fahren erhöht die Sicherheit enorm – und der Einzelne hat mehr Spaß, da er von den andern nicht behindert wird.
– Müssen *gefährdete Hänge* gequert werden, dann nur am obersten Rand, leicht fallende Spur, einzeln queren, gegenseitig beobachten.
– *Steilhänge* nur einzeln befahren, Beobachtung der Abfahrer durch **alle** Kameraden.
– In *gefährdeten Hangbereichen* (Aufstieg wie Abfahrt) keine Fangriemen (Skibremsen sind sicherer), Hände aus den Stockschlaufen!
– Generell darf sich *in gefährdeten Bereichen nur ein Skiläufer* befinden, der Rest beobachtet. Es wird so der geringste Druck auf die Schneedecke ausgeübt. Und: *Abstand halten* kostet nichts!

- **Bei Zweifel über die Sicherheit oder gar bei erkennbarer akuter Gefahr gibt es nur ein Rezept: umkehren!**

Kameradenrettung

Vorbeugen ist besser als heilen. Laut Statistik erlebt jeder vierte Verschüttete den Stillstand der Lawine nicht mehr! Die Überlebenschancen in der Lawine verringern sich pro Stunde um jeweils die Hälfte. Organisierte Rettungsaktionen, auch mit Helikoptereinsatz, sind fast immer Totenbergungen, da den Wettlauf mit der Zeit meistens die Lawine gewinnt!

Querung mit Entlastungsabständen

Lawinengerechtes Verhalten bei der Abfahrt.

Unter dem Strich heißt das für den Skibergsteiger, dass der Kameradenrettung vor Ort allerhöchste Priorität eingeräumt werden muss.

Ein Verschütteter hat reelle Chancen, wenn

- die VS-Kontrolle durchgeführt wurde;
- der Kamerad beim Lawinenabgang beobachtet wurde (Verschwindepunkt);
- der Umgang, die Suchtechnik mit dem VS-Gerät regelmäßig geübt und trainiert wurde;
- eine Schaufel und möglichst eine Sonde zur Hand ist;
- die Grundsätze der Kameradenhilfe in punkto Unterkühlung bekannt sind;
- wenn nur ein Kamerad von der Lawine verschüttet ist.

Was tun, wenn der Kamerad verschüttet ist?

Das Wichtigste: Ruhe bewahren, Plan zurechtlegen: wer schafft an, wer macht was? **Reihenfolge der Maßnahmen:**

- umschalten aller VS-Geräte auf Empfang;
- feststellen und markieren der Einfahrtspur und des Verschwindepunkts;
- bei schlechtem Wetter Ränder des Lawinenfeldes markieren;
- gleichzeitig Suche »mit Auge und Ohr« in der Strömungsrichtung (vom Verschwindepunkt abwärts), oft findet man Gegenstände oder es schaut gar ein Körperteil aus den Schneemassen;
- parallel dazu kann die Suche mit dem VS-Gerät aufgenommen werden.

Sind genügend Leute vorhanden und gibt es keine Möglichkeit, per Handy die Rettung zu alarmieren, sollten zwei gute Skifahrer zur Alarmierung zur nächsten Hütte bzw. ins Tal geschickt werden (schriftliche Meldung mit Standortangabe mitgeben!). Es ist besser, der Notarzt kommt per Helikopter umsonst als zu spät!

15. Höhenbergsteigen

15.1 Trekking

Höhenanpassung

Trekking, das Wandern und Bergsteigen in den hohen außereuropäischen Gebirgen, findet – gemessen am Alpen-Bergsteigen – unter erschwerten Bedingungen statt. In den Alpen ist die Schlafhöhe (übliche Hüttenstandorte) selten höher als etwa 3000 m, von kurzzeitigen Aufenthalten in höheren Westalpenhütten abgesehen. Beim Trekking schläft man über längere Zeiträume wesentlich höher, etwa zwischen 3000 und 5500 m über Meereshöhe.

Höhenbedingt liegen die Nachttemperaturen entsprechend niedrig, so zeigt das Thermometer in Nepal im November (beste Reisezeit) in Dengboche, 3700 m hoch, beispielsweise um 7 Uhr früh minus 17 Grad Celsius, in Gokyo, 4800 m, minus 22 Grad. Tagsüber kann die Temperatur dann durchaus plus 20 bis 30 Grad erreichen.

Die Höhe hat auf den Körper des Menschen negative Einflüsse. In erster Linie spielt hier der verminderte Sauerstoffpartialdruck eine Rolle. So ist auf 5500 m nur noch halb so viel Sauerstoff in der Atemluft vorhanden als auf Seehöhe! Diese Verminderung muss der Körper durch die vermehrte Produktion roter Blutkörperchen (die den Sauerstoff binden und transportieren) ausgleichen. Der Körper passt sich aber nur langsam der veränderten Situation an, er »akklimatisiert sich«. Übergeht man die wichtigen *Akklimatisationszeiten*, wird man höhenkrank, was in der Höhe immer Lebensgefahr bedeutet. Entscheidend ist hier nicht der höchste erreichte Punkt, sondern die Aufenthaltshöhe während der Ruhephasen (= Schlafhöhe).

Es gilt der Grundsatz: Nicht zu schnell – Nicht zu schwer (Rucksackgewicht) – Nicht zu hoch! Man kann während der Akklimatisationsphase gar nicht langsam genug gehen.

Flüssigkeitsaufnahme

Ausreichende Flüssigkeitsaufnahme ist ein absolutes Muss für Anpassung und Leistungserhalt. Trinken, trinken und nochmals trinken, gerade auch dann, wenn kein Durstgefühl vorhanden ist.

Wie viel trinken ist nötig? Zwei Faustregeln aus der »Höhenpraxis«: Die Urinabgabe sollte mindestens einen Liter pro Tag betragen! Oder: so viel trinken, dass der abgegebene Urin eine helle bis weißliche Färbung hat.

Gesundheit und Hygiene

Zum Höhenproblem kommt der Aufenthalt über einen längeren Zeitraum *ohne den gewohnten Komfort* und unter mangelhaften hygienischen Gegebenheiten. Das Leben während eines Trekkings nähert sich ursprünglichen Formen und ist auf bescheidene Maßstäbe reduziert. Doch gerade diese Umstände, das Schlafen im Zelt oder in primitiven Unterkünf-

Sherpa-Träger am Weg zum Island Peak (Everestgebiet)

ten, die einfache Verpflegung, tragen zum intensiveren Erleben von Landschaft, Leuten und Kultur erheblich bei.

Andere Länder – andere Bakterien könnte man sagen. Tatsache ist, dass wir Bergsteiger aus den überzivilisierten Ländern mit allen hygienischen Errungenschaften nicht mehr immun sind gegen das, was dort so alles gedeiht. Es sollte sich jeder damit befassen und vertraut machen, von »Montezumas Rache« ereilt zu werden. Die Reisediarrhoe, die Durchfallerkrankung, muss eingeplant werden, entsprechende Medikamente und Verhaltensmaßregeln sollten vor der Reise mit dem Hausarzt abgesprochen werden. Mit einem Durchfall ist ja immer ein immenser Flüssigkeitsverlust verbunden, der in der Höhe ganz fatale Folgen haben kann.

Verschleppte Erkältungen, eine nicht auskurierte Grippe kommen beim Aufenthalt in der Höhe unweigerlich ans Tageslicht. Es sei hier auch darauf hingewiesen, dass Medikamente auf den Körper in der Höhe ganz anders wirken können als auf gewohntem Niveau.

Berüchtigt ist der sog. *Höhenhusten*. Er entsteht dadurch, dass die höhenbedingt kalte und sehr trockene Luft durch die Anstrengung besonders intensiv eingeatmet wird. Zur Vorbeugung dient ein vor den Mund gebundenes Tuch, wodurch die Atemluft vorgewärmt wird.

Vor einer Trekkingtour oder Expedition muss unbedingt rechtzeitig, d. h. mindestens 3 Monate vorher, eine *gründliche Zahnuntersuchung* erfolgen. Dabei geht es nicht nur um lockere Füllungen, sondern besonders auch um das Aufspüren verborgener Eiterherde.

Besondere Ausrüstung

Zum *Wohlbefinden* braucht man eine gute Ausrüstung, insbesondere eine sehr gute Schlafmatte und den besten Daunenschlafsack. Nur wer nachts nicht friert, sich wohl fühlt und gut schläft, erholt sich. Dadurch bleibt man über längere Zeit wirklich fit und ist tagsüber zu guten Leistungen fähig. In einem ausgeruhten Körper wohnt auch eine gute Psyche! Das alles spricht dafür, sich die Ruhezeit im Schlafsack so warm und angenehm wie möglich zu machen.

Spezielle Bekleidung ist nicht notwendig, jedoch sollte man vom Grundgedanken des Schichtenprinzips ausgehend zu seiner üblichen Bergsteigerkleidung einige zusätzliche Teile einpacken. Man hat ja doch ganz erhebliche Temperaturgegensätze auszugleichen. Während tagsüber beim Gehen eine Fleecejacke ausreicht, ist morgens und abends eine Daunenjacke oder ein Daunenpullover erforderlich. Bei Expeditionen empfiehlt sich zur dünnen Unterwä-

Aufstieg am Denali (Alaska)

Hochlager (5200 m) im Solo Khumba

sche noch eine zweite, dickere Schicht. Je nach Höhe sollte dann auch die Überhose entsprechend wärmeisolierend ausgestattet sein.

Als *Wechselwäsche* hat sich Sportunterwäsche hoch bewährt. Sie ist problemlos unterwegs zu waschen (z. B. während der Mittagsrast) und trocknet rasch. Eine Bitte: Nur biologisch abbaubare Seife und Waschmittel verwenden, um die Natur nicht zu belasten. Als Selbstverständlichkeit gilt natürlich, *Waschplätze* so zu wählen, dass keinesfalls das Wasser für unterhalb befindliche Anwohner in Mitleidenschaft gezogen wird. In Höhen über 4000 m sollte man Ganzkörperwaschungen oder gar Kopfwaschen einstellen. Die Anfälligkeit für Erkältungen und daraus resultierende Höhenerkrankungen ist zu groß.

15.2 Expeditionen

Als Expedition wird hier das Höhenbergsteigen bezeichnet, das hauptsächlich die Ersteigung hoher Gipfel zum Alleinzweck hat. Prinzipiell gelten die gleichen Voraussetzungen wie beim Trekking. Hinzu kommt – neben den technischen Anforderungen der Schwierigkeit – eine entsprechende Taktik und eine genaue Planung.

Bergsteigen in außereuropäischen Gebirgen: Mount Kenia, Afrika

Früher waren es in der Regel Großexpeditionen, die die höchsten Berge belagerten. Sie beschäftigten Hunderte von Trägern und ließen dementsprechende Müllhalden zurück. Heute hat sich die sog. *Kleinexpedition* durchgesetzt. Das generalstabsmäßige Vorrücken und Sichern der geplanten Aufstiegsroute wurde als Expeditionsstil bezeichnet, der da und dort sogar bei Unternehmungen in den Alpen Anwendung fand (z. B. Eiger-Nordwand, Harlinroute im Winter). Heute wird von Kleinexpeditionen der Alpinstil bevorzugt, also das Bergsteigen in der normalen Seilschaft.

Nahezu alle hohen Gipfel und Trekkinggebiete liegen in Nationalparks und sind aus diesen oder anderen Gründen *genehmigungspflichtig*. Das gilt für Alaska ebenso wie für Nepal, Afrika oder Südamerika. Plant man die Besteigung eines hohen Berges, so sollte man sich in jedem Fall beim zuständigen Konsulat rechtzeitig über Gebühren, Permitbeschaffung und Genehmigung erkundigen.

16. Alpine Gefahren

In weiten wenig informierten Bevölkerungskreisen gilt das Bergsteigen generell als gefährlich. Nun ist es natürlich auch für den Bergsteiger selbst wichtig, zu wissen, wo und welche Gefahren drohen. Der *Sicherheitskreis des Deutschen Alpenvereins* erstellt jährlich eine Unfallbilanz, deren Auswertung wertvolle Aufschlüsse gibt.

Über Jahre hinweg verteilen sich die Gewichtungen etwa wie in folgender Abbildung dargestellt.

Besonders interessant wird die Einteilung aller Bergunfälle nach Ursachen. Die unten stehende Abbildung zeigt dies am Beispiel des Jahres 2000.

Man muss daher die alpinen Gefahren in zwei Kategorien einteilen:

- *subjektiv* bedingt, also durch den Menschen selbst hervorgerufen und
- *objektiv* bedingt. Das sind Gefahren, die uns Natur und Umfeld entgegenbringen (weniger als 10% in der Auswertung des Sicherheitskreises).

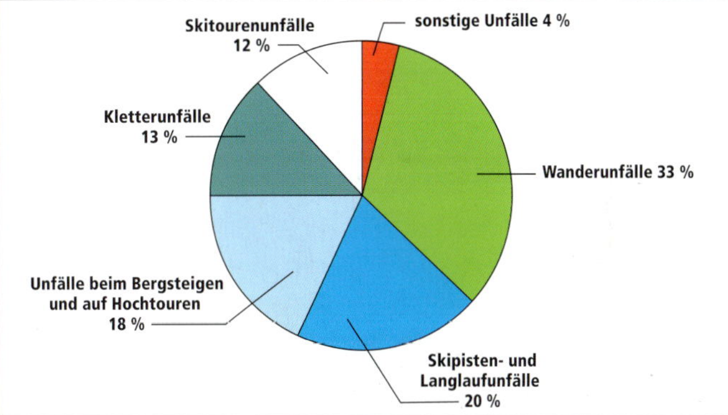

Abb. 110 Die durchschnittlichen Unfallzahlen, aufgeteilt nach Bergsportdisziplinen

16.1 Subjektive Gefahren

Fehlende Erfahrung

Erfahrung kommt von »etwas erfahren«. Erfahrung gewinnen kann man natürlich aus Büchern, besser noch, man übernimmt sie von bereits erfahrenen Begleitern. Erfahrung erhält man erst im Laufe der Zeit, entsprechend sollte man seine Ziele ausrichten.

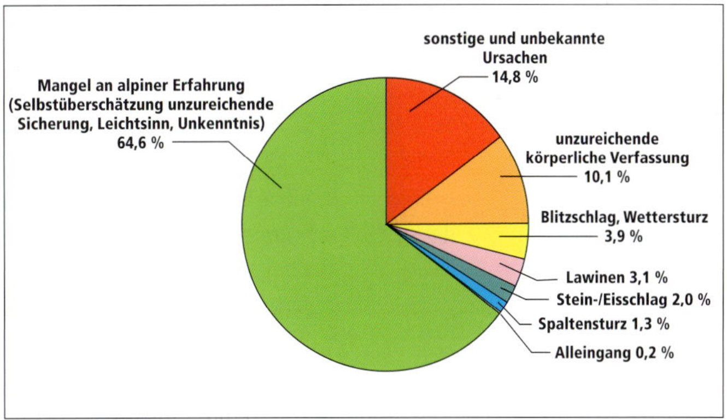

Abb. 111 Die Unfallursachen (2000)

Mangelnde Kondition

Mangelnde *Kondition* darf nie eine Unfallursache sein, denn körperliche Fitness lässt sich überall und von jedem erwerben. Bergsteigen ist eine Ausdauersportart, die man am besten durch Laufen, Radfahren, Skilanglauf und natürlich durch Bergsteigen trainiert.

Maßstab ist hier die Trainingsdauer bei einer bestimmten Pulsfrequenz. Nur so vor sich hinzutraben, bringt keinerlei Zuwachs und nützt allenfalls die Gelenke und Schuhsohlen ab. Für Kletterer gibt es spezielle Trainingsmethoden.

Unzureichendes Können

Können erwirbt man sich durch Lernen und Üben. Bergsteigen, die Technik (z. B. Sicherungsmethoden) kann man lernen. Am besten in einem Ausbildungskurs bei einem Bergführer, einer Bergsteigerschule oder in einem Kurs in einer Alpenvereins-Sektion.

Falsche oder unzureichende Ausrüstung

Es gibt heute kaum noch schlechte *Ausrüstung*. Oft wird eine falsche Ausrüstung gewählt oder zuviel unnützes Zeug mitgeschleppt. Es hat sich auch erwiesen, dass gute Ausrüstung oft falsch eingesetzt bzw. falsch bedient wird. Man muss also auch lernen, mit seiner Ausrüstung umzugehen.

Aus einer sorgfältigen *Tourenplanung* geht hervor, wie viel Kondition man braucht, wie schwierig die Tour ist, welche Ausrüstung sie erfordert und – ob die Erfahrung dafür ausreicht.

16.2 Objektive Gefahren

Objektive Gefahren sind die Gefahren, die die Natur dem Bergsteiger entgegenstellt.

Das Wetter

Das Wetter mit allen seinen Erscheinungsformen (Sonne, Kälte, Nässe, Gewitter, Sturm, Wettersturz, Nebel, Schneefall) ist für die Sicherheit und den Erlebnisgehalt einer Tour von größter Bedeutung. Es ist erwiesen, dass viele Gefahrensituationen erst mit der Veränderung des Wetters eintreten. Der Bergsteiger sollte sich so gut es geht mit dem Ablauf des Wettergeschehens vertraut machen. Vorrangig ist es natürlich, den aktuellen und regional zutreffenden Wetterbericht abzuhören und die Wetterprognose zu berücksichtigen. Eigene Beobachtungen, das Interpretieren von Wolkenaufzügen, Luftdruckveränderungen (mittels Höhenmesser feststellbar) und Temperaturwechsel helfen mit, in keine Wetterfalle zu tappen.

SONNE

Die Sonne ist beim Bergsteigen ein erwünschter Begleiter, allzu viel kann jedoch Schäden verursachen. Mit zunehmender Höhe nimmt die aggressive *UV-Strahlung* sprunghaft zu. Man schützt sich am besten durch Abdecken mit Kleidung, die offenen Hautpartien durch

Sonnenschutzmittel mit hohem Lichtschutzfaktor, vor allem auch die Lippen. Für die besonders empfindlichen Augen sollte nur die beste Gletscherbrille, die man auftreiben kann, gut genug sein.

Wichtig ist es, genügend *Getränke* mitzunehmen, großer Durst schmälert nicht nur die Freude am Steigen, sondern bewirkt auch erhebliche Leistungseinbußen. Man kann jedes Bergwasser trinken, sofern nicht gerade oberhalb eine Hütte steht. Vorsicht bei Schmelzwasser, dieses sollte nur zusammen mit Elektrolytbeigabe getrunken werden.

Gefahren drohen durch *Hitzschlag* (z. B. zur Mittagszeit bei brütender Hitze und Strahlung in einem Gletscherkessel) und *Wärmestau*. Hitzschlag beugt man mit heller Kopfbedeckung, am besten mit Schild oder Krempe, vor. Wärmestau verhindert man durch rechtzeitiges Ablegen zu warmer Kleidungsteile und durch das Tragen von luftiger und weiter Kleidung.

KÄLTE UND NÄSSE

Gegen trockene Kälte kann man sich durch Anziehen warmer Kleidung und durch Bewegung gut schützen. Besonders in Verbindung mit Nässe kann es zur gefürchteten *Unterkühlung* kommen. Man sollte also wasserdichte Überbekleidung – Anorak, Überhose – dabei haben sowie trockene Reservewäsche zum Wechseln. Hier ist Bekleidung aus atmungsaktivem Material gefragt, da sonst die Kondenswasserbildung auch die Kleidung darunter durchnässen kann.

Mit klammen Fingern klettern zu müssen, bedeutet in jedem Fall ein Risiko, bei nassem Fels wird jede Kletterei ebenfalls bedeutend risikoreicher. Aufgeweichte Erde verschmiert das Sohlenprofil, nasses Gras macht einen Berghang zur Seifenbahn.

Schneefall ist im Gebirge bei Schlechtwettereinbrüchen auch im Sommer keine Seltenheit. Man sollte sich überlegen, ob die Tour so weitergeführt werden kann, abgebrochen werden muss oder zum Beispiel auf einer Hütte Wetterbesserung abzuwarten ist.

Besonders gefürchtet ist der sog. *Wettersturz*, ein Schlechtwettereinbruch auf breiter Front verbunden mit einem Temperatursturz um 10 bis 15 Grad, bei dem es zu massiven Schneefällen kommt. Solche Wetterlagen werden im Wetterbericht klar vorhergesagt – und trotzdem kommt es in den Alpen immer wieder zu Bergsteigertragödien.

Wettersturz im August

WIND UND STURM

Wind und Sturm werden häufig unterschätzt. Wind entzieht dem Körper Wärme und Energie. Dieser Effekt wird durch nasse oder feuchte Kleidung erheblich verstärkt, es kann zur Unterkühlung mit den entsprechenden Folgen kommen.

Gegen den Sturm gehen zu müssen, kann Orientierungsschwierigkeiten mit sich bringen und ein Mehrfaches an Kraft fordern. Windböen auf Graten sind lebensgefährlich. Selbst bei blauem Himmel kann es zum gefürchteten Höhensturm kommen, von weitem erkenntlich an den Schneefahnen. Ein Höhensturm kann den Bergsteiger zum Kriechen zwingen. Grate und Gipfel sind dann absolut zu meiden.

GEWITTER

Gewitter sind an den typischen Wolkenausbildungen und am rapiden Luftdruckfall meist rechtzeitig zu erkennen. Die Zeit zwischen Blitz und Donner kann man messen und somit die Entfernung bestimmen (1 Sek. = 330 m).

Einen direkten Blitzeinschlag wird kein Mensch überleben. Man hat es in der Regel mit der abströmenden Elektrizität, dem Erdstrom, zu tun.

Es gilt, Gipfel, Grate, vorstehende Geländepunkte zu vermeiden, ebenfalls wasserführende Rinnen und Gräben. Weg von allen Drahtseilsicherungen! Niemals hinlegen, sondern auf eine isolierende Unterlage (Rucksack, Seil) setzen. Schrittstellung vermeiden. Überhänge gewähren keinen Schutz, Höhlen nur, wenn sie tief genug sind.

Herabfallendes, Abbrechendes

STEINSCHLAG

Steinschlag wird verursacht durch Spaltfrost: Wasser dringt in feinste Ritzen, gefriert und dehnt sich aus. Ein Vorgang, der oft über Jahrhunderte und länger an der gleichen Stelle wirkt. Insbesondere im Frühjahr und Frühsommer wird der Kletterer häufiger lockere Griffe in Kletterrouten vorfinden als im Spätherbst. *Steinschlagzonen* erkennt man an entsprechenden Geröllhalden, Steinschlagspuren im Schnee, Aufprallflecken am Fels. Es kommt hin und wieder vor, dass eine flüchtende Gams einen Stein auslöst, doch sind es in allererster Linie die Bergsteiger selbst, die sich durch unsaubere Gangart die Steine auf den Kopf werfen! *Sauberes Klettern und Steigen* kann man lernen und üben!

Steinschlag kann auch entstehen durch Sonnenbestrahlung, also Ausapern von Steinen und Felsplatten aus Schnee- und Eisfeldern. Ebenso durch Auswaschen, z. B. in einem starken Gewitterregen.

WICHTIG

- Auf ausreichenden Windschutz achten
- Bei starker Sonne reichlich trinken und auf ausreichenden Schutz achten
- Unterkühlung bedeutet Lebensgefahr
- Zeitiger Aufbruch verringert die Gefahr des Blitzschlages
- Stein- und Eisschlagzonen zügig begehen

EISSCHLAG

Eisschlag kann natürlich von abbrechenden Eiszapfen aus gefrorenen Wasserfällen stammen, doch ist hier in erster Linie abbrechendes Eis aus *Gletscherbrüchen* (sog. Seracs) gemeint. Es ist ein Irrtum zu glauben, unter einem Eisbruch durchzulaufen wäre am Nachmittag gefährlich und frühmorgens sicherer: Es ist immer gefährlich, unabhängig von der Tageszeit. Die

Ursache von Eislawinen ist die Fließbewegung des Gletschers, die kontinuierlich vor sich geht, nicht die Lufttemperatur. Die beste Vorbeugung ist, hier genügend Abstand zu halten und das Gehtempo im gefährdeten Bereich zu erhöhen.

Das Wort »Schneeschlag« gibt es eigentlich nicht, trotzdem können im Frühsommer Reste von Altschnee abrutschen, z. B. auf abschüssigen Bändern, wenn sich der Fels so erwärmt, dass ein darauf liegender Altschnee-Klotz ins Gleiten kommt. Hier kommt eine ausgereifte Tourenplanung zum Tragen: Wie war der Winter, wie viel Schnee liegt noch in der Wand, ist meine Route gefährdet, ist die Jahreszeit für diese Route geeignet?

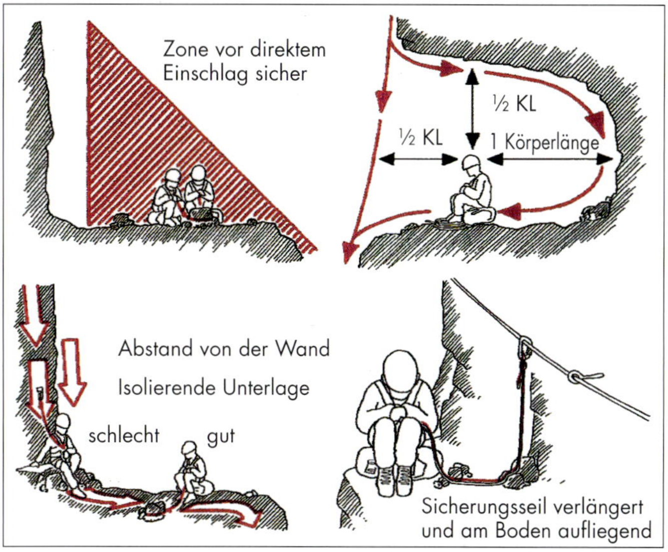

Abb. 112 Verhalten bei Gewitter

WECHTEN

Wechten sind mit besonderer Vorsicht zu behandeln. Es ist oft nicht erkennbar, wo die mögliche *Bruchlinie* verlaufen könnte. Man quert dann auf der Luvseite so weit unten wie möglich. Bei Wechtenbegehungen ist der maximale Seilabstand zu wählen.

Wechtenbildung

Die Dunkelheit

Die Dunkelheit kann dem Bergsteiger gefährlich werden, wenn es ihm nicht gelingt, zum Beispiel eine Klettertour und den anschließenden Abstieg rechtzeitig zu beenden.

Vorbeugende Maßnahmen sind neben der Tourenplanung (im Juni ist es bis 22 Uhr hell, im Oktober nur bis 18 Uhr!) die Mitnahme einer guten *Stirnlampe* und, falls man auch dann die Tour nicht beenden kann, das rechtzeitige Einrichten eines *Biwaks*!

16.3 Das Biwak

Lange Bergfahrten, insbesondere die großen Überschreitungen in den Westalpen, erfordern Übernachtungen im Freien. Probleme sind dabei die Kälte, die Verpflegung, der Platz. Wichtig ist, einen windstillen Ort zu finden, der außerdem steinschlag- und absturzsicher ist bzw. den man absichern kann. Günstig ist es, eine dünne Isoliermatte und einen Schlafsack dabeizuhaben. Es gibt leichte und klein verpackbare Daunenschlafsäcke. Bei der Auswahl des Kochers ist im Alpenbereich sicher ein Gaskartuschenkocher die beste und sauberste Lösung, bei großer Kälte und auf Expeditionen ist ein Benzinkocher angebracht.

NOTBIWAK

Kommt man durch ungünstige Umstände in Zeitnot, sieht man sich *rechtzeitig* nach einem Biwakplatz um. Bis zur absoluten Dunkelheit zu klettern ist Unsinn, man provoziert nur seinen Schutzengel. Wichtig ist nun, *trockene Kleidung* anzuziehen, sich auf eine *isolierende Unterlage* (z. B. Seil) zu setzen oder zu legen. Der Biwaksack schützt gegen Wind und Auskühlung. Mit etwas Notproviant und Trinkbarem lässt sich eine Nacht gut überstehen.

Befindet man sich im Schneegelände, so ist der Bau einer Schneehöhle oder eines Schneelochs von größtem Vorteil. Schnee hat den gleichen Isolierwert wie Holz, in einer Schneehöhle kann man praktisch nicht erfrieren. Bei großer Kälte hilft es, eng aneinander zu rücken, um sich gegenseitig Körperwärme zu spenden. Eine Kerze hat bei Biwaks noch immer gute Dienste geleistet, sei es als Heizung, zur Sauerstoffkontrolle oder nur zur Stimmung!

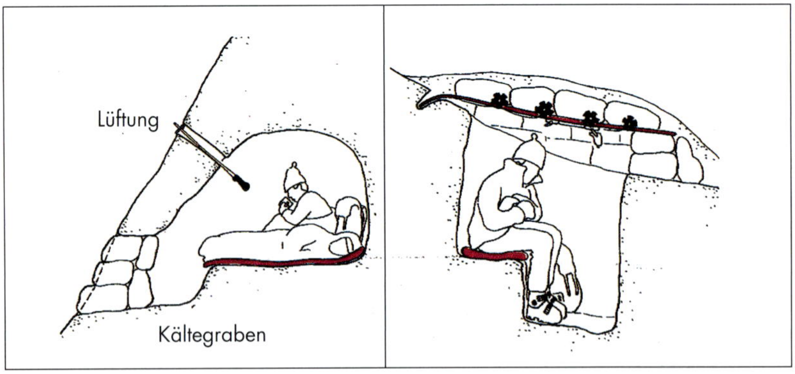

Abb. 113
Bau von Schneehöhle und Schneeloch

17. Bergbezogene Erste Hilfe

Jeder Wanderer und Bergsteiger muss im Ernstfall Erste Hilfe leisten können, gerade im Gebirge, wo fremde Hilfe weitab ist.

Ein *Erste-Hilfe-Kurs* bzw. ein *Auffrischungskurs* sollte für jeden, der ins Gebirge geht, als Voraussetzung gelten. Einige bergspezifische Fälle seien hier ergänzend angeführt:

Großflächige Schürfwunden mit Salbengaze oder Alufolie abdecken. Keinen Puder oder Salben auf offene Wunden!

Wasserblasen: Vorbeugend mit Tape abkleben. Ist die Blase offen, mit »Second Skin« (geleeartige Wundabdeckung) belegen und großzügig Tape darüber kleben.

17.1 Hitzeschäden

Sonnenstich

Hervorgerufen durch übermäßige Sonneneinstrahlung auf den Kopf.

Symptome: Hochroter Kopf, Kopfweh, wirrer Zustand, bis letztlich zur Bewusstlosigkeit.
Maßnahmen: Kopf mit Wasser oder Schnee abkühlen, trinken (lassen), Schatten spenden (z. B. durch aufgespannten Biwaksack als Sonnensegel).
Vorbeugung: Rechtzeitig Sonnenhut aufsetzen!

Wärmestau (Hitzschlag)

Hervorgerufen durch zu warme, zu enge Kleidung.

Symptome: Rotes Gesicht, Erschöpfungszustand, Übelkeit.
Maßnahmen: Kleider öffnen, Luft an den Körper, in den Schatten legen, trinken.
Vorbeugung: Rechtzeitig warme Kleidung ausziehen, luftundurchlässige Kleidung vermeiden.

Augenentzündung

Entzündungen am Auge entstehen in der Höhe durch UV-Strahlung und grelles Licht: reflektierender Fels, Schnee und besonders auch bei Nebel! In schweren Fällen spricht man von »Schneeblindheit«.

Symptome: Tränende, schmerzende rote Augen.

Maßnahmen: Kühle Umschläge, nur beste Sonnenbrille mit seitlicher Abdeckung; wegen der Gefahr von Dauerschäden (spätere Sehbeeinträchtigungen) zum Arzt.
Vorbeugung: Rechtzeitig Gletscherbrille aufsetzen, wegen der Gefahr von Langzeitschäden auf beste Qualität achten: 100 % UV-Schutz, spezielle Lichtabsorption, absolute optische Qualität (Verzerrungsfreiheit).

17.2 Kälteschäden

Örtliche Erfrierung

Exponierte Körperstellen wie Zehen, Finger, Nase, Wangen, Ohren sind für örtliche Erfrierung besonders anfällig. Ursache ist neben Kälte mangelhafte Durchblutung (Zehen: zu enge Schuhe, Zehen stoßen leicht an; Finger: durch Skistock- oder Pickelgriff abgedrückte Gefäße, zu enge Handschuhe oder Fingerhandschuhe). Bei Nase, Wangen und Ohren ist fast immer auftreffender Wind die Ursache. Selbst spürt man dabei nichts, deshalb ist hier die Beobachtung der Kameraden wichtig. Weiße Flecken solange reiben und massieren, bis die Durchblutung wieder hergestellt ist. Wie stark die Windgeschwindigkeit sich auf die Auskühlung auswirkt, zeigt untenstehende Tabelle:

Abhängigkeit der Auskühlung von der Windgeschwindigkeit

Die Auskühlung des Körpers ist abhängig von der umgebenden Lufttemperatur. Sie wird jedoch mit der Zunahme der Windstärke um ein Vielfaches verstärkt. Die nachstehende Tabelle gibt zu verschiedenen Windgeschwindigkeiten die Temperaturwerte in Bezug auf die jeweilige Ausgangstemperatur bei Windstille an.

Windgeschwindigkeit

0 m/sec	5 m/sec	10 m/sec	15 m/sec	20 m/sec
0°C	–8°C	–15°C	–18°C	–19°C
–10°C	–21°C	–30°C	–34°C	–36°C
–20°C	–34°C	–44°C	–49°C	–52°C
–30°C	–46°C	–59°C	–65°C	–67°C
–40°C	–59°C	–74°C	–80°C	–83°C

Kennt man diese Werte, ergibt sich die logische Schlussfolgerung, dass man sich im Gebirge vor Wind schützen muss: einmal durch die richtige Bekleidung, zum anderen durch die Wahl eines windgeschützten Platzes für Biwak, Lagerung eines Verletzten oder auch nur für die Rast.

Maßnahmen: Heiße Getränke, die umgebenden Körperpartien massieren (nicht die Erfrierung!), in der Hütte das erfrorene Glied im warmen Wasser baden, so warm, wie der Patient es verträgt, nach und nach heißes Wasser dazugeben. Achtung: Bei Blasenbildung mit weichem, keimfreiem Verband abdecken und rasch vom Arzt behandeln lassen, Infektionsgefahr!
Vorbeugung: Bei Zehen und Fingern Druckstellen und Abschnürung vermeiden, genügend trinken, das Gesicht vor Wind schützen, evtl. durch eine Gesichtsmaske.

Allgemeine Unterkühlung

Die allgemeine Unterkühlung ist ein *lebensbedrohlicher Zustand*. Der Körper gibt mehr Wärme ab, als er produzieren kann, und kommt so unweigerlich in ein Wärmedefizit: Die Körperkerntemperatur sinkt unter die »Betriebstemperatur« von 37 Grad Celsius.

Bei weiterem Absinken tritt bei etwa 31 Grad Kerntemperatur Bewusstlosigkeit (absolute Lebensgefahr!) ein, die schließlich bei etwa 27 Grad zum Tod führt.

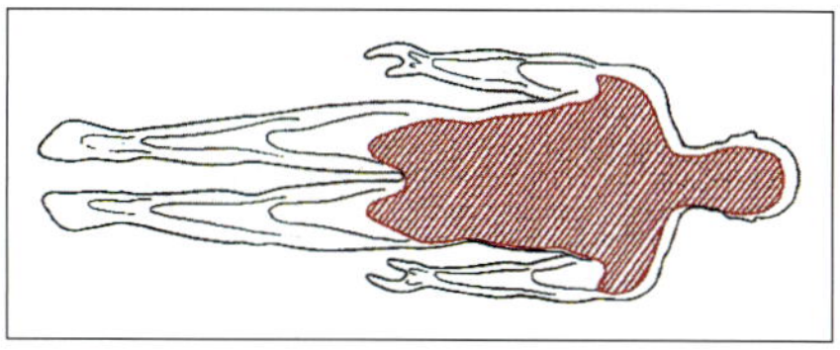

Abb. 114
Bei der allgemeinen Unterkühlung wird der Kreislauf auf den Körperkern (lebenswichtige Organe) reduziert.

Ursache: Erschöpfung + Nässe + Wind = Auskühlung.
Symptome: Kältezittern, Verwirrtheit, Apathie, Schläfrigkeit, Muskelstarre, verlangsamter Puls und Atmung bis zur Bewusstlosigkeit.
Maßnahmen: Trockene Kleidung auf die Haut und Windschutz. *Vor weiterer Auskühlung schützen.* Zuführung von Kameradenwärme, heiße Getränke. *Achtung: Nicht bewegen, nicht massieren*, da sich sonst kaltes Schalenblut mit dem noch wärmeren Kernblut vermischt und es zum plötzlichen Tod, dem sogenannten Bergungstod, kommt.

Abtransport durch die Bergrettung organisieren. Bei Atemstillstand beatmen.

17.3 Der Schock

Der Schock kann bei jedem Unfall, aber auch durch Schreck und Schmerzen entstehen. Schock bedeutet immer Lebensgefahr, da das Blut in Armen, Beinen und Bauchraum versackt und die lebenswichtigen Organe nicht mehr versorgt werden.

Symptome: Blasse Gesichtsfarbe, weite Pupillen, kalter Schweiß, schneller Puls.
Maßnahmen: Schocklage (Beine hoch lagern), heiße gezuckerte Getränke, Schmerzlinderung (Medikament), Wärme und Anteilnahme (!), schonender Abtransport.
Vorbeugung: Einen Verunfallten nie allein lassen, Zuspruch geben.

Eine spezielle Art des Schocks (»orthostatischer Schock«) tritt *nach längerem Hängen im Seil* ein (wenn beispielsweise ein Bergsteiger bis zu seiner Bergung 45 Minuten in einer Gletscherspalte hängt).

Der Geborgene darf in diesem Fall keinesfalls flach hingelegt und in Schocklage gebracht werden! Das mit einem Schwall zurückströmende Blut kann zum Sekundenherztod führen.

Den Geborgenen sitzen oder stehen lassen, nach 20–30 Minuten reguliert sich der Körper. Trotzdem sollte eine Klinik mit Dialysestation aufgesucht und vorbeugend ein Nierentest veranlasst werden! Die Hängezeit muss dem Arzt mitgeteilt werden.

17.4 Maßnahmen am Unfallort

Oberstes Gebot ist, keine Hektik und Panikstimmung zu verbreiten, was den Verunfallten möglicherweise in den Schock treiben würde.

Zuerst kommt die kühle Überlegung: »was ist geschehen – was mache ich«, dann erfolgen erst die Maßnahmen:

- **Bergung** des Verunfallten aus dem unmittelbaren Gefahrenbereich an einen sicheren Platz.
- **Erste Hilfe** nach der Reihenfolge:
  - *Versorgung lebensbedrohlicher Zustände* (Schock, Atem- und Kreislaufstillstand), Lagerung, Wiederbelebung.
  - *Versorgung von Verletzungen*, Blutungen, Brüchen.
- **Abtransport bzw. Hilfe herbeiholen,** Verletzten bis zum Abtransport lagern (Wind- und Nässeschutz, Biwak vorbereiten). Behelfsmäßige Abtransportmethoden können einem Schwerverletzten oft mehr schaden, als auf die planmäßige Bergrettung zu warten!

Unfallmeldung

Die Unfallmeldung sollte nach dem W-System abgegeben werden:

Was ist passiert
Wann ist es geschehen
Wo ist die Unfallstelle
Wie viele Verletzte sind es

Die Meldung sollte auf jeden Fall schriftlich überbracht werden. Es ist wichtig, anzugeben, ob in der Nähe eine Helikopterlandung möglich ist.

Bergrettung – Bergwacht – Flugrettung

D alle Bereiche einheitlich, Tel. 192 22, ggf. mit Vorwahl;
A Tirol: Flugrettung Innsbruck, Tel. 0512/1777 oder ÖAMTC 144;
CH Flugrettungswacht, Tel. 01/383 11 11;
I Südtirol, Tel. 0471/98 19 81;
F Chamonix, Tel. 04 50/53 16 89.

Vorbereitung des Helikopter-Landeplatzes

Ein aufgespannter Biwaksack zeigt dem Piloten schon von weitem den Unfallort an. Achtung: Beim Anflug gut wegpacken, ebenso andere leichte Kleidungsstücke und alles, was aufgewirbelt werden und in den Rotor geraten könnte!

Beim Anflug des Helikopters steht der Einweiser mit dem Rücken zum Wind, Arme in Y-Stellung, bei stärkerem Wind zusätzlich ein Halstuch oder ein Stück Verbandsstoff in der Hand, um dem Piloten die Windrichtung und -stärke besser anzuzeigen. Der Einweiser bleibt so lange an seinem Platz, bis der Hubschrauber steht. Dies ist besonders wichtig, wenn sich der Landeplatz auf Schneeflächen befindet, da der Einweiser dann der einzige Bezugspunkt für den Piloten ist.

Nach der Landung nie hinter den Hubschrauber laufen, immer in Sichtweite des Piloten bleiben!

Abb. 115 YES: Hilfe wird benötigt (auch zum Einweisen des Helikopters bei der Landung); NO: Hilfe ist nicht notwendig (keine Landung an dieser Stelle möglich)

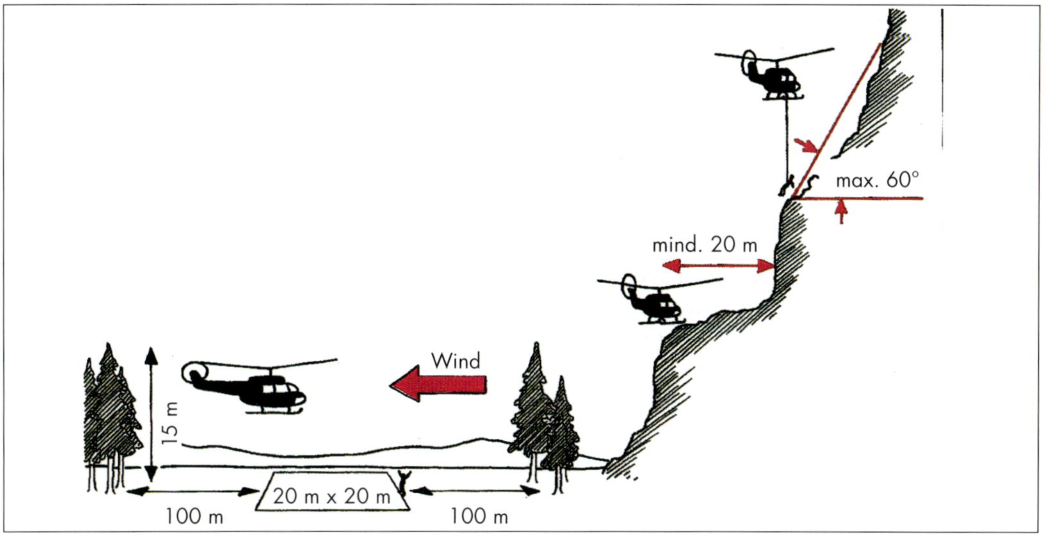

Abb. 116 Landemöglichkeiten für den Hubschrauber

Das alpine Notsignal

6-mal innerhalb einer Minute in regelmäßigen Abständen senden:

- optisches Zeichen: Licht (Lampe, Spiegel), Winken oder
- akustisches Zeichen: Rufen, Pfeifen

Die Antwort erfolgt ähnlich, jedoch nur 3-mal hintereinander.

17.5 Die Rucksack-Apotheke

Die Rucksack-Apotheke sollte enthalten:

● Rettungsdecke ● Dreieckstuch ● elastische Binde ● 2 Verbandpäckchen ● einige Mullbinden ● einige Wundauflagen ● Tape, Leukoplast ● elastisches Hansaplast ● Salbengaze (für offene bzw. Schürfwunden) ● Second-Skin-Pflaster bzw. selbstklebendes Kunststoffpflaster gegen Blasen ● Schere ● starkes Schmerzmittel zur Schockbekämpfung (nach Rücksprache mit dem Arzt)

Weitere Medikamente sind abzulehnen nach dem Grundsatz: »Vor der Medikamentengabe steht die Diagnose«. Welcher Laie kann oben am Berg diagnostizieren?

Daneben gehören in den Rucksack für Notfälle:

● ein Zweimann-Biwaksack (weil man in einem kleineren keinen Verletzten einwickeln und transportieren kann!) ● Reservewäsche, Reservesocken ● Stirnlampe ● Schweizer Taschenmesser mit Schere, Pinzette, Säge, Zahnstocher ● Schreibpapier (wasserfestes Papier) mit Bleistift ● etwas Klopapier ● Kerze mit Feuerzeug ● einige Meter Reepschnur (5 mm) ● 2 Schnallriemchen

Für eine Gruppe sollten mitgeführt werden: Ersatzmütze und Ersatzhandschuhe, Reserve-Sonnenbrille, evtl. eine leichte Isoliermatte.

18. Bergsteigen und Natur

Bergsteigen findet inmitten der großartigen Naturschönheiten der Gebirge statt. Immer mehr Menschen suchen dort nach Ausgleich und Entspannung und verbringen ihre Freizeit im Gebirge – wer will es ihnen verwehren? Immer mehr Menschen heißt jedoch auch immer mehr Probleme.

Wie viel Mensch verträgt die Natur?

Es beginnt schon bei der *Anfahrt zum Gebirge*. Hier wäre es wünschenswert, mit Fahrgemeinschaften oder öffentlichen Verkehrsmitteln anzureisen (statt jeder einzeln mit seinem Auto!).

Abgase, immer breitere Straßen, Parkraumnot, Belästigung der im Gebirge lebenden Bewohner sind die Probleme an den Ausgangspunkten zu den Touren.

Die nächsten Probleme gibt's auf den oft überfüllten Hütten: Die schwierige Versorgung der Hütten mittels Seilbahn, Helikopter, Schneeraupe, Fahrzeug (der Bau von Hüttenzufahrtswegen!), die Entsorgung von Riesenmengen an Müll, Abwässer aus Küche und WC-Anlagen, Abgase aus Heizungsanlage und Aggregaten zur Stromerzeugung oder Müllverbrennung – das alles in einer extrem verletzlichen Urlandschaft!

Die Zerstörung der hochempfindlichen Grasnarbe durch so genannte *Abschneider* (Wegabkürzungen) fördert die Erosion und das Abschwemmen ganzer Hänge. Wenn man bedenkt, dass eine Gebirgsweide in 2000 m Meereshöhe etwa 200 Jahre zur Entstehung benötigt, wird man diese sensible Landschaft mit ganz anderen Augen betrachten.

Immer mehr Biotope, Lebensgemeinschaften, Lebenskreisläufe in Tier- und Pflanzenwelt fallen dem *Expansionsdrang der Freizeitgesellschaft* (neue Wege und Straßen, Hüttenbau, wachsende Nutzung bisher noch stiller Gebiete) und der Zivilisation (Erschließung von unberührten Alpenregionen, Gletscherskigebieten, Bau von Stauseen usw.) zum Opfer.

Bürgerinitiativen und Alpenvereine versuchen, der Übererschließung Einhalt zu gebieten, die letzten unberührten Freiräume der Alpen zu bewahren, die noch nicht ausgestorbenen Arten von Tier und Pflanzen zu erhalten.

Wie kann der einzelne Bergsteiger dazu beitragen, die Natur zu schützen, vorhandene Probleme nicht zu vergrößern?

- Die Anfahrtsproblematik berücksichtigen.
- Auf den bezeichneten Wegen bleiben.
- Abkürzer und Wegabschneider unbedingt vermeiden.
- Lautes Schreien, Radio usw. unterlassen.
- Hochmoore und Feuchtgebiete nicht betreten.
- Jeglichen Müll wieder mit nach Hause nehmen!
- Keinen Müll auf den Hütten zurücklassen!
- Die Natur nicht mit artfremden Substanzen belasten.
- Nur biologische abbaubare Seifen oder Spülmittel verwenden,
- deren Gebrauch einschränken oder auch unterlassen.

19. Anhang

Alpine Vereine

Etwa in der Mitte des 19. Jahrhunderts etablierten sich alpine Vereinigungen bzw. Zusammenschlüsse gleichgesinnter Bergsteiger mit dem Ziel, Informationen zu sammeln und auszutauschen. So wurde als erster im Jahr 1857 der *Alpine Club* in London gegründet, 1869 folgte die Gründung des Deutschen und Österreichischen Alpenvereins.

Der *Deutsche Alpenverein* (DAV) hatte im Jahr 2000 einen Mitgliederstand von ca. 600 000 und besitzt im Alpenraum 305 Bergsteigerhütten. Der DAV ist gegliedert in etwa 345 Sektionen und hat seinen Hauptsitz (Verwaltung) in München.

Die Mitglieder erhalten auf den Hütten des DAV und gleichberechtigter Vereine bevorzugt Übernachtung zu Mitgliederpreisen (etwa die Hälfte), eine Mitgliederzeitschrift und die Gewissheit, dass kompetente Leute sich im Sinne der Bergsteigerei um die Berge, den Sport, die Kultur, die Natur und alles, was zu diesen Dingen gehört, kümmern.

Gleichberechtigte Vereine sind der OeAV (Österreichischer Alpenverein), der SAC (Schweizer Alpen-Club), CAI (Club Alpino Italiano), CAF (Club Alpin Français) und andere nationale Bergsteigervereine.

Der Sicherheitskreis im DAV unter Pit Schubert hat Pionierarbeit auf dem Gebiet der Bergsteigerausrüstung geleistet, um diese sicherer und belastbarer zu machen. Der derzeitige hohe Standard der Ausrüstung ist zum großen Teil das Verdienst des Sicherheitskreises, der seit Anfang 2001 von Dieter Stopper geleitet wird.

Die *Union International des Associations d'Alpinisme* (UIAA) ist der Zusammenschluss der Internationalen Bergsteigerverbände mit Sitz in der Schweiz. Aufgabe der verschiedenen Arbeitsgremien ist u.a. der Schutz der Natur und die Normierung von Ausrüstung, was für die Sicherheit der Bergsteiger von größter Bedeutung ist.

Der IVBV/UIAGM ist die Internationale Vereinigung der Bergführer-Verbände, deren Ziel eine vereinheitlichte Bergführerausbildung aller angeschlossenen Länder ist, zum Vorteil und zur Sicherheit für den geführten Gast.

Hütten und Biwakschachteln

HÜTTEN

Die meisten der von Bergsteigern als Stützpunkt benötigten Hütten sind Eigentum von alpinen Vereinen. Die Vereine haben fast alle ein Gegenseitigkeits-Abkommen geschlossen. So genießt der Bergsteiger mit einem gültigen DAV-Ausweis in Frankreich (CAF) oder auf Hütten des Alpenvereins (Schweizer Alpen-Club) die gleichen Mitgliederrechte wie in Deutschland.

Auf Hütten gilt ab 22 Uhr absolute *Hüttenruhe.* Jene Bergsteiger, die frühzeitig zu schweren Touren aufbrechen, brauchen den Schlaf!

Es empfiehlt sich, aus hygienischen Gründen einen *Hüttenschlafsack* aus Baumwolle oder Seide mitzuführen (in den Hütten des DAV und OeAV ist er Pflicht!).

Hütten sind im alpinen Gelände wichtige Stützpunkte, die nicht nur der Übernachtung, sondern auch der Sicherheit, zum Beispiel als Zufluchtstätten bei Schlechtwettereinbrüchen, dienen. Die meisten von ihnen sind Eigentum der alpinen Vereine, die sie mit hohem Aufwand unterhalten.

Es ist heute üblich, sich rechtzeitig telefonisch auf den Hütten anzumelden, besonders dann, wenn man beabsichtigt, mehrere Tage zu bleiben. Aufnahme in den Hütten der alpinen Vereine findet man auch unangemeldet nach einer schweren Tour, nach Überschreitungen oder Durchquerungen, also in allen Fällen, in denen nicht absehbar ist, wann und welche Hütte man erreicht.

Deutsche und österreichische Hütten werden meistens wie Gasthöfe mit einer reichen Speisenauswahl bewirtschaftet. In der Schweiz, in den französischen Alpen und teilweise in Italien gibt es abends nur ein Menü.

Sofern man sich nicht gerade als Schüler, Student, Auszubildender oder Minderbemittelter in den Bergen aufhält (dieser Personenkreis wird sich aus Kostengründen oft aus dem Rucksack verpflegen), sollte man die Kochkünste des Hüttenwirts in Anspruch nehmen. Zum einen zieht man mit einem leichteren Rucksack durchs Gebirge, was die Freude am Bergsteigen erhöht, zum andern trägt man dazu bei, die Hütten bewirtschaftbar zu halten. Der Hüttenwirt bezahlt an den hüttenbesitzenden Verein die Hüttenpacht, die er rein aus dem gastronomischen Bereich erwirtschaften muss. Außerdem fließen dem Verein sämtliche Übernachtungsgebühren zu. So schlecht dürfte es heute einem Normalverdiener nicht mehr gehen, dass er sich auf einer Hütte kein Essen leisten kann, sind doch die Preise nicht höher als in den Restaurants im Tal!

Refuge Grand Mulets (Mont Blanc)

Jeder Hüttenbesucher ist verpflichtet, *seinen Müll*, mitgebrachte Verpackungen usw. *wieder mit nach Hause zu nehmen*. Zur *Schonung der Umwelt* ist jeder Hüttengast aufgerufen, äußerst sparsam mit Dusch-, Haarwaschmitteln und Seifen usw. umzugehen bzw. hier nur biologisch unbedenkliche Präparate mitzunehmen. Der Gebirgsbach ist der Ursprung für die Versorgung aller im Tal Lebenden!

Eine zunehmend größere Zahl bewirtschafteter Hütten haben einen Selbstversorgerraum, in dem auch gekocht werden kann. Es gibt in abgelegenen Gebirgsteilen auch *Selbstversorger-Hütten*, die dem Bergsteiger offen stehen (z. B. hochgelegene Hütten des Schweizer Alpen-Clubs SAC) oder nur mit einem *AV-Schlüssel* (Ostalpen) zugänglich sind. Hier sind rechtzeitig Erkundigungen einzuziehen, ob Brennmaterial vorhanden ist, wo der Schlüssel erhältlich ist usw.

BIWAKSCHACHTELN

Unter einer Biwakschachtel versteht man eine nicht bewirtschaftete Notunterkunft, die an einem strategisch wichtigen Punkt errichtet wurde. Biwakschachteln dienen als lebensrettender Unterschlupf bei einem Wetterumschwung (z. B. Biwakschachtel in der Watzmann-Ostwand) oder als Stützpunkt für große und schwierige Unternehmungen (z. B. Glockner-Biwak unter der Großglockner-Nordwand oder Fourche-Biwak für die großen Brenva-Anstiege am Mont Blanc).

Biwakschachteln haben nur eine geringe Aufnahmekapazität, etwa 4 bis 6 Liegeplätze, oft sind keine Decken vorhanden, in der Regel auch kein Brennmaterial. Ein Leichtschlafsack und ein Kocher sollte deshalb im Rucksack sein, falls man eine Biwakschachtel als Stützpunkt wählt. Es ist Ehrensache für jeden Bergsteiger, eine Biwakschachtel so zu verlassen, wie man sie selbst anzutreffen wünscht.

Ausbildung zum Bergsteiger

Bergsteiger wird man nicht »über Nacht«! In der Regel lernt man das eine oder andere von *erfahreneren Freunden und Kameraden* oder man entnimmt einem Lehrbuch das, was einen gerade interessiert. Doch wie man auch das Drachenfliegen beispielsweise nie aus der Theorie lernen kann, gilt das gleichermaßen für das Bergsteigen. Der beste Tipp ist, sich einem *Bergführer oder einer Bergsteigerschule* (die von einem geprüften Bergführer geleitet wird) anzuvertrauen, um das große Einmaleins der Alpinistik zu lernen.

Es ist zwar nicht billig, aber bestens angelegtes Geld, mit einem Bergführer eine private Kletter- oder Tourenwoche zu erleben, bei der »so nebenbei« eine unbezahlbare Menge Know-how »rüberkommt«!

Eine gute Sache sind auch Ausbildungskurse und Ausbildungsabende in den örtlichen Alpenvereinssektionen, die von ausgebildeten Übungsleitern für die Mitglieder abgehalten werden.

Bergführerwesen

Jenes Klischeebild vom pfeiferauchenden Bergführer, der auf der Bank vor dem Führerbüro sitzt und auf einen Kunden wartet, um ihn durch irgendeine Wand zu schleifen, ist längst passé.

Heute ist das Berufsbild des Bergführers den zeitgemäßen Erfordernissen angepasst. Die Tätigkeit erstreckt sich auf die Hauptzweige Ausbildung und Führung, wobei erstere einen hohen Stellenwert besitzt. Der Bergführer ist also vorrangig ein »Berglehrer«, der die theoretischen Grundlagen und Hintergründe ebenso vermittelt wie praktisches Können. Als Kopf und Leiter von geführten Unternehmungen, seien es schwierige Kletterparts, Skitouren oder hochalpine Wanderungen, ist der Bergführer heute Partner und Kamerad. Die Vorstellung, dass der »Tourist« wie ein Mehlsack irgendwo hinaufgehievt wird, gehört längst in die Märchenkiste.

Man kann einerseits direkt mit dem Bergführer seiner Wahl eine Privatunternehmung vereinbaren oder sich aus den Programmheften der Berg- und Alpinschulen sein Ziel aussuchen und buchen. Die Angebotspalette reicht von der Klettersteigwoche über Tiefschneekurse bis hin zur Achttausenderbesteigung.

Angebotene Führungen und Unternehmungen in Gruppen werden gerne angenommen, da sie für die Teilnehmer sehr kostengünstig sind und man in der Geborgenheit einer Gruppe einen Bergurlaub oft besonders intensiv erlebt.

Bergführer sind in der Regel selbständige Unternehmer. Das heißt, das Führerhonorar, der Tagessatz ist der Bruttolohn, von dem alle Abgaben und Lebenshaltungskosten bestritten werden müssen. Ebenso muss der Bergführer mit den Saisoneinnahmen die beschäftigungslosen Zeiten überbrücken – Arbeitslosenunterstützung oder Krankengeld gibt es nicht.

Die Bergführergemeinschaft kämpft mit vielen schwarzen Schafen. Viele Nichtausgebildete oder Halbausgebildete spielen »Bergführer« und lassen sich so titulieren.

Bergführer ist nur, wer das Abzeichen des Internationalen Bergführerverbandes trägt. Lassen Sie sich den Nachweis geben!

Alpine Fachausdrücke

Alpin: In Verbindung mit einer Erklärung wie z.B. »alpiner Zustieg« o. ä.: anspruchsvoll, mit Unwägbarkeiten verbunden, Absturzgelände, brüchig usw.

Band: Absatz in einer Steilwand von unterschiedlicher Längen- und Breitenausdehnung.

Bergschrund: Spalte, Eisabriss am oberen Rand von Gletschern, bildet gleichzeitig die untere Begrenzung von Eiswänden.

Couloir: Steile, schluchtartige, meist schmale Rinne. Häufig schnee- oder eisgefüllt.

Dach: Horizontal ausladender Überhang.

Doline: Trichterförmige Bodenvertiefung.

Eisbruch: Gletscher-Bruchzone über einem Gefälleknick.

Flanke: Steilabfall eines Berges.

Gesimse: Schmaler, fensterbrettähnlicher Felsabsatz.

Grat: Vom Gipfel ausgehende ausgeprägte Rippe aus Fels oder Eis.

Gratturm: Aus dem Grat herausragende Felsnadel, die oft schwierig überklettert oder umgangen werden muss (in den Westalpen auch »Gendarm« genannt).

Gufel: Seichte, höhlenartige Vertiefung.

Hängegletscher: In Steilflanken eingebettete Gletscherpartien, meist mit abgerissener Stirnseite, von der Eislawinen abbrechen können.

Joch: Passübergang, meist bequem erreichbar.

Kamin: Breiter, kaminähnlicher Felsspalt, der den Kletterer ganz aufnehmen kann.

Kamm: Verbindungsstück zwischen zwei Bergmassiven.

Kante: Schmaler, sehr steiler gratartiger Felsaufbau.

Kanzel: Erkerartiger kleiner Wandvorsprung.

Kar: Firnmulde ehemaliger (eiszeitlicher) Gletscher, eingeschlossen von konkaven Felswänden und Steilflanken und mit einem schutterfüllten Boden sowie oft einer »Kartreppe« zum Tal.

Karren: Durch Wassererosion gestaltete Felsoberfläche, häufig in Karstgebirgen (Karrenfelder).

Klemmblock: In Rissen, Kaminen oder Schluchten verkeilter Felsblock von unterschiedlicher Größe.

Latschen: Krummholzkiefer, wächst von 1400 m bis ca. 2000 m.

Leiste: Sehr schmaler Felsabsatz oder Band, dient als guter Tritt oder Griff.

Moräne: Der vom Gletscher mitgeführte und abgelagerte Schutt (»Geschiebe«). Ausgeprägt sind die Seitenmoränen, jedoch auch andere Formen (Rand-, Mittel-, Innen-, Stirn-, Endmoräne).

Pfeiler: Steiler, oft turmartiger Wandvorbau oder Wandgliederung.

Platte: Steile, tritt- und griffarme Felszone.

Rampe: Schräg ansteigendes, meist nach außen abfallendes Band.

Randkluft: Schmelzkluft zwischen Schnee oder Eis und Fels, verursacht durch die Wärmeabstrahlung des Felses, mit fortschreitender warmer Jahreszeit immer schwieriger zu überwinden.

Rinne: Vertikale Felsvertiefung, bei Regen wasserführend, oft mit losen Steinen bedeckt.

Riss: Schmaler Einschnitt im Fels, Breite variiert vom Fingerriss bis zum Körperriss.

Runse: Seichte Felsvertiefung.
Sanduhr: Felsloch mit Öffnung nach zwei Seiten, was das Durchfädeln von Sicherungsschlingen möglich macht.
Sattel: Breite Einsenkung zwischen zwei Erhöhungen.
Scharte: Schmaler, enger Einschnitt im Grat, oft schwierig zugänglich.
Schlüsselstelle: Schwierigste Stelle einer Kletterroute.
Schlucht: Tiefer Einschnitt in einer Bergflanke, Wand oder zwischen zwei Bergen, meist wasserführend.
Schrofen: Steile, gegliederte Felsen, meist grasdurchsetzt und brüchig.
Schuppe: Von der Wand abgespaltene Felsplatte.
Serac: Eisturm im Gletscherbruch, oft einsturzgefährdet.
Sporn: Gratartiger Vorbau in einer Bergflanke.
Überhang: Mehr als 90 Grad steile Felspartie.
Verschneidung: Zwei in stumpfem Winkel zusammentreffende Wandteile.
Wand: Mehr als 50 Grad steile Bergflanke.
Wasserrillen: Erosionsrillen in kompakten Kalkfelsplatten, meist rau zerfressen.

Weiterführende Literatur

ALPIN-LEHRPLAN

Bd. 1: Karl Schrag: Bergwandern – Trekking
Bd. 2: Michael Hoffmann/Wolfgang Pohl: Felsklettern – Sportklettern
Bd. 3: Peter Geyer/Andreas Dich: Hochtouren – Eisklettern
Bd. 4: Peter Geyer/Wolfgang Pohl: Skibergsteigen – Variantenfahren
Bd. 5: Pit Schubert/Pepi Stückl: Sicherheit am Berg
Alle BLV-Verlag, München
Bruno Baumann/Toni Siller: Trekking, Ratgeber für unterwegs. Bruckmann, München 1992
Wilfried Dewald/Wolfgang Mayr/Klaus Umbach: Mit Kindern ins Gebirge. Ein Ratgeber. Bruckmann, München, 1994
Michael Hoffmann: Sportklettern, Klettertechnik & Sicherungspraxis. Odyssee-Alpinverlag, München, 1990
Klaus G. Keidel: Bergwetter. Ein Ratgeber für Wanderer und Bergsteiger durch alle Jahreszeiten. Bruckmann, München, 1994
Lawinenhandbuch. Hrsg. Land Tirol, Schriftl.: Wolfgang Girardi, Redakt. u. bearb. v. Karl Gabl/Bernhard Lackinger. Tyrolia-Verlag, Innsbruck, 1998
Werner Munter: 3 x 3 Lawinen. Bergverlag Rother, München, 1998, 2. Auflage
Carsten Peter/Toni Schlager: Gleitschirmfliegen. Bruckmann, München, 1996, 6. aktualisierte Neuausgabe.
Jürgen Schmied/Frank Schweinheim: Sportklettern. Bruckmann, München, 1996
Christian Schneeweiß/Bernd Ritschel: Skitouren. Bruckmann, München, 1999, 2., aktualisierte Auflage
Pit Schubert: Sicherheit und Risiko in Fels und Eis. Erlebnisse und Ergebnisse aus 25 Jahren Sicherheitsforschung des Deutschen Alpenvereins. Bergverlag Rother, München, 1995, 2., aktualisierte Auflage

Information im Internet

Alpine Vereine

www.Alpenverein.de	DAV - Deutscher Alpenverein
www.alpenverein.at	ÖAV - Österreichischer Alpenverein
www.sac-cas.ch	SAC - Schweizer Alpenclub
www.alpenverein.it	AVS - Alpenverein Südtirol

Wetterdienste

www.Alpenverein.de	Alpenwetter
www.wetteronline.de	guter Alpenwetterbericht
www.meteoschweiz.ch	Schweizer Alpenwetter
www.provinz.bz.it/wetter	Südtirol, Gardasee
www.feratel.com	Panoramabilder

Lawinenlageberichte

www.bayern.de/lfw/lwd	Bayrischer Alpenraum
www.tiscover.com/partner/lawine/home/index...1.html	Österreich
www.land-sbg.gv.at/lawinen	Österreich – Bundesland Salzburg
www.slf.ch	Schweizer Alpen
www.provinz.bz.it/lawinen	Südtirol

Register

Angegeben ist immer die erste Erwähnung des Stichworts, auch wenn die Beschreibung sich auf den nächsten Seiten fortsetzt. Stehen Stichworte in Bildlegenden zu Fotos, auf einer anderen Seite als die entsprechenden Textstellen, sind die Seiten in Kursivschrift angefügt.

Einband-Titel:
Am Grat Aiguille du Midi – Aiguille du Plan (Midi-Plan-Grat), Mont-Blanc-Gruppe

Eine Produktion des Bruckmann-Teams, München
Lektorat: Diana Thaler
Herstellung: Hubert Bertele und Team
Layout: Gramma GmbH, München

Bildnachweis:
Alle Bilder von Pepi Stückl, außer: S. 109, 134: Andreas Dick; S. 20: Christian Geierstanger; S. 6, 15, 147, 150: Hans Hocke; S. 19: Andreas König; S. 9, 8 l: Sepp Posch; S. 12, 26, 35, 36, 37, 38, 39, 54, 58 r., 60, 67, 79, 82, 91, 92, 93, 94 u., 95, 99, 100, 101, 102, 112, 126, 127, 136, 144, 151, 177: Georg Sojer; S. 161: Hans Steinbichler.

Sämtliche Grafiken erstellte Georg Sojer, Ruhpolding.

Alle Angaben dieses Werkes wurden von den Angaben sorgfältig recherchiert und auf den aktuellen Stand gebracht sowie vom Verlag auf Stimmigkeit geprüft. Für die Richtigkeit der Angaben kann jedoch keine Haftung übernommen werden. Für Hinweise und Anregungen sind wir jederzeit dankbar. Bitte richten Sie diese an den Bruckmann Verlag GmbH, Lektorat, Postfach 80 02 40, D-81602 München.

Gedruckt auf chlorfrei gebleichtem Papier

Die Deutsche Bibliothek – CIP-Einheitaufnahme

Ein Titeldatensatz für diese Publikation ist bei Der Deutschen Bibliothek erhältlich

Gesamtverzeichnis gratis:
Bruckmann Verlag GmbH, Postfach 80 02 40, D-81602 München

Internet: www.bruckmann.de
www.bergsteiger.de
Touren, Bergwetter, Aktuelles, alpine Links

Printed in Italy by Printer s.r.l.
ISBN 3-7654-3683-6